新・行政不服審査の実務

青柳 馨 編著

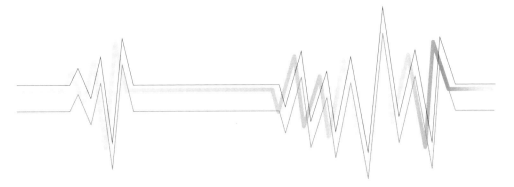

三協法規出版

■はしがき■

　行政過程には、行政権の行使に対し不服を有する者がその取消し等を求め、行政庁がこれを審理して裁断する行政不服審査制度が用意されており、その一般法として行政不服審査法が存在する。行政不服審査法は行政事件訴訟法とともに1962年に制定され、その後半世紀にわたり抜本的な改正を経ないまま経過したが、2014年に全面的な改正が実現し、改正法は2016年4月1日から施行されている。

　行政不服審査は、手数料がかからずに簡易迅速な救済が得られ、裁量権行使の不当性についても審理が行われるなどの点でメリットがあるとされるが、一方で、行政訴訟と比較して中立・公正性が希薄であるなどの点が難点として指摘されていた。今回の改正において、処分等に関与しない審理員が審査の審理を担当するものとされ、また、第三者機関である行政不服審査会が設置され、不服審査に対する裁決は同審査会への諮問を経て行うことを原則とするとともに、審査請求人に証拠書類等の閲覧・謄写の権利を認める規定が整備され、不服審査の中立・公正性の向上が図られた。また、不服申立期間が60日から3か月に延長されるほか、審査請求と異議申立ての二本立てを廃して審査請求に一本化がされ、制度はより使い易いものに改められた。さらに、不服申立前置は、国民の司法救済を遅らせる面があることから、行政不服審査法に合わせて見直しが行われ、真に必要と考えられる場合に限り不服申立前置を存続するものとし、「行政不服審査法の施行に伴う関係法律の整備に関する法律」により大幅な廃止・縮小が図られた。今回の改正により、行政不服審査制度の国民の権利・利益の救済手段としての実効性は相当程度高まったということができる。

　行政不服審査制度の利用状況を見ると、総務省行政管理局が行った調査の結果によれば、平成26年度における行政不服審査法に基づく不服申立件数は、国に対する申立ては88,505件で、前回の調査（平成23年度）から58,483件の増加、地方公共団体に対する申立ては24,770件で、前回調査から6,480件増加しており、いずれも増加傾向を示している。

本書は、行政不服審査法の改正及び行政不服審査制度の利用状況を踏まえ、改正行政不服審査法の概要を示すとともに、個別の行政法のうち統計上不服申立件数が比較的多いと思われる分野の行政を選別して、それぞれについて改正法に従った具体的な不服申立手続を概説し、不服申立てを行うに当たって提出すべきものとされている審査請求書の記載要領、そこに盛り込まれるべき不服の内容について具体例をもって示しながら解説するものであり、行政不申立制度を利用する方々の便宜を図ることを目的として企画されたものである。本書が、同制度を利用して不服申立てをする際の手引として役立つものとなれば幸いである。

　本書を制作するについては、各行政分野に精通した弁護士・研究者に執筆を依頼し、ご協力をいただいた。厚く感謝申し上げたい。

　最後に、本書の刊行に当たって、有限会社木精舎の有賀俊朗氏には大変お世話になった。厚くお礼を申し上げる。

　　2019年3月

　　　　　　　　　　　　　　　　　　　　　　青　栁　　馨

■目　次■

I　改正行政不服審査法の概要

1 改正行政不服審査法の要点 ・・・・・・・・・・・・・・・・・・・・・・・・・・・・・・・・・・・・・ 2
2 不服申立ての種類 ・・・ 3
　(1)　3種類の不服申立て　3
　(2)　審査請求　3
　(3)　再調査の請求　4
　(4)　再審査請求　4
3 審査請求の手続要件 ・・ 4
　(1)　審査請求の手続要件を欠くと却下裁決が下される　4
　(2)　審査請求の対象　5
　(3)　審査請求適格　5
　(4)　審査請求の利益　6
　(5)　審査請求期間（法18条1項・2項等）　7
4 審査請求の手続 ・・ 7
　(1)　審査請求書の提出　7
　(2)　審査請求書の補正　9
　(3)　参加人　10
　(4)　執行不停止原則　10
　(5)　審査請求の取下げ　11
　(6)　審査請求書の提出から裁決までの手続の流れ　12
5 審査請求の審理手続（審理員による審理手続）・・・・・・・・・・・・・ 13
　(1)　審理員の指名　13
　(2)　弁明書の提出　13
　(3)　反論書・意見書の提出　14
　(4)　審理手続の計画的遂行　14
　(5)　口頭意見陳述　15
　(6)　証拠調べ　15
　(7)　審査手続の終結、審理員意見書の提出　16
6 行政不服審査会等への諮問等 ・・・・・・・・・・・・・・・・・・・・・・・・・・・・・・・ 17
　(1)　行政不服審査会等への諮問　17

vi

  (2) 行政不服審査会等における審理 *18*
  (3) 行政不服審査会等の答申 *19*
 ⑦ 裁　決 ･･･ *19*

Ⅱ　実務編

第1章　情報公開・個人情報保護--------------------------------------22

 ① 情報公開・個人情報保護制度と行政不服審査 ････････････ 23
  ❶ 行政機関情報公開法等に基づく処分と行政不服審査制度の概要
   ── *23*
   (1) 行政機関情報公開法に基づく不開示決定等に対する審査請求制度 *23*
   (2) 独立行政法人等情報公開法に基づく不開示決定等に対する審査請求制度 *25*
   (3) 情報公開条例に基づく不開示決定等に対する審査請求制度 *25*
   (4) 公文書管理法に基づく利用請求の制限等に対する審査請求制度 *26*
   (5) 特定秘密保護法と不開示決定に対する審査請求制度との関係 *26*
   (6) 国会・裁判所の情報公開 *28*
  ❷ 行政機関個人情報保護法等に基づく処分と行政不服審査制度の概要
   ── *28*
   (1) 行政機関個人情報保護法に基づく不開示決定等に対する審査請求制度 *28*
   (2) 独立行政法人等個人情報保護法に基づく不開示決定等に対する審査請求
   制度 *30*
   (3) 個人情報保護条例に基づく不開示決定等に対する審査請求制度 *31*
  ❸ 改正行政不服審査法と行政機関情報公開法等との関係── *31*
 ② 不開示決定等に対する審査請求の手続要件・審査手続・理由
   ･･･ 33
  ❶ 審査請求の手続要件・審査手続── *33*
   (1) 審査請求適格・審査請求の対象、代理人 *33*
   (2) 審査請求をすべき行政庁 *34*
   (3) 審査請求期間 *34*
   (4) 審査方法 *34*
  ❷ 審査請求の理由（違法事由・不当事由）── *35*
   (1) 実体上の違法事由 *36*
   (2) 手続上の違法事由 *39*

(3) 不当事由　39

③ 書式例：情報公開条例に基づく不開示決定に対する審査請求
‥‥‥‥‥‥‥‥‥‥‥‥‥‥‥‥‥‥‥‥‥‥‥‥‥‥‥‥‥‥‥‥ 40
1 審査請求書の書式例 —— 40
(1) 審査請求書　40
(2) 添付書類・証拠書類（証拠方法）　41
2 理由説明書の書式例 —— 47

第2章　建築審査 --51

① 建築審査と行政不服審査‥‥‥‥‥‥‥‥‥‥‥‥‥‥‥‥‥ 52
1 建築審査と行政不服審査制度の概要 —— 52
2 新行政不服審査法と建築基準法との関係 —— 52
(1) 行政不服審査法の改正に合わせた建築基準法の改正　52
(2) 行政不服審査法の改正等による影響　53

② 審査請求の手続要件・審査手続・理由‥‥‥‥‥‥‥‥‥ 53
1 審査請求の手続要件・審査手続 —— 53
(1) 審査請求適格　53
(2) 審査請求の対象　54
(3) 代理人　54
(4) 審査請求をすべき行政庁　55
(5) 審査請求期間　55
(6) 審査方法　55
2 審査請求の理由（違法事由・不当事由）—— 60
(1) 実体法上の違法事由　60
(2) 手続上の違法事由　61
(3) 不当事由　62

③ 書式例：建築確認に対する審査請求‥‥‥‥‥‥‥‥‥‥ 63
1 審査請求書の書式例 —— 63
(1) 審査請求書　63
(2) 添付書類・証拠書類（証拠方法）　63
2 弁明書の書式例 —— 67

第3章　開発審査 --71

① 開発許可申請に対する処分等と行政不服審査（開発審査）‥‥ 72

1 開発許可申請に対する処分等と行政不服審査の概要 —— 72

(1) 都市計画法による開発許可制度　72

(2) 開発許可処分等に対する行政不服審査（開発審査）　73

2 改正行政不服審査法と都市計画法との関係 —— 73

(1) 改正行政不服審査法と都市計画法との関係　73

(2) 開発審査手続に行政不服審査法の改正等が与える影響　74

[2] 開発審査の手続・審査請求の理由‥‥‥‥‥‥‥‥‥‥‥‥ 75

1 開発審査の手続 —— 75

(1) 審査請求先　76

(2) 審査請求人　76

(3) 審査請求適格　76

(4) （狭義の）審査請求の利益　78

(5) 審査請求期間　78

(6) 審査請求の方式　79

(7) 審理手続　79

(8) 裁決　80

2 審査請求の理由 —— 80

(1) 実体上の違法事由・不当事由　80

(2) 手続上の違法事由・不当事由（拒否処分に対する審査請求の場合）　81

[3] 書式例：開発許可処分に対する審査請求‥‥‥‥‥‥‥‥ 82

1 開発許可処分に対する審査請求書の書式例 —— 82

(1) 審査請求書　82

(2) 添付書類・証拠方法　83

2 弁明書の書式例 —— 87

第4章　税金——国税、地方税 --91

[1] 課税処分等に係る行政不服審査制度と改正行政不服審査法‥‥ 92

1 租税法上の行政不服審査制度の概要 —— 92

(1) 国税に係る不服申立制度　92

(2) 地方税に係る不服申立制度　93

2 改正行政不服審査法と租税法上の行政不服審査制度との関係 —— 94

(1) 行政不服審査法と国税通則法および地方税法との関係　94

(2) 行政不服審査法の改正による影響　94

[2] 国税通則法上の行政不服申立て‥‥‥‥‥‥‥‥‥‥‥‥‥ 95

1 再調査の請求と審査請求の関係 —— 95

ix

  2 再調査の請求 —— 96
   (1) 再調査の請求書　96
   (2) 再調査の請求の調査　97
   (3) 決定手続　97
  3 審査請求 —— 97
   (1) 審査請求書　97
   (2) 答弁書・反論書等　99
   (3) 審査請求の審理　100
   (4) 裁決手続　104
 ③ **書式例：更正処分に対する審査請求**・・・・・・・・・・・・・・・・・・・ 106
   (1) 審査請求書の書式例　106
   (2) 答弁書の書式例　113

第5章　年金 --- 119

 ① **年金に関する処分と不服申立て**・・・・・・・・・・・・・・・・・・・・・ 120
  1 年金に関する処分の概要 —— 120
  2 年金に関する行政処分に対する不服申立て方法 —— 121
   (1) 国民年金に関する処分　121
   (2) 厚生年金に関する処分　121
   (3) その他の年金に関する処分　122
  3 行政不服審査前置主義——訴訟と不服審査の関係 —— 122
 ② **年金に関する処分についての不服申立手続**・・・・・・・・・・・・・・ 123
  1 審査請求 —— 123
   (1) 審査請求人　123
   (2) 代理人　123
   (3) 審査請求をすべき行政機関　123
   (4) 審査請求の方式　124
   (5) 審査請求期間　124
   (6) 保険者への通知　124
   (7) 審理　125
   (8) 決定　126
   (9) みなし棄却規定　126
   (10) 執行不停止原則　126
  2 再審査請求 —— 127
   (1) 再審査請求　127

⑵　再審査請求期間等　*127*

⑶　代理人　*127*

⑷　社会保険審査会　*127*

⑸　参与　*127*

⑹　保険者、参与に対する通知　*129*

⑺　再審査請求の審理　*129*

⑻　裁決　*130*

3　**審査請求の理由** —— *131*

⑴　実体上の違法と手続上の違法　*131*

⑵　年金の支給要件と実体法上の違法事由　*131*

⑵　手続上の違法事由　*141*

3　**書式例：遺族厚生年金不支給決定に対する審査請求**······ *142*

1　**申立書（審査請求書）の記載例** —— *142*

⑴　審査請求書の記載事項　*142*

⑵　審査請求の理由　*143*

2　**添付書類・証拠方法** —— *143*

第6章　労災——労働者災害補償保険法、労働保険審査官 及び労働保険審査会法 ---------------------------------- *153*

1　**労災保険給付に関する処分に対する行政不服審査**········ *154*

1　**労災保険給付に関する処分と行政不服審査制度の概要** —— *154*

2　**行政不服審査法の改正に合わせた労災関係法令の改正** —— *155*

2　**保険給付に関する処分についての不服申立手続**·········· *157*

1　**審査請求の手続** —— *157*

⑴　審査請求人適格　*157*

⑵　審査請求の対象　*157*

⑶　代理人　*158*

⑷　審査請求をすべき行政庁　*158*

⑸　審査請求期間　*158*

⑹　審査請求の方式　*158*

⑺　関係者に対する通知　*159*

⑻　審理手続　*160*

⑼　決定　*163*

2　**再審査請求の手続** —— *163*

⑴　再審査請求人適格　*163*

(2)　再審査請求の対象　　*163*

　　(3)　代理人　　*163*

　　(4)　再審査請求をすべき行政庁　　*163*

　　(5)　再審査請求期間　　*164*

　　(6)　再審査請求の方式　　*164*

　　(7)　関係者に対する通知　　*164*

　　(8)　審理　　*165*

　　(9)　裁決　　*167*

　■3■　審査請求の理由 ── *167*

　　(1)　適用事業・保険給付の種類・不服申立ての理由　　*167*

　　(2)　労災保険給付の支給要件と実体法上の違法事由　　*168*

　　(3)　手続上の違法事由　　*169*

③　**書式例：労災保険給付に対する審査請求**・・・・・・・・・・・・・・・・ *170*

　■1■　審査請求書の書式例 ── *170*

　　(1)　審査請求書　　*170*

　　(2)　添付書類・証拠書類（証拠方法）　　*171*

　■2■　意見書の書式例 ── *175*

第7章　地方公務員 -- *178*

①　**地方公務員に対する処分と行政不服審査**・・・・・・・・・・・・・・ *179*

　■1■　地方公務員に対する処分と行政不服審査制度の概要 ── *179*

　　(1)　懲戒処分、分限処分等に対する審査請求制度　　*179*

　　(2)　地方公務員災害補償制度における不服申立て制度　　*179*

　■2■　改正行政不服審査法と地方公務員法との関係 ── *180*

　　(1)　改正行政不服審査法と地方公務員法（不利益処分に対する審査請求）との関係　　*180*

　　(2)　行政不服審査法の改正による影響　　*181*

②　**不利益処分に対する審査請求の手続要件・審理手続・理由**
・・ *181*

　■1■　審査請求の手続要件 ── *181*

　　(1)　審査請求権者、審査請求の対象　　*181*

　　(2)　代理人　　*182*

　　(3)　審査請求をすべき行政庁　　*182*

　　(4)　審査請求期間　　*183*

　　(5)　審理手続　　*183*

2 審査請求の理由（違法事由・不当事由）—— 186
   ⑴　実体上の違法事由　*186*
   ⑵　手続上の違法事由　*188*
   ⑶　不当事由　*188*
③　書式例：分限処分に対する審査請求・・・・・・・・・・・・・・・・・・・ *189*
1 審査請求書の書式例 —— 189
   ⑴　審査請求書　*189*
   ⑵　添付書類・証拠書類（証拠方法）　*190*
2 答弁書の書式例 —— 199

第8章　運転免許 --- *208*

①　道路交通法に基づく行政処分に対する行政不服申立てと
改正行政不服審査法・・・・・・・・・・・・・・・・・・・・・・・・・・・・・ *209*
1 道路交通法に基づく行政処分に対する行政不服申立ての概要 —— 209
   ⑴　行政処分に対する審査請求　*209*
   ⑵　交通反則通告制度　*209*
   ⑶　改正行政不服審査法と道路交通法との関係　*210*
②　道路交通法に基づく行政処分に対する不服申立ての
手続要件・審理手続・理由・・・・・・・・・・・・・・・・・・・・・・・・ *211*
1 審査請求の要件 —— 211
   ⑴　審査請求先、審査請求の方法　*211*
   ⑵　審査請求人、代理人　*211*
   ⑶　審査請求の対象　*212*
   ⑷　審査請求期間　*212*
   ⑸　審理手続　*212*
2 審査請求の理由（違法事由・不当事由）—— 213
   ⑴　実体上の違法事由　*214*
   ⑵　手続上の違法事由　*222*
   ⑶　不当事由　*223*
③　書式例：運転免許取消処分に対する審査請求・・・・・・・・・・ *223*
   ⑴　審査請求書の書式例　*223*
   ⑵　弁明書の書式例　*229*

第9章 出入国管理・難民認定 -------------------------------- 233

1 外国人の出入国等に関する行政不服申立制度と
改正行政不服審査法 ・・・・・・・・・・・・・・・・・・・・・・・・・・・・・・・ 234

■ 入管法上の行政不服審査制度の概要 ── 234

(1) 外国人の上陸に関する異議申出　235

(2) 退去強制手続における不服申立て　235

(3) 難民認定手続における審査請求　239

■ 行政不服審査法と入管法との関係 ── 240

(1) 行政不服審査法と入管法（不利益処分に対する不服申立て）との関係　240

(2) 行政不服審査法の改正による影響　240

2 退去強制手続に係る処分等に対する行政不服申立ての
手続要件・審理手続・理由 ・・・・・・・・・・・・・・・・・・・・・・・・・・・ 241

■ 異議申出の要件 ── 241

(1) 異議申出権者、異議申出の対象　241

(2) 代理人　242

(3) 異議申出をすべき行政庁（申出先）　243

(4) 異議申出期間　243

(5) 審理手続　243

■ 異議申出の理由（違法事由・不当事由）── 244

(1) 実体上の違法事由　244

(2) 手続上の違法事由　246

(3) 在留特別許可の職権発動にかかる主張　246

(4) 改正入管法（平成30年法律第102号）に関して　248

3 書式例：特別審理官の判定に対する異議申出書 ・・・・・・・・・・ 248

(1) 異議申出書　248

(2) 添付書類　248

(3) 異議申出書の書式例　249

■ 法令略称 ■

法	行政不服審査法（平成26年法律第68号）
法施行令	行政不服審査法施行令
法施行規則	行政不服審査法施行規則
旧法	改正前の行政不服審査法（昭和37年法律第160号）
整備法	行政不服審査法の施行に伴う関係法律の整備等に関する法律（平成26年法律第69号）
整備政令	行政不服審査法及び強行政不服審査法の施行に伴う関係法律の整備等に関する法律の施行に伴う関係政令の整備に関する政令（平成27年政令第392号）

国通	国税通則法
旧国通	旧国税通則法
地税	地方税法
建基	建築基準法
行訴	行政事件訴訟法
行手	行政手続法
民訴	民事訴訟法
行組	国家行政組織法
国公	国家公務員法
地公	地方公務員法
都計	都市計画法
地自	地方自治法

国年	国民年金法
厚年	厚生年金保険法
厚年令	厚生年金保険法施行令
社保審	社会保険審査官及び社会保険審査会法
社保審令	社会保険審査官及び社会保険審査会法施行令

労保	労働者災害補償保険法
労保施令	労働者災害補償保険法施行令
労保審	労働保険審査官及び労働保険審査会法

労保審令	労働保険審査官及び労働保険審査会法施行令
道交	道路交通法
道交令	道路交通法施行令
入管	出入国管理及び難民認定法
入管令	出入国管理及び難民認定法施行令
入管規則	出入国管理及び難民認定法施行規則
入管特例	日本国との平和条約に基づき日本の国籍を離脱した者等の出入国管理に関する特例法
行政情報公開	行政機関の保有する情報の公開に関する法律（行政機関情報公開法）
行政個人情報保護	行政機関の保有する個人情報の保護に関する法律（行政機関個人情報保護法）
情報公開審査会設置	情報公開・個人情報保護審査会設置法
独行情報公開	独立行政法人等の保有する情報の公開に関する法律（独立行政法人等情報公開法）
独行個人情報保護	独立行政法人等の保有する個人情報の保護に関する法律（独立行政法人等個人情報保護法）
公文書管理	公文書等の管理に関する法律
特定秘密	特定秘密の保護に関する法律
マイナンバー	行政手続における特定の個人を識別するための番号の利用等に関する法律

I

改正行政不服審査法の概要

2　第Ⅰ部　改正行政不服審査法の概要

1　改正行政不服審査法の要点

　平成26年6月13日、52年ぶりに行政不服審査法の全面改正がなされ、平成28年4月1日、改正された行政不服審査法（平成26年法律第68号）が施行された[1]。同法は、「行政庁の違法又は不当な処分その他公権力の行使に当たる行為に関し、国民が簡易迅速かつ公正な手続の下で広く行政庁に対する不服申立てをすることができるための制度を定めることにより、国民の権利利益の救済を図るとともに、行政の適正な運営を確保すること」を目的とするものであり（法1条1項）、同法に基づく不服申立ての主なメリット・長所として、裁判所における行政事件訴訟での司法審査に比して、簡易迅速な手続による国民の権利利益の救済が可能であること、司法審査とは異なり「違法」性審査のほかに「不当」性審査（行政裁量が認められる行政作用が最も公益に適するものといえるか否か、換言すれば、その行政作用において裁量権が適切に行使されているか否かの審査）をなしうることがあげられる。

　行政不服審査法は、「公正」（法1条1項）性の確保および使いやすさの向上の観点から、前記のとおり約半世紀ぶりに大改正がなされたところ、その主な改正内容は、①異議申立てをなくし、不服申立ての手続を審査請求に一元化したこと（法2条）、②不服申立期間の延長（法18条）、③審理員による審理手続の導入（法9条）、行政不服審査会等の第三者機関への諮問手続の導入（法43条）、④標準審理期間の設定（法16条）、審理手続の計画的遂行（法37条）などによる迅速な審理の確保、⑤証拠書類等の写し等の交付請求権の法定（法38条）、口頭意見陳述に際しての処分庁等への質問（法31条5項）などによる審査請求人等の手続的権利の拡充である。また、不服申立前置につき、国民が直ちに裁判所への出訴をする権利を制限しているとの批判等があったことから、同法の改正に合わせて不服申立前置制度の見直しが行われた。すなわち、真に必要と考えられる場合に限り不服申立前置を存続するものとし、「行政不服審査法の施行に伴う関係法律の整備等に関する法律」によりその大幅な廃止・縮小が図られ、その結果、不服申立てをするか直ちに出訴する

1）法附則1条、行政不服審査法の施行期日を定める政令（平成27年政令第390号）。

かにつき、原則として国民が選択できることになった[2]。

　以下、不服申立ての種類（審査請求、再調査の請求および再審査請求）、審査請求の要件、審査請求書の提出から裁決までの手続等に関し、改正された行政不服審査法を活用するためのそれぞれのポイントを説明する。

② 不服申立ての種類

(1) 3種類の不服申立て

　不服申立ての種類は、①審査請求（法2条、3条）、②再調査の請求（法5条）、③再審査請求（法6条）の3種類である[3]。このうち、②および③は個別法に定めがある場合になしうるものとされており（法5条1項本文、6条1項）、例外的な制度であることから、①が原則的な制度とされている。なお、処分につき、①を行った場合には、②はなしえない（法5条1項ただし書）。

(2) 審査請求

　審査請求をすべき行政庁（審査庁）は、処分庁・不作為庁に上級行政庁がある場合、当該処分庁等の最上級行政庁であるが（法4条4号）、処分庁・不作為庁に上級行政庁がない場合には、当該処分庁等となる（法4条1号）。このように、改正前の行政不服審査法（昭和37年法律第160号）において上級行政庁がない場合等に処分庁に対してなしうるものとされていた「異議申立て」（旧法6条・7条）は廃止され、「審査請求」に一元化されることとなった。なお、再調査の請求をなしうる場合において再調査の請求をしたときは、当

---

2) 不服申立前置を定めていた全96の個別法のうち、47の法律（建築基準法、農地法等）における不服申立前置がすべて廃止され、21の法律（国民年金法、労災保険法等）で不服申立前置が一部廃止・一部存置することとされたが、28の法律（生活保護法、国家公務員法等）では不服申立前置が全部存置されることとなった（添田徹郎＝駒崎弘『Q＆A行政不服審査法』（有斐閣、2015年）112、157～161頁参照）。

3) 自然人に限らず、法人その他の団体も不服申立制度を利用でき、日本国籍を有しない外国人や外国資本の法人も不服申立てをすることができる（宇賀克也『行政不服審査法の逐条解説〔第2版〕』（有斐閣、2017年）14頁参照）。法人でない社団または財団で代表者または管理人の定めがあるものは、その名で審査請求をすることができる（法10条）。

4 第Ⅰ部　改正行政不服審査法の概要

該再調査の請求についての決定を経た後でなければ、審査請求をすることができないこととされている（法5条2項本文）。

(3)　再調査の請求

行政庁の処分につき処分庁以外の行政庁に対して審査請求をすることができる場合において、個別法に再調査の請求を可とする定めがあるとき（例えば、国通75条1項1号イ・2項）は、再調査の請求をすることができる。再調査の請求は、処分庁に対して行うものである（法5条1項本文）。審査請求よりも簡易な手続で事実関係の再調査等が行われるものであるため、審理員による審理や行政不服審査会等の第三者機関への諮問がなされるものではない。

(4)　再審査請求

行政庁の処分につき法律に再審査請求をすることができる旨の定めがある場合（例えば、建基95条）には、審査請求の裁決に不服があれば、再審査請求をすることができる（法6条1項）。再審査請求は、原裁決（再審査請求をすることができる処分についての審査請求の裁決）または当該処分を対象として、上記のとおり法定の行政庁に対してする必要がある（法6条2項）。

③　審査請求の手続要件

(1)　審査請求の手続要件を欠くと却下裁決が下される

前述したとおり、審査請求が原則的な不服申立てであることから、以下、主な審査請求の手続要件（審査請求を適法に行うための要件、審査請求の適法要件）について説明する。この審査請求の手続要件を欠く場合には、審査請求に理由があるかどうか、すなわち、処分・不作為の違法事由・不当事由の存否についての審理・判断（法45条2項、46条1項）はなされず、不適法な審査請求であるとして却下の裁決（法45条1項）が下されることとなる[4]から、注意する必要がある。このように、審査請求の手続要件は、民事訴訟でいえば、

---

4) 却下の裁決は、「門前払い」の裁決といわれることがある（藤田宙靖『行政法入門〔第7版〕』（有斐閣、2016年）243頁参照）。

訴訟要件に対応するものである。

(2) 審査請求の対象

審査請求の対象は「処分」（法2条）および「不作為」（法3条）であり、法定の例外（法7条1項・2項、1条2項）を除き、すべての処分・不作為について行政不服審査法に基づく審査請求ができる（一般概括主義）。

このうち「処分」とは、「行政庁の処分その他公権力の行使に当たる行為」（法1条2項）であり、行政事件訴訟法3条2項の「処分その他公権力の行使」と同義で、いわゆる処分性を有する行政作用をいうものと解されている[5]。この点に関し、行政事件訴訟特例法の下での判例ではあるが、最判昭和39年10月29日（民集18巻8号1809頁）は、行政庁の処分とは、「行政庁の法令に基づく行為のすべてを意味するものではなく、公権力の主体たる国または公共団体が行う行為のうち、その行為によって、直接国民の権利義務を形成しまたはその範囲を確定することが法律上認められているものをいう」と判示しており、行政不服審査法2条・同法1条2項の処分も同趣旨のものをいうと考えられる。処分には、法律（法令）に基づくもののみならず、条例に基づくものも含まれるものと解されている[6]。なお、改正前の行政不服審査法2条1項は、「処分」に「公権力の行使に当たる事実上の行為で、人の収容、物の留置その他その内容が継続的性質を有するもの」が原則として含まれると規定しており、改正後についてもこのような継続的事実行為が処分に含まれることに異論はない[7]。

また、不作為とは、「法令に基づく申請に対して何らの処分をもしないこと」（法3条）であり、ここでの「法令」には条例も含まれるものと解されている[8]。

(3) 審査請求適格

行政不服審査法2条は、「行政庁の処分に不服がある者」が処分について

5）宇賀・前掲注3）13頁。

6）櫻井敬子＝橋本博之『行政法〔第5版〕』（弘文堂、2016年）235頁。

7）宇賀・前掲注3）13頁。

8）櫻井＝橋本・前掲注6）235頁。

の審査請求をすることができると規定する。「行政庁の処分に不服がある者」とは、不服申立適格（審査請求適格）を有する者を意味し、判例は、不服申立適格について、行政事件訴訟法の原告適格（9条）と同様、法律上保護された利益説の立場を採っている[9]。すなわち、主婦連ジュース事件[10]では、不服申立適格を有する者とは「当該処分について不服申立をする法律上の利益がある者、すなわち、当該処分により自己の権利若しくは法律上保護された利益を侵害され又は必然的に侵害されるおそれのある者をいう、と解すべきである」と判示している。被処分者以外の者も、前記「法律上の利益」があると認められる場合には、自分以外の者に対する処分についての審査請求をすることができる[11]。

また、行政不服審査法3条は「法令に基づき行政庁に対して処分についての申請をした者は、当該申請から相当の期間が経過したにもかかわらず」行政庁の不作為がある場合には当該不作為についての審査請求をすることができると規定しており、法令に基づく申請（行手2条3号参照）をした者は、当該申請から相当期間経過することにより、審査請求適格を有するものとされている。

(4) 審査請求の利益

行政庁の処分の効果が消滅するなど、審査請求が審査請求人の救済に資するとの事情がなくなったような場合には、（狭義の）審査請求の利益が失われたとして、却下裁決が下されることになる[12]。

---

9) 宇賀・前掲注3) 17頁等参照。

10) 最判昭和53年3月14日民集32巻2号211頁。

11) この場合、行訴法9条2項の考慮事項や参酌・勘案事項を参考にして、不服申立てをする法律上の利益の認否が判断されることになる。なお、この点につき、宇賀・前掲注3) 17頁は、不服申立適格の判断においても同項の「類推適用」がなされるべきとする。

12) 宇賀克也『行政法概説II 行政救済法〔第6版〕』（有斐閣、2018年）47頁参照。例えば、建築確認は、それを受けなければ工事をすることができないという法的効果を付与されているにすぎないものであるから、工事完了後は、建築確認の取消しを求める争訟の利益は失われることとなる（最判昭和59年10月26日民集38巻10号1169頁参照）。なお、審査請求適格と狭義の審査請求の利益を併せて広義の審査請求の利益という。

(5) 審査請求期間（法18条1項・2項等）

　行政上の法律関係の早期安定の要請[13]から、処分についての審査請求は、処分があったことを知った日の翌日から起算して3か月（当該処分について再調査の請求をしたときは、当該再調査の請求についての決定があったことを知った日の翌日から起算して1か月）を経過したときは、原則として、することができないが、正当な理由があるときは、することができる（法18条1項）[14]。また、処分についての審査請求は、処分（当該処分について再調査の請求をしたときは、当該再調査の請求についての決定）があった日の翌日から起算して1年を経過したときは、することができないが、正当な理由があるときは、することができる（法18条2項）。処分があったことを直ちに知りうる立場にない被処分者以外の者が審査請求をする場合には、後者の期間（1年）が問題となる場合がある[15]。

　なお、不作為についての審査請求には、行政不服審査法18条のような審査請求期間の規定はなく、不作為状態が継続している限り、審査請求をすることができる。

④　審査請求の手続

(1)　審査請求書の提出

ア　法定の記載事項

　審査請求は、原則として、必要な事項を記載した書面すなわち審査請求書を提出してしなければならず（法19条1項）[16]、法定の事項について記載をする必要がある（法19条2〜5項）。

---

13) 宇賀・前掲注12) 44頁参照。
14) 旧法14条1項では、この審査請求期間が60日または30日とされていたが、法改正により、3か月に延長された。
15) 添田＝駒﨑・前掲注2) 34頁参照。
16) 審査請求書は、審査請求をすべき行政庁が処分庁等ではない場合には、正副2通を提出しなければならない（法施行令4条1項）。

8 第Ⅰ部 改正行政不服審査法の概要

　処分についての審査請求書には、①審査請求人の氏名または名称および住所または居所、②審査請求に係る処分の内容、③審査請求に係る処分（当該処分について再調査の請求についての決定を経たときは、当該決定）があったことを知った年月日、④審査請求の趣旨および理由、⑤処分庁の教示の有無およびその内容および⑥審査請求の年月日を記載しなければならない（法19条2項）。審査請求の理由としては、主として処分に係る違法事由を記載すべきことになる。違法事由の主張には、実体上の（実体法上の、実体的）違法事由すなわち行政庁による処分権限を行使するための根拠となる法律（実体法）への違反の場合と、手続上の（手続法上の、手続的）違法事由すなわち行政庁による処分権限を行使するための手続を定めた法律（手続法）への違反の場合があり[17]、前記の「不当」（法1条1項）とする事由も適宜記載すべきである[18]。

　他方、不作為についての審査請求書には、①審査請求人の氏名または名称および住所または居所、②当該不作為に係る処分についての申請の内容および年月日、および③審査請求の年月日を記載しなければならない（法1条3項）。

　審査請求人が、法人その他の社団もしくは財団である場合、総代を互選した場合または代理人によって審査請求をする場合には、審査請求書には、行政不服審査法19条2項各号または同法19条3項各号に掲げる事項のほか、その代表者もしくは管理人、総代または代理人の氏名および住所または居所を記載しなければならない（法19条4項）。

　また、処分についての審査請求書には、行政不服審査法19条2項および19条4項に規定する事項のほか、①同法5条2項1号の規定により再調査の請求についての決定を経ないで審査請求をする場合には再調査の請求をした年月日を、②同法5条2項2号の規定により再調査の請求についての決定を経

---

17) 板垣勝彦「処分の違法（実体的違法）」幸田雅治編著『行政不服審査法の使いかた』（法律文化社、2016年）131〜132頁参照。

18) 違法事由が認められなくても、処分が最も公益に適する裁量行為とはいえない場合には、不当な処分として、取り消されるものとなる（法1条1項）。この点に関し、平裕介「行政不服審査法活用のための『不当』性の基準」公法研究78号（2016年）239〜248頁、平裕介「行政不服審査における不当裁決の類型と不当性審査基準」行政法研究28号（2019年）167〜199頁等参照。

ないで審査請求をする場合にはその決定を経ないことについての正当な理由を、③審査請求期間の経過後において審査請求をする場合には、同法18条1項ただし書または18条2項ただし書に規定する正当な理由を、それぞれ記載しなければならない。

イ　審査請求書への押印

審査請求書には、審査請求人が押印しなければならないが、審査請求人が法人その他の社団または財団である場合にあっては代表者または管理人が、審査請求人が総代を互選した場合にあっては総代が、審査請求人が代理人によって審査請求をする場合にあっては代理人が、それぞれ押印する必要がある（法施行令4条2項）。

ウ　添付書類・証拠書類等

審査請求人の代表者もしくは管理人、総代または代理人の資格は、書面で証明しなければならず、審査請求書の正本には、審査請求人が法人その他の社団または財団である場合にあっては代表者または管理人の資格を証する書面を、審査請求人が総代を互選した場合にあっては総代の資格を証する書面を、審査請求人が代理人によって審査請求をする場合にあっては代理人の資格を証する書面を、それぞれ添付しなければならない（法施行令4条3項・3条1項）。

また、審査請求人は、審査請求書とともに、違法事由・不当事由を基礎づける証拠となる資料（証拠書類または証拠物）を提出することができる（法32条1項参照）。

エ　口頭で審査請求をする場合

例外的に、他の法律（条例に基づく処分については、条例）に口頭ですることができる旨の定めがある場合（法19条1項）において、口頭で審査請求をするときには、行政不服審査法19条2項から5項までに規定する事項を陳述しなければならない。この場合において、陳述を受けた行政庁は、その陳述の内容を録取し、これを陳述人に読み聞かせて誤りのないことを確認し、陳述人に押印させなければならない（法20条）。

(2)　審査請求書の補正

審査庁は、審査請求がされたときは、その記載事項および添付書類ならび

10　第Ⅰ部　改正行政不服審査法の概要

に処分の内容、審査請求の期限等について調査し、審査請求が適法になされているか否かを判断し、審査請求書が行政不服審査法19条の規定に違反する（不備がある）場合には、相当の期間を定めて同期間内に不備を補正すべきことを命じなければならず（法23条）、同法23条の期間内に不備の補正がなされない場合には、行政不服審査法第3節（法28条以下）に規定する審理手続を経ないで、同法45条1項または49条1項の規定に基づき、裁決で、当該審査請求を却下することができる（法24条）。

(3)　参加人

利害関係人すなわち「審査請求人以外の者であって審査請求に係る処分または不作為に係る処分の根拠となる法令に照らし当該処分につき利害関係を有するものと認められる者」は、審理員（法28条以下参照）の許可を得て、当該審査請求に参加することができる（法13条1項）。審理員は、必要があると認める場合には、利害関係人に対し、当該審査請求に参加することを求めることができる（法13条2項）。

審査請求への参加は、代理人によってすることができ（法13条3項）、また、この代理人は、各自、行政不服審査法13条1項または同法13条2項の規定により当該審査請求に参加する者（参加人）のために、原則として、当該審査請求への参加に関する一切の行為をすることができる[19]。

(4)　執行不停止原則

行政不服審査法25条1項は「審査請求は、処分の効力、処分の執行又は手続の続行を妨げない」としており、審査請求をしても、原則として、処分の効力等が停止するわけではない（執行不停止原則）。しかし、一定の場合には処分の効力等が停止されることとなる（法25条2項・3項本文・4項）[20]。

---

[19]　ただし、審査請求への参加の取下げは、特別の委任を受けた場合に限り、することができる（法13条4項ただし書）。

[20]　なお、執行停止をした後において、執行停止が公共の福祉に重大な影響を及ぼすことが明らかとなったとき、その他事情が変更したときは、審査庁は、その執行停止を取り消すことができる（法26条）。

(5) 審査請求の取下げ

審査請求人は、裁決があるまでは、いつでも審査請求を取り下げることができる（法27条1項）。この点に関し、民事訴訟や行政訴訟における訴えの取下げは、手続開始後には、相手方の同意を得ることが必要となるが（民訴261条2項）、審査請求には、このような制約はない[21]。

〈審査請求書の提出から裁決までの手続の流れ〉
1　審査請求人が審査庁に審査請求書を提出（法19条等）・受理
　（不備がある場合、審査請求人は補正命令に応じる必要あり（法23条、24条））
　↓
　①審査庁が審理員を指名（法9条）
　↓
　②審理員が処分庁等に審査請求書等を送付し、弁明書の提出を求める（法29条）
　↓
　③処分庁が審理員に弁明書を提出
　↓
　④審理員が審査請求人（および参加人）に弁明書を送付し（法29条5項）
　↓
　⑤審査請求人が審理員に（弁明書に反論があれば）反論書を提出（法30条1項）
　（参加人が審理員に（意見があれば）意見書を提出（法30条2項））
　↓
　⑥審理員が処分庁等（および参加人）に反論書を送付
　（審理員が審査請求人および処分庁等に意見書を送付）
　↓
　⑦口頭意見陳述（審査請求人または参加人の申立てがあった場合）（法31条）
　↓
2　1の主張・証拠に関し審理→必要な審理終了→審査手続の終結（法41条）
　↓
3　審理員が審査庁に審理員意見書（審査庁がすべき裁決に関する意見書）を提出（法42条）
　↓
4　審査庁が行政不服審査会等（第三者機関）に諮問（法43条）
　↓
　行政不服審査会等が審査庁に答申（法44条1項）
　↓
5　審査庁が審査請求人等に対し審査請求に対する裁決書を作成・送達（法50条、51条等）

21）添田＝駒﨑・前掲注2）44頁参照。

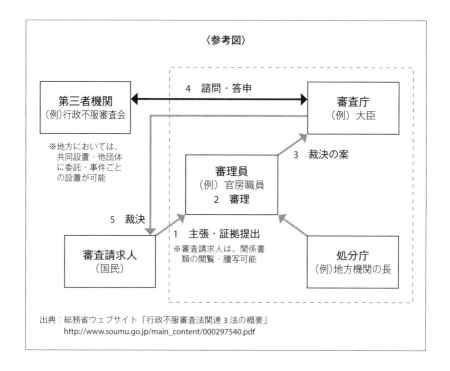

また、審査請求の取下げは、書面でしなければならない（法27条2項）。

(6) 審査請求書の提出から裁決までの手続の流れ

　前記のとおり、審査請求は、原則として審査請求書の提出により開始されるところ、審査請求書の提出から裁決までの手続の大まかな流れは、概ね図のとおりである。

　なお、審査庁となるべき行政庁は、審査請求がその事務所に到達してから当該審査請求に対する裁決をするまでに通常要すべき標準的な期間（標準処理期間）を定めるよう努めるとともに、これを定めたときは、当該審査庁となるべき行政庁および関係処分庁の事務所における備付けその他の適当な方法により公にしておかなければならない（法16条）。

5 審査請求の審理手続（審理員による審理手続）

(1) 審理員の指名

　審査請求がされた場合、審査庁は、原則として、審査庁に所属する職員（法17条に規定する名簿（審理員名簿）を作成した場合[22]にあっては、当該名簿に記載されている者）のうちから審理員すなわち行政不服審査法第2章第3節（法28条以下）に規定する審理手続を行う者を指名するとともに、その旨を審査請求人および処分庁等（審査庁以外の処分庁等に限る）に通知しなければならない（法9条1項）。また、審理手続の公正性を確保するため、審査庁は「審査請求に係る処分若しくは当該処分に係る再調査の請求についての決定に関与した者」や「審査請求に係る不作為に係る処分に関与し、若しくは関与することとなる者」といった同法9条2項各号に掲げる者以外の者から審理員を指名しなければならない。

(2) 弁明書の提出

　審理員は、原則として、審査庁から指名されたときは、直ちに、審査請求書または審査請求録取書の写しを処分庁等に送付しなければならず（法29条1項）、また、相当の期間を定めて、処分庁等に対し、弁明書の提出を求めるものとするとされている（法29条2項）。

　処分庁等は、処分についての審査請求に対する弁明書には「処分の内容及び理由」を、不作為についての審査請求に対する弁明書には「処分をしていない理由並びに予定される処分の時期、内容及び理由」をそれぞれ記載しなければならない（法29条3項）。また、処分庁が、行政手続法に基づく聴聞が行われたときの聴聞調書（行手24条1項）および報告書（行手24条3項）や、行政手続法に基づく弁明の機会の付与が行われたときの弁明書（法29条1項）を保有する場合には、弁明書にこれらを添付する必要がある（法29条4項）。

---

[22] 行政不服審査法17条は「審査庁となるべき行政庁は、審理員となるべき者の名簿を作成するよう努めるとともに、これを作成したときは、当該審査庁となるべき行政庁及び関係処分庁の事務所における備付けその他の適当な方法により公にしておかなければならない」とする。

14 第Ⅰ部　改正行政不服審査法の概要

　審理員は、処分庁等から弁明書の提出があったときは、これを審査請求人および参加人に送付しなければならない（法29条5項）。

(3) 反論書・意見書の提出

　審査請求人は、反論書すなわち弁明書に記載された事項に対する反論を記載した書面（反論書）を提出することができる。この場合において、審理員が、反論書を提出すべき相当の期間を定めたときは、その期間内にこれを提出しなければならない（法30条1項）。

　審理員は、審査請求人から反論書の提出があったときはこれを参加人および処分庁等に送付しなければならない（法30条3項）。

　参加人は、意見書すなわち審査請求に係る事件に関する意見を記載した書面を提出することができる。この場合において、審理員が、意見書を提出すべき相当の期間を定めたときは、その期間内にこれを提出しなければならない（法30条2項）。

　審理員は、参加人から意見書の提出があったときはこれを審査請求人および処分庁等に送付しなければならない（法30条3項）。

(4) 審理手続の計画的遂行

　審理員は、審査請求に係る事件について、審理すべき事項が多数でありまたは錯綜しているなど事件が複雑であることその他の事情により、迅速かつ公正な審理を行うため、行政不服審査法31条から36条までに定める審理手続を計画的に遂行する必要があると認める場合には、期日および場所を指定して、審理関係人（審査請求人、参加人および処分庁等）を招集し、あらかじめ、これらの審理手続の申立てに関する意見の聴取を行うことができる（法37条1項）。この意見聴取手続は、弁明書、反論書、意見書のみでは、審査請求の趣旨、争点・主張および立証事項を明確に認識することが困難な場合等に用いられるものである[23]。

23）宇賀・前掲注3）154〜155頁。

(5) 口頭意見陳述

　前記のとおり、審査請求の審理手続は、書面審理が中心となるが、審査請求人または参加人の申立てがあった場合には、審理員は、原則として、当該申立てをした者（申立人）に口頭で審査請求に係る事件に関する意見を述べる機会を与えなければならず（法31条1項本文）[24]、この意見の陳述（口頭意見陳述）は、審理員が期日および場所を指定し、すべての審理関係人を招集してさせるものとするとされている（法31条2項）。口頭意見陳述を公開で行うか否かにつき、明文の規定はないが、行政不服審査法は、審査請求人または参加人に公開審理請求権まで付与するものではないものと解される[25]。

　口頭意見陳述において、申立人は、審理員の許可を得て、補佐人とともに出頭することができる（法31条3項）。補佐人とは、自然科学、社会科学、人文科学の専門知識を有していたり、日本語の理解が十分でない外国人や言語障害者のために陳述を補助したりする者であって、審査請求人または参加人を補佐する者である[26]。

　なお、口頭意見陳述において、審理員は、申立人のする陳述が事件に関係のない事項にわたる場合その他相当でない場合には、これを制限することができ（法31条4項）、また、口頭意見陳述に際し、申立人は、審理員の許可を得て、審査請求に係る事件に関し、処分庁等に対して、質問を発することができる（法31条5項）。

(6) 証拠調べ

　審査請求人または参加人は、証拠書類または証拠物を提出することができ（法32条1項）、処分庁等は、当該処分の理由となる事実を証する書類その他の物件を提出することができる（法32条2項）。なお、審理員が、証拠書類も

---

24) ただし、当該申立人の所在その他の事情により当該意見を述べる機会を与えることが困難であると認められる場合には、この限りでない（法31条1項ただし書）。

25) 宇賀・前掲注12) 53頁参照。もっとも、個別法において公開審理請求権が認められている場合（国公91条2項、地公50条1項）や、公開が義務付けられている場合（都計50条3項、建基94条3項）などがある（同頁参照）。

26) 宇賀・前掲注3）144～145頁。

しくは証拠物または書類その他の物件を提出すべき相当の期間を定めたとき
は、その期間内にこれを提出しなければならない（法32条3項）。

　また、審理員は、審査請求人もしくは参加人の申立てによりまたは職権で、
書類その他の物件の所持人に対し、相当の期間を定めて、その物件の提出を
求めることができる（物件の提出要求）。この場合において、審理員は、その
提出された物件を留め置くことができる（法33条）。さらに、審理員は、審査
請求人もしくは参考人の申立てにより、または職権で参考人の陳述・鑑定の
要求、検証、審理関係人への質問をすることができる（法34条～36条）。この
ように、行政不服審査法は職権証拠調べに関する規定を置いている[27]。

　審査請求人または参加人は、審理手続が終結するまでの間、審理員に対し、
提出書類等（聴聞手続に係る聴聞調書・報告書、弁明の機会の付与手続に係る弁明
書または法32条1項・2項により提出された書類もしくは法33条により提出された書
類その他の物件）の閲覧[28]または当該書面もしくは当該書類の写しもしくは
当該電磁的記録に記録された事項を記載した書面の交付を求めることができ
（提出書類の閲覧・写し等の交付請求権）、この場合において、審理員は、第三
者の利益を害するおそれがあると認めるとき、その他正当な理由があるとき
でなければ、その閲覧または交付を拒むことができないとされている（法38
条1項）。改正前の行政不服審査法では閲覧請求権しか認めていなかったが
（旧法33条2項前段）、法改正により写し等の交付請求権も認められることと
なった[29]。

(7)　審査手続の終結、審理員意見書の提出

　審理員は、必要な審理を終えたと認めるときは、審理手続を終結する（法

---

[27]　行政不服審査においていわゆる職権探知が可能かにつき、明文の規定はないが、通説
　はこれを肯定してきた（宇賀・前掲注*12*）59頁参照）。なお、小早川光郎＝高橋滋編『条
　解 行政不服審査法』（弘文堂、2016年）155頁〔友岡史仁〕は、新法の下においても職
　権探知主義を容認する通説の根拠が当てはまる旨解説する。

[28]　電磁的記録（電子的方式、磁気的方式その他人の知覚によっては認識することができ
　ない方式で作られる記録であって、電子計算機による情報処理の用に供されるものをい
　う）にあっては、記録された事項を審査庁が定める方法により表示したものの閲覧のこ
　とをいう（法38条1項）。

[29]　なお、法38条2項～5項は、提出書類等の閲覧等に関する手続につき規定している。

41条1項)[30]。また、審理員が審理手続を終結したときは、速やかに、審理関係人に対し、審理手続を終結した旨ならびに審理員意見書（法42条1項）および事件記録[31]を審査庁に提出する予定時期を通知するものとされ、当該予定時期を変更したときも、同様とされている（法41条3項）。

　審理員は、審理手続を終結したときは、遅滞なく、審査庁がすべき裁決に関する意見書（審理員意見書）を作成しなければならず（法42条1項）、審理員意見書を作成したときは、速やかに、これを事件記録とともに、審査庁に提出しなければならない（法42条2項）。

⑥　行政不服審査会等への諮問等

(1)　行政不服審査会等への諮問

　審理員は「審査庁に所属する職員」の中から審査庁によって指名されるものであること（法9条1項）から、裁決の客観性・公正性を高めるため、平成26年6月の行政不服審査法の改正により行政不服審査会または地方公共団体に置かれる行政不服審査法81条1項または2項の機関（以下「行政不服審査会等」という。）への諮問手続が新たに設けられた[32]。

　審査庁は、審理員意見書の提出を受けたときは、原則として、行政不服審査会等の第三者機関（諮問機関）に諮問しなければならない（法43条1項）。ただし、個別法令（条例に基づく処分については、条例）により審議会等の議を経る場合（法43条1項1～3号）、審査請求人から、行政不服審査会等への諮問を希望しない旨の申出がされている場合（参加人から、行政不服審査会等に諮問しないことについて反対する旨の申出がされている場合を除く）（法43条1項4号）、審査請求が、行政不服審査会等によって、国民の権利利益および行

---

30) 審理員は、法41条2項各号のいずれかにあたる場合でも審理手続を終結することができる。

31) 審査請求書、弁明書その他審査請求に係る事件に関する書類その他の物件のうち政令（法施行令15条）で定めるものをいう。

32) 添田＝駒﨑・前掲注2）67頁、小早川光郎＝青柳馨『論点体系 判例行政法1』（第一法規、2017年）466頁〔田尾亮介〕等参照。

政の運営に対する影響の程度その他当該事件の性質を勘案して、諮問を要しないものと認められたものである場合（法43条1項5号）、審査請求が不適法であり、却下する場合（法43条1項6号）、審査請求を全部認容する場合（反対する旨の意見書が提出されている場合および口頭意見陳述においてその旨の意見が述べられている場合を除く）（法43条1項7号・8号）には、諮問を要しないものとされている。

行政不服審査会は総務省に置かれる一般的諮問機関（国家行政組織法8条の機関）であり、行政不服審査法68条以下に規定される委員等により構成される[33]。

(2) 行政不服審査会等における審理

行政不服審査会における審理手続に関しては、審理員意見書および事件記録の写しに基づく書面審理が中心となる（法43条2項参照）が、審査会は、必要があると認める場合には、審査請求に係る事件に関し、審査請求人、参加人または行政不服審査会に諮問をした審査庁（審査関係人）にその主張を記載した書面（主張書面）または資料の提出を求めること、適当と認める者にその知っている事実の陳述または鑑定を求めることその他必要な調査をすることができ（法74条）、審査関係人の申立てがあった場合には、原則として、当該審査関係人に口頭で意見を述べる機会を与えなければならない（法75条）。また、審査関係人は、主張書類等を提出すること（法76条）や提出資料の閲覧等を求めること（法78条1項）ができるとされている。

行政不服審査会の調査審議の手続は、原則として非公開とされている（法80条、法施行令25条、行政不服審査会運営規則28条）。

なお、地方公共団体に置かれる機関（国の行政不服審査会に対応する第三者機関、法81条1項）においても、同様の手続がとられることとなる（法81条3項）。

---

[33] 地方公共団体に置かれる機関（法81条1項）の設置および組織については、各地方公共団体の実情に応じて様々な形態が考えられる。この点に関し、中村健人（著）＝折橋洋介（監修）『改正行政不服審査法 自治体の検討課題と対応のポイント〔施行令対応版〕』（第一法規、2016年）51頁以下を参照されたい。

⑶ 行政不服審査会等の答申

行政不服審査会等は、審査庁に対し、諮問に対する答申（法44条1項）を行うところ、諮問に対する答申をしたときは、答申書の写しを審査請求人および参加人に送付するとともに、答申の内容を公表する（法79条）。

7 裁 決

審査庁は、行政不服審査会等から諮問に対する答申を受けたとき（諮問を要しない場合にあっては、審理員意見書が提出されたときか審議会等の議を経たとき）は、遅滞なく、裁決をしなければならない（法44条）。

処分についての審査請求の請求が不適法である場合には却下裁決がなされ（法45条1項）、請求は適法であるが、理由（違法事由・不当事由）がない場合には棄却裁決（法45条2項）がなされる[34]。なお、例は少ないが、処分が違法・不当であっても棄却裁決がなされる場合がある（事情裁決、法45条3項）。

処分（事実上の行為を除く、法47条参照）についての審査請求の請求が適法であり、理由がある場合（上記事情裁決の場合を除く）には、処分の全部または一部を取り消す裁決（取消裁決、認容裁決）または処分を変更する裁決（変更裁決）がなされる（法46条1項本文）[35]。ただし、審査庁が処分庁の上級行政庁または処分庁のいずれでもない場合には、当該処分を変更することはできない（法46条1項ただし書）。

裁決は、①主文、②事案の概要、③審理関係人の主張の要旨、④理由を記載し、審査庁が記名押印した裁決書によりしなければならない（法50条1項1〜4号）[36]。④につき、主文が審理員意見書または行政不服審査会等もしくは審議会等の答申書と異なる内容である場合には、異なることとなった理由

---

34) 不作為についての審査請求の裁決の場合も、同様に、却下裁決・棄却裁決がなされる（法49条1項・2項）。

35) 不作為についての審査請求の認容裁決については、法49条3項を参照されたい。

36) 行政不服審査会等への諮問を要しない場合には、裁決書には、審理員意見書を添付しなければならない（法50条2項）。

についても記載する必要がある（法50条1項4号）。

　審査庁は、再審査請求をすることができる裁決をする場合には、裁決書に再審査請求をすることができる旨ならびに再審査請求をすべき行政庁および再審査請求期間（法62条に規定する期間）を記載して、これらを教示しなければならない（法50条3項）。

　裁決は、審査請求人（当該審査請求が処分の相手方以外の者のしたものである場合における法46条1項および法47条の規定による裁決にあっては、審査請求人および処分の相手方）に送達された時に、その効力を生ずる（法51条1項）。裁決の送達は、原則として、送達を受けるべき者に裁決書の謄本を送付することによってする（法51条2項）。また、審査庁は、裁決書の謄本を参加人および処分庁等（審査庁以外の処分庁等に限る）に送付しなければならない（法51条4項）。

　裁決は、関係行政庁を拘束する（裁決の拘束力、法52条1項）。申請に基づいてした処分が手続の違法もしくは不当を理由として裁決で取り消され、または申請を却下し、もしくは棄却した処分が裁決で取り消された場合には、処分庁は、裁決の趣旨に従い、改めて申請に対する処分をしなければならない（法52条2項）。

Ⅱ
実務編

第1章

第1章

情報公開・個人情報保護

〈ロードマップ〉

① **情報公開・個人情報保護制度と行政不服審査**

　情報公開・個人情報保護に関する行政不服審査制度としては、行政機関の保有する情報の公開に関する法律（行政機関情報公開法）・独立行政法人等の保有する情報の公開に関する法律（独立行政法人等情報公開法）・情報公開条例に基づく開示・一部開示・不開示決定（開示決定等）や開示請求に係る不作為に対する審査請求制度、行政機関の保有する個人情報の保護に関する法律（行政機関個人情報保護法）・独立行政法人等の保有する個人情報の保護に関する法律（独立行政法人等個人情報保護法）・個人情報保護条例に基づく開示決定等・訂正決定等・利用停止決定等や開示請求等に係る不作為に対する審査請求制度等がある。これらの審査請求については、基本的に行政不服審査法が適用される。平成26年6月、行政不服審査法が改正されたが、改正点は、審査請求期間が60日から3か月に延長されたこと、不服申立てが審査請求または異議申立ての二本立てから審査請求のみに一本化されたことなどである。行政機関情報公開法等の前記各法律においては、行政不服審査法の審理員による審理手続に関する規定および同法第2章第3節の規定の適用がされず、審査手続において、審理員による審理は行われず、また、同法第2章第4節の行政不服審査会等への諮問の規定は適用が除外され、審査請求をされた行政庁（審査庁）は、一部の例外を除き、情報公開・個人情報保護審査会に諮問をし、その諮問を経て審査請求に対する裁決をすべきものとされている。なお、前記行政不服審査法の改正に合わせた整備法による行政機関情報公開法等の改正により、開示決定等だけでなく、不作為に係る不服申立て（審査請求）についても、情報公開・個人情報保護審査会への諮問が必要とされることとなった。

② **不開示決定等に対する審査請求の手続要件・審査手続・理由**

　情報公開・個人情報保護に関する処分等に係る審査請求については、処分を知った日の翌日から3か月以内等とされる審査請求期間を徒過するなど、審査請求の要件を欠く場合には、不適法なものとして却下されることとなるため、同要件をすべ

て満たす必要がある。また、本案の審理における不開示事由の存否等に関する実体上の違法事由については、その要件の認定に行政庁の裁量が認められる場合があり、そのような場合には、審査請求人が違法事由（裁量権の範囲の逸脱・濫用）や不当事由があることを積極的に主張する必要がある。また、審査請求人は、適宜、理由付記の不備等の手続上の違法事由についても主張すべきである。

③　**書式例：情報公開条例に基づく不開示決定に対する審査請求**
　具体的な審査請求書の書式例と理由説明書の書式例を紹介する。

1　情報公開・個人情報保護制度と行政不服審査

■　行政機関情報公開法等に基づく処分と行政不服審査制度の概要

⑴　行政機関情報公開法に基づく不開示決定等に対する審査請求制度

　行政機関情報公開法は、国民主権の理念にのっとり、「何人」にも行政機関の長等に対する当該行政機関の保有する行政文書の開示を請求する権利（行政文書の開示請求権）を規定しており（行政情報公開1条、3条）、市民が行政文書の開示請求をする場合、書面（開示請求書）を行政機関の長に提出して同請求を行う必要がある（行政情報公開4条）。

　また、行政機関の長は、市民の開示請求に係る行政文書の全部または一部を開示するときは、その旨決定をし、開示請求者に対し、その旨および開示の実施に関し政令で定める事項を書面により通知しなければならず（行政情報公開9条1項）、開示請求に係る行政文書の全部を開示しないときは、開示をしない旨の決定をし、開示請求者に対し、その旨を書面により通知しなければならない（行政情報公開9条2項）。

　行政機関情報公開法に基づく処分等に対する不服申立てについては、行政不服審査法が適用され、開示決定等や開示請求に係る不作為に不服がある者は、同法に基づく審査請求をすることができる。ただし、整備法による改正後の行政機関情報公開法においては、行政不服審査法の審理員による審理手続に関する規定の適用が除外され、審査手続において、審理員による審理は行われず、また、同法第2章第4節の行政不服審査会等への諮問の規定は適

用が除外され、審査請求をされた行政庁（審査庁）は、情報公開・個人情報保護審査会に諮問をし、その諮問を経て審査請求に対する裁決をすべきものとされている（行政情報公開18条、19条）。なお、全部開示決定・一部開示決定の開示に係る部分については、開示請求者に不利益は生じないが、開示請求に係る行政文書に第三者（開示請求者以外の者）の情報が記録されているときには、当該第三者が不利益を被ることがあることから、当該第三者に審査請求適格が認められる場合がある（行政情報公開19条2項3号、20条等参照）。

　審査請求を受けた行政機関の長は、原則として情報公開・個人情報保護審査会に諮問し（行政情報公開19条1項、情報公開・個人情報保護審査会設置法（情報公開審査会設置法）参照）、同審査会の答申を受けて審査請求に対する裁決（法45条、49条等）を出すことになる。同審査会は、委員15人をもって組織され（情報公開審査会設置3条）、原則として、同審査会の指名する委員3人をもって構成する合議体で、審査請求に係る事件について非公開で調査審議をし（情報公開審査会設置6条1項、14条）、必要があると認めるときは、諮問庁に対し、不開示決定をした行政文書等または保有個人情報の提示を求めることができる（情報公開審査会設置9条1項）。この場合においては、何人も、審査会に対し、その提示された行政文書等または保有個人情報の開示を求めることができない（情報公開審査会設置9条1項）ものの、同審査会によるこのようなインカメラ審理[1]が認められていること（裁判では認められていない）[2]は、審査請求制度を活用する大きな利点であると考えられる。また、同審査会が諮問庁に分類・整理した資料の作成・提出を求めるヴォーン・インデッ

1）「インカメラ審理」とは、実際に不開示決定等がなされた文書を見分して審理することをいい（宇賀克也『行政法概説Ⅱ 行政救済法〔第6版〕』（有斐閣、2018年）17頁参照）、情報公開審査会設置法9条1項が「審査会は、必要があると認めるときは、諮問庁に対し、行政文書等又は保有個人情報の提示を求めることができる。この場合においては、何人も、審査会に対し、その提示された行政文書等又は保有個人情報の開示を求めることができない。」とし、同条2項が「諮問庁は、審査会から前項の規定による求めがあったときは、これを拒んではならない。」と規定しており、情報公開・個人情報保護審査会の審理におけるインカメラ審理を認めている。

2）最決平成21年1月15日民集63巻1号46頁は、「情報公開訴訟において証拠調べとしてのインカメラ審理を行うことは、民事訴訟の基本原則に反するから、明文の規定がない限り、許されない」と判示する。

クスと呼ばれる手続をとることができること[3]も審査請求制度を利用するメリットのひとつといえよう。

　本章では、実務上、活用されることが比較的多いと思われる行政機関情報公開法に基づく開示決定等に対する審査請求制度を中心に説明する。

(2)　独立行政法人等情報公開法に基づく不開示決定等に対する審査請求制度

　独立行政法人等情報公開法も、国民主権の理念にのっとり、法人文書の開示請求権等について規定している（独行情報公開1条〜3条）[4]。同法に基づく処分等に対する不服申立てについても、行政不服審査法が適用されるが、独立行政法人等情報公開法は、審査手続に関し、行政機関情報公開法と同様の適用除外規定および情報公開・個人情報保護審査会への諮問の規定を置いている（独行情報公開18条、19条）。

(3)　情報公開条例に基づく不開示決定等に対する審査請求制度

　行政機関情報公開法における「行政機関」（行政情報公開2条1項）に地方公共団体は含まれないため、地方公共団体が保有する情報については、同法は適用されないものの、同法25条により、地方公共団体も情報公開に関して必要な施策の策定・実施をするよう努めなければならないとされている[5]。

3） 情報公開審査会設置法9条3項は「審査会は、必要があると認めるときは、諮問庁に対し、行政文書等に記録されている情報又は保有個人情報に含まれている情報の内容を審査会の指定する方法により分類又は整理した資料を作成し、審査会に提出するよう求めることができる。」と規定しており、情報公開・個人情報保護審査会に分類・整理した資料の作成・提出を諮問庁に求める権限を付与している。

4） 独立行政法人等情報公開法における「独立行政法人等」とは、独立行政法人通則法2条1項に規定する独立行政法人および独立行政法人等情報公開法別表第一に掲げる法人をいい、また、同法の「法人文書」とは、独立行政法人等の役員または職員が職務上作成し、または取得した文書、図画および電磁的記録（電子的方式、磁気的方式その他人の知覚によっては認識することができない方式で作られた記録をいう）であって、当該独立行政法人等の役員または職員が組織的に用いるものとして、当該独立行政法人等が保有しているもの（ただし、官報、白書、新聞、雑誌、書籍など独立行政法人等情報公開法2条2項1号〜4号に規定されるものを除く）をいう。

5） 行政機関情報公開法25条は、「地方公共団体は、この法律の趣旨にのっとり、その保有する情報の公開に関し必要な施策を策定し、及びこれを実施するよう努めなければならない。」と規定する。

26　第Ⅱ部　第1章　情報公開・個人情報保護

この点について、平成27年3月31日に公表された総務省の調査資料[6]によると、平成26年10月1日時点で、ほとんどすべての地方公共団体が行政機関の保有する情報の公開に関する法律と同様の条例（以下、「情報公開条例」という）を定め[7]、これを運用しているといえる。

そのため、市民は、情報公開条例に基づく地方公共団体保有の行政文書の開示請求をすることができ、開示・一部開示・不開示の各決定、開示請求に係る不作為に対して不服がある場合には、行政機関の保有する情報の公開に関する法律と同様に、行政不服審査法による審査請求をすることができる（法2条〜4条）。なお、最近では、地方公共団体ごとに関係するウェブサイトで当該地方公共団体の情報公開条例を公表していることが多い。

⑷　公文書管理法に基づく利用請求の制限等に対する審査請求制度

公文書管理法（公文書等の管理に関する法律）は、国および独立行政法人等の諸活動や歴史的事実の記録である公文書等が、健全な民主主義の根幹を支える国民共有の知的資源として、主権者である国民が主体的に利用しうるものであることにかんがみ、国民主権の理念にのっとり、公文書等の管理に関する基本的事項を定めている（公文書管理1条）。国立公文書館等の長は、当該国立公文書館等において保存されている特定歴史公文書等について利用請求があった場合には、原則として、これを利用させなければならず（公文書管理16条1項）、この利用請求に対する処分または利用請求に係る不作為について不服がある者は、国立公文書館等の長に対し、審査請求をすることができる（公文書管理21条1項・2項参照）。

⑸　特定秘密保護法と不開示決定に対する審査請求制度との関係

平成25年の第185回臨時国会で成立し、平成27年12月1日に完全施行された特定秘密保護法（特定秘密の保護に関する法律）によると、行政機関の長[8]は、

6）「情報公開条例の制定状況等に関する調査について」http://www.soumu.go.jp/main_content/000350962.pdf
7）都道府県47団体（100.0%）、政令指定都市20団体（100.0%）、市区町村1719団体（99.9%、北海道乙部町と福井県池田町のみ未制定）、一部事務組合760団体（47.5%）、広域連合101団体（88.6%）が情報公開条例等を制定済みである。

当該行政機関の所掌事務に係る同法別表に掲げる事項に関する情報であって、公になっていないもののうち、その漏洩がわが国の安全保障に著しい支障を与えるおそれがあるため、特に秘匿することが必要であるもの[9]を特定秘密として指定するものとされており[10]（特定秘密3条1項）、同法および同法施行令により、特定秘密を指定するのは、平成28年12月31日現在、内閣官房、外務省、防衛省、警察庁等20の行政機関[11]の長とされている。

後記2の行政機関情報公開法における不開示事由の項目で説明するとおり、同法は、開示を求める情報が特定秘密に指定されたこと自体を不開示事由として規定しているわけではないが、①防衛に関する事項（特定秘密別表1号）、②外交に関する事項（特定秘密別表2号）、③特定有害活動の防止に関する事項（特定秘密別表3号）および④テロリズムの防止に関する事項（特定秘密別表4号）に関する情報について特定秘密の指定がなされうることからすると、行政機関情報公開法5条3号[12]または同条4号[13]の不開示事由、あるいはその両者にあたるものとして、不開示決定やグローマー拒否（存否応答拒否、後述）がなされることになる。

したがって、特定秘密に指定された情報の行政機関情報公開法に基づく開

8）当該行政機関が合議制の機関である場合にあっては当該行政機関をいい、特定秘密保護法2条4号および5号の政令で定める機関（合議制の機関を除く）にあってはその機関ごとに政令で定める者をいう。

9）日米相互防衛援助協定等に伴う秘密保護法1条3項に規定する特別防衛秘密に該当するものを除く。

10）ただし、内閣総理大臣が特定秘密保護法18条2項に規定する者の意見を聴いて政令で定める行政機関の長については、この限りでない（同法3条1項ただし書）。

11）20の行政機関とは、①国家安全保障会議、②内閣官房、③内閣府、④国家公安委員会、⑤金融庁、⑥総務省、⑦消防庁、⑧法務省、⑨公安審査委員会、⑩公安調査庁、⑪外務省、⑫財務省、⑬厚生労働省、⑭経済産業省、⑮資源エネルギー庁、⑯海上保安庁、⑰原子力規制委員会、⑱防衛省、⑲防衛装備庁および⑳警察庁をさす。

12）行政機関情報公開法5条3号は、「公にすることにより、国の安全が害されるおそれ、他国若しくは国際機関との信頼関係が損なわれるおそれ又は他国若しくは国際機関との交渉上不利益を被るおそれがあると行政機関の長が認めることにつき相当の理由がある情報」を不開示情報としている。

13）行政機関情報公開法5条4号は、「公にすることにより、犯罪の予防、鎮圧又は捜査、公訴の維持、刑の執行その他の公共の安全と秩序の維持に支障を及ぼすおそれがあると行政機関の長が認めることにつき相当の理由がある情報」を不開示情報としている。

示請求や同情報の公文書管理法に基づく利用請求に対する拒否決定、これら
の請求に係る不作為に対して不服がある場合には、行政不服審査法による審
査請求をなしうる（法2条～4条等参照）が、基本的には、特定秘密に指定さ
れていない情報の開示請求に対する不開示決定の場合以上に、審査請求人が
不開示決定に係る違法事由の主張・立証を行うことは難しいものになると考
えられる。

(6) 国会・裁判所の情報公開

国会・裁判所は、行政機関情報公開法が適用される機関ではないが、同法
の趣旨を踏まえ、通達や事務取扱要領等[14]により、保有情報を公開する制度
の運用を行っている。

もっとも、上記通達等によって行政機関情報公開法に基づく行政文書の開
示請求権のような権利が市民に付与されたわけではなく、不開示決定に対す
る行政不服審査法に基づく審査請求は認められていない。ただし、不開示と
された場合には、上記通達等に定めのある苦情の申出をすることができる。

② 行政機関個人情報保護法等に基づく処分と行政不服審査制度の概要

(1) 行政機関個人情報保護法に基づく不開示決定等に対する審査請求制度

行政機関個人情報保護法は、行政機関において個人情報の利用が拡大して
いることにかんがみ、行政機関における個人情報の取扱いに関する基本的事
項を定めている（行政個人情報保護1条）。同法は、①何人も同法の定めると
ころにより、行政機関の長に対し、当該行政機関の保有する自己を本人とす
る保有個人情報の開示を請求することができるとし、保有個人情報の開示請

---

14) 国会関係のものについては、「衆議院事務局の保有する議院行政文書の開示等に関す
る事務取扱規程」（平成20年4月1日施行）、「参議院事務局の保有する事務局文書の開
示に関する事務取扱規程」（平成23年4月1日施行）、「国立国会図書館事務文書開示規
則」（平成23年7月1日施行）等がある。裁判所のものについては、「裁判所の保有する
司法行政文書の開示に関する事務の取扱要領」（平成27年7月1日実施）、「最高裁判所
の保有する司法行政文書の開示等に関する事務の取扱要綱」（平成18年1月1日実施）
等がある（それぞれ裁判所ウェブサイトで公表されている）。

求権を規定し（行政個人情報保護12条1項）、また、②何人も、自己を本人とする保有個人情報[15]の内容が事実でないと思料するときは、同法の定めるところにより、当該保有個人情報を保有する行政機関の長に対し、当該保有個人情報の訂正（追加または削除を含む）を請求することができるとし、保有個人情報の訂正請求権を定め（行政個人情報保護27条1項）、さらに、③何人も、自己を本人とする保有個人情報につき、当該保有個人情報がこれを保有する行政機関により適法に取得されたものでないと思料するとき、利用目的の達成に必要な範囲を超えて（行政機関個人情報保護法3条2項に違反して）当該保有個人情報が保有されていると思料するとき、利用目的以外の目的のために（行政機関個人情報保護法8条1項2項に違反して）当該保有個人情報が提供されていると思料するときなどには、同法の定めるところにより、当該保有個人情報を保有する行政機関の長に対し、当該保有個人情報の利用の停止または消去、あるいは、当該保有個人情報の提供の停止を請求することができるとし[16]、保有個人情報の利用停止請求権を規定している（行政個人情報保護36条1項）。市民が上記開示請求等をする場合、書面を行政機関の長に提出して請求を行う必要がある（行政個人情報保護13条、28条、37条）。

　また、行政機関の長は、市民の開示請求に係る行政文書の全部または一部を開示するときは、その旨決定をし、開示請求者に対し、その旨、開示する保有個人情報の利用目的および開示の実施に関し政令で定める事項を書面により通知しなければならず（行政個人情報保護18条1項本文）、開示請求に係る行政文書の全部を開示しないときは、開示をしない旨の決定をし、開示請求

---

15) (a)開示決定に基づき開示を受けた保有個人情報、(b)行政機関個人情報保護法22条1項の規定により事案が移送された場合において、独立行政法人等個人情報保護法21条3項に規定する開示決定に基づき開示を受けた保有個人情報、および(c)開示決定に係る保有個人情報であって、行政機関個人情報保護法25条1項の他の法令の規定により開示を受けたものに限られる（行政個人情報保護27条1項1号〜3号）。ただし、当該保有個人情報の訂正に関して他の法律またはこれに基づく命令の規定により特別の手続が定められているときは、行政機関個人情報保護法に基づく保有個人情報の訂正を請求することはできない（行政個人情報保護27条1項ただし書）。

16) ただし、当該保有個人情報の利用の停止、消去または提供の停止（以下「利用停止等」という）に関して他の法律またはこれに基づく命令の規定により特別の手続が定められているときは、行政機関個人情報保護法に基づく保有個人情報の利用停止等を請求することはできない（行政個人情報保護36条1項ただし書）。

30 第Ⅱ部 第1章 情報公開・個人情報保護

者に対し、その旨を書面により通知しなければならない（行政個人情報保護18条2項）。また、訂正請求および利用停止請求についても同条と同様の趣旨の行政機関の長による決定・通知に関する規定がある（行政個人情報保護30条、39条）。

行政機関個人情報保護法に基づく処分等に対する不服申立てについては、行政不服審査法が適用され、開示決定等や開示請求に係る不作為に不服がある者は、同法に基づく審査請求をすることができる。ただし、行政機関個人情報保護法においては、行政不服審査法の審理員による審理手続に関する規定の適用が除外され、審査手続において、審理員による審理は行われず、また、同法第2章第4節の行政不服審査会等への諮問の規定は適用が除外され、審査請求をされた行政庁（審査庁）は、情報公開・個人情報保護審査会に諮問をし、その諮問を経て審査請求に対する裁決をすべきものとされている（行政個人情報保護42条、43条）。なお、全部開示決定・一部開示決定の開示に係る部分については、開示請求者に不利益は生じないが、開示に係る行政文書に第三者（開示請求者以外の者）の情報が記録されているときには、当該第三者が不利益を被ることがあることから、当該第三者に審査請求適格が認められる場合がある（行政個人情報保護43条、44条等参照）。

審査請求を受けた行政機関の長は、原則として情報公開・個人情報保護審査会に諮問し（行政個人情報保護43条1項、情報公開・個人情報保護審査会設置法参照）、同審査会の答申を受けて審査請求に対する裁決（法45条、49条等）を出すことになる。なお、同審査会については、**1**(1)で説明したとおりである。

(2) 独立行政法人等個人情報保護法に基づく不開示決定等に対する審査請求制度

独立行政法人等個人情報保護法も、独立行政法人等における個人情報の取扱いに関する基本的事項を定めて、自己を本人とする保有個人情報の開示請求権、訂正請求権、利用停止請求権を規定している。同法に基づく処分等に対する不服申立てについても、行政不服審査法が適用されるが、独立行政法人等個人情報保護法は、審査手続に関し、行政機関情報公開法と同様の適用除外規定および情報公開・個人情報保護審査会への諮問の規定を置いている（独行個人情報保護42条、43条）。

なお、行政手続における特定の個人を識別するための番号の利用等に関する法律（「マイナンバー法」などと称されることもある）は、個人情報保護三法（個人情報の保護に関する法律、行政機関個人情報保護法および独立行政法人等個人情報保護法）の特例を定めている（マイナンバー29条、30条等）。

(3) 個人情報保護条例に基づく不開示決定等に対する審査請求制度

行政機関個人情報保護法における「行政機関」（行政個人情報保護2条1項）に地方公共団体は含まれないため、地方公共団体が保有する個人情報については、同法は適用されないものの、行政機関個人情報保護法11条1項[17]により、地方公共団体も保有個人情報に関して適切な取扱いが確保されるよう必要な措置を講ずることに努めなければならないとされている。この点について、総務省の資料（平成28年11月21日規制改革推進会議投資等WG資料「個人情報保護条例の現状と総務省の取組」（資料1）4頁）[18]によると、行政機関個人情報保護法対策に係る条例の制定率は、都道府県においては平成15年度以降、市区町村においては平成18年度以降、100％となっており、この意味ですべての地方公共団体が、行政機関個人情報保護法等の趣旨にのっとり、同法と同様の条例（以下、「個人情報保護条例」という）を定め、これを運用しているといえる。

なお、行政手続における特定の個人を識別するための番号の利用等に関する法律32条は、地方公共団体等が保有する特定個人情報の保護に関する規定を置いている。

3 改正行政不服審査法と行政機関情報公開法等との関係

前記 1 2 のとおり、行政機関情報公開法等に基づく処分等に対する不服申立てについては、行政不服審査法が適用される。前記行政不服審査法の改正により、①行政不服申立てが審査請求・異議申立てから審査請求に一本化さ

---

[17] 行政機関個人情報保護法11条1項は、「地方公共団体は、その保有する個人情報の性質、当該個人情報を保有する目的等を勘案し、その保有する個人情報の適切な取扱いが確保されるよう必要な措置を講ずることに努めなければならない。」と規定する。

[18] http://www8.cao.go.jp/kisei-kaikaku/suishin/meeting/wg/toushi/20161121/161121 toushi01.pdf

れ（法２条）、また、②審査請求期間が原則として「処分があったことを知った日の翌日から起算して60日」から、同日から起算して「３月」に改正された（法18条１項本文）。行政機関情報公開法に基づく処分等の不服申立についても、この改正規定が適用される。さらに、行政不服審査法の改正に合わせて、整備法による行政機関情報公開法等の改正が行われ、③開示決定等だけでなく不作為に係る審査請求についても情報公開・個人情報保護審査会への諮問が原則として必要とされることに変更された（行政情報公開19条１項、独行情報公開19条１項、行政個人情報保護43条１項、独行個人情報保護43条１項）。

　前記行政不服審査法の改正により、前記①および②のほか、④不服審査の審理は、処分等に関与しない審理員が担当するものとされ（法９条等、法第２章第３節）、⑤第三者機関である行政不服審査会が設置され、不服審査に対する裁決は同審査会への諮問を経て行うことを原則とする改正が行われたが（法第２章第４節・第５節）、行政機関情報公開法等においては、行政不服審査法の審理員による審理手続に関する規定の適用が除外され、審査手続おいて、審理員による審理は行われず、また、同法第２章第４節の行政不服審査会等への諮問の規定は適用が除外され、審査請求をされた行政庁（審査庁）は、情報公開・個人情報保護審査会に諮問をし、その諮問を経て審査請求に対する裁決をすべきものとされている（行政情報公開18条、19条、独行情報公開18条、19条、行政個人情報保護42条、43条、独行個人情報保護42条、43条）から、これらの改正規定は適用されない。

　なお、行政不服審査法の改正に際して、情報公開・個人情報保護審査会を行政不服審査会（法67条）に統合することが見送られたことから、情報公開条例・個人情報保護条例に基づく開示決定等に対する審査請求においても、地方公共団体の多くは、情報公開・個人情報保護審査会と同様の附属機関（情報公開条例、個人情報保護条例、審査会設置条例などを根拠法令とする）を残し、実質的に従前と同様の運用とする地方公共団体が多いと考えられるが、同附属機関を廃止し、新しく設置する地方公共団体における行政不服審査会に統合して審査を行うといった手法も考えられる[19]。

19）　中村健人『改正行政不服審査法 自治体の検討課題と対応のポイント〔施行令対応版〕』（第一法規、2016年）51頁以下参照。

② 不開示決定等に対する審査請求の手続要件・審査手続・理由

■ 審査請求の手続要件・審査手続

以下、審査請求の手続要件・審査手続について説明する。下記審査請求期間を徒過するなど、審査請求の手続要件を欠く場合には、本案審理すなわち下記の違法事由・不当事由の存否についての審理・判断はなされず、不適法な審査請求であるとしてこれを却下する裁決（法45条1項）が下されることとなるから、注意する必要がある。

(1) 審査請求適格・審査請求の対象、代理人

前記■■のとおり、行政機関情報公開法等における開示・一部開示・不開示の各決定[20]、開示請求に係る不作為[21]に対して不服のある者は、行政不服審査法による審査請求をすることができ、全部開示決定・一部開示決定の開示に係る部分については、開示請求に係る行政文書に第三者（開示請求者以外の者）の情報が記録されているときには、不利益を被ることがある当該第三者に審査請求適格が認められる場合がある（行政情報公開19条2項3号、20条等参照）。

また、前記■■のとおり、行政機関個人情報保護法等における開示決定等・訂正決定等・利用停止決定等[22]や開示請求等に係る不作為[23]に対して不服のある者は、行政不服審査法による審査請求をすることができ、全部開示決定・一部開示決定の開示に係る部分につき、開示請求に係る行政文書に第三者（開示請求者以外の者）の情報が記録されているときには、不利益を被ることがある当該第三者に審査請求適格が認められることがある（行政個人情

---

[20] これらの決定は、いずれも法2条（および行訴3条2項）に規定される「処分」（行政処分）にあたるものである。

[21] この不作為は、法3条（および行訴3条5項）に規定される「不作為」にあたるものである。

[22] これらの決定も、いずれも法2条（および行訴3条2項）に規定される「処分」（行政処分）にあたるものである。

[23] この不作為も、法3条（および行訴3条5項）に規定される「不作為」である。

34　第Ⅱ部　第1章　情報公開・個人情報保護

報保護43条2項3号、44条等参照）。

　上記審査請求権者は、代理人によって審査請求をすることができる（法12条1項）[24]。

⑵　**審査請求をすべき行政庁**

　行政不服審査法4条は、審査請求は、法律（条例に基づく処分については、条例）に特別の定めがある場合を除くほか、同条各号に定める行政庁に対してするものとすると定めているところ、行政機関情報公開法等に基づく審査請求は、開示決定等の処分庁・不作為庁（処分庁等に上級行政庁があるときは当該上級行政庁）[25]に対して行う。

⑶　**審査請求期間**

　不利益処分に対する審査請求は、原則として、前記⑵の各決定（処分）があったことを知った日の翌日から起算して3か月以内にしなければならず、また、処分があった日の翌日から起算して1年を経過したときは、することができないものとされている（法18条）。

⑷　**審査方法**

　審査請求は、必要な事項を記載した書面すなわち審査請求書を提出してしなければならず（法19条1項）[26]、後記3の〈審査請求書・添付書類・証拠書類の説明〉にある各事項を記載する必要がある（法19条2項～5項）。

　また、審査手続、情報公開・個人情報保護審査会における調査審議の流れ

---

[24]　代理人の資格は書面で証明しなければならず（法施行令3条1項）、また、審査請求書には、審査請求人が押印する必要があるが、審査請求人が代理人によって審査請求をする場合にあっては代理人が押印しなければならず（法施行令4条2項）、この場合には審査請求書の正本には代理人の資格を証する書面を添付する必要がある（法施行令4条3項）。

[25]　なお、独立行政法人等情報公開法等における独立行政法人等や、情報公開条例等における地方公共団体の長には、上級行政庁が存在しない。

[26]　審査請求書は、審査請求をすべき行政庁が処分庁等ではない場合には、正副2通を提出しなければならない（法施行令4条1項）とされているが、このような場合は、情報公開・個人情報保護に関する処分の分野では少ないものと思われる。

（不開示決定等を受けた者が審査請求を行う場合）は、概ね、下図のとおりである。処分庁等は審査請求がされたときは、その記載事項および添付書類ならびに処分の内容、審査請求人の資格、審査請求の期限等について調査し、審査請求が適法になされているか否かを判断し、審査請求書に不備がある場合には、相当の期間を定めて同期間内に不備を補正すべきことを命じ、補正がなされない場合には、審査請求を却下する裁決を行うこととなる（法23条、45条１項、49条１項）。

　審理手続は書面審理を中心とするものであり、審査請求人・処分庁（諮問庁）等は、同審査会に対し、意見書または資料を提出することができる（情報公開審査会設置11条）[27]が、審査会は、審査請求人等から申立てがあったときは、原則として当該審査請求人に口頭で意見を述べる機会を与えなければならない（情報公開審査会設置10条）。また、同審査会によるインカメラ審理等が認められていることについては、前記 1 1 (1)のとおりであり、さらに、同審査会は、審査請求に係る事件に関し、適当と認める者にその知っている事実を陳述させまたは鑑定を求めることその他必要な調査をすることができる（情報公開審査会設置９条４項）。

　同審査会の行う調査審議の手続は、非公開とされている（情報公開審査会設置14条）。

　なお、地方公共団体の情報公開条例や個人情報保護条例に基づく開示請求等が拒否された場合等も、基本的には前記審理手続と同様の手続が規定されているが、理由説明書ではなく弁明書が提出されるものと規定されている（あるいは、そのような運用がなされている）場合もあり、その場合には、通常、弁明書（や反論書）提出後に、諮問手続に入ることとされる。

2　審査請求の理由（違法事由・不当事由）

　ここでは、行政機関情報公開法における不開示決定という典型的な処分に関する違法事由・不当事由を中心に解説することとする。なお、このような申請に対する拒否処分の理由については、行政文書開示請求（書）に対する行政文書開示等（不開示）決定通知書の記載から明らかにされることとなる

27）ただし、情報公開・個人情報保護審査会が意見書または資料を提出すべき相当の期間を定めたときは、その期間内にこれを提出しなければならない。

36　第Ⅱ部　第 1 章　情報公開・個人情報保護

〈審査手続の流れ〉
①審査請求人が処分庁等（諮問庁）に審査請求書を提出・受理
（不備がある場合、原則として補正命令に応じる必要あり）

⬇

②処分庁等が情報公開・個人情報保護審査会に諮問

⬇

③処分庁等が情報公開・個人情報保護審査会に理由説明書を提出

⬇

④情報公開・個人情報保護審査会が審査請求人に上記理由説明書の写しを送付

⬇

⑤審査請求人が情報公開・個人情報保護審査会に上記理由説明書に対する意見書
　を提出

⬇

⑥情報公開・個人情報保護審査会が処分庁等に上記意見書の写しを送付

⬇

⑦情報公開・個人情報保護審査会が処分庁等に答申

⬇

⑧情報公開・個人情報保護審査会が審査請求人に答申書の写しを送付

⬇

⑨処分庁等が審査請求人に対し審査請求に対する裁決書を作成・送達

（処分庁の理由提示義務につき規定する行政手続法 8 条 1 項参照）から、審査請求人としては、この記載に照らし、以下に説明するような実体上・手続上の違法・不当事由を主張していくこととなる[28]。

(1)　実体上の違法事由

　行政文書は開示（公開）されるのが原則である（行政情報公開 3 条、5 条柱書）[29]が、例外として行政文書が存在しない場合、不開示事由に該当する場合、そして不当な目的で大量の開示請求（大量請求）を行うなど権利濫用となる場合には、例外として不開示（非公開）とされる。

　これらの場合のうち、不開示事由に係る不開示情報は、①個人情報、②法人等情報、③国家安全情報（防衛・外交情報）、④公共安全情報（犯罪捜査・秩

---

[28]　地方公共団体の情報公開条例における不開示決定の場合でも、基本的には行政機関の保有する個人情報の保護に関する法律の場合と同様の違法事由・不当事由を主張していくことになる。

[29]　なお、行政機関個人情報保護法でも同様である（同法12条、14条柱書）。

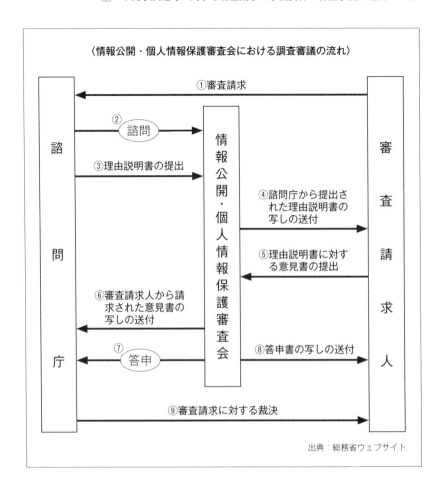

序維持等情報)、⑤審議検討等情報および⑥事務事業情報であり、行政機関情報公開法5条1号から6号までに列挙されている。一般的には、①・②・⑤・⑥の要件にあたるか否かの処分庁の判断には行政裁量(要件裁量)が認められないものと解され、他方、③・④の要件該当性の判断には要件裁量が認められるものと解されている。

　また、行政機関の長は、開示請求に係る行政文書の一部に不開示情報が記録されている場合において、不開示情報が記録されている部分を容易に区分して除くことができるときは、開示請求者に対し、当該部分を除いた部分につき開示しなければならない(部分開示、行政情報公開6条1項本文)[30]。なお、

開示請求に係る行政文書に不開示情報が記録されている場合であっても、行政機関の長が公益上特に必要があると認めるときは、開示請求者に対し、当該行政文書を開示することができる（裁量的開示、行政情報公開7条）が、このような例はわずかである。

　加えて、開示請求に対し、文書の存否を答えるだけで不開示文書を開示することとなる場合は、行政機関の長は、当該行政文書の存否を明らかにしないで、当該開示請求を拒否することができる（グローマー拒否あるいは存否応答拒否と呼ばれる。行政情報公開8条）。

　以上のことから、不開示決定に対する審査請求では、前記行政文書開示等（不開示）決定通知書の理由に係る記載に照らし、不開示事由がないのに処分庁があると判断したことに関する違法事由、すなわち、①不開示情報に該当する事実がそもそもないとの主張や、②そのような事実があるとしてもその評価（不開示事由に係る要件へのあてはめ）が誤っているとの主張、③不開示事由に係る要件に要件裁量が認められるとされる場合であっても、その裁量判断に裁量権の逸脱・濫用があるとの主張をするなどして、不開示決定に実体的違法事由がある（審査請求には理由がある）と主張することが考えられる。ちなみに、一般的に、裁量判断は、それが法制度の目的と関係のない目的や動機に基づきなされた場合（動機・目的の違法）、平等原則に反する場合（別異取扱いに合理性がない）、判断の過程で考慮すべき事項を考慮せず（考慮不尽）、考慮すべきでない事項を考慮して判断された（他事考慮）場合、その判断が合理性をもつ判断として許容される限度を超えたものである場合（考慮事項に対する評価の明白な誤り等）には、裁量権の逸脱・濫用として違法となるものと解されている。

---

30) ただし、当該部分を除いた部分に有意の情報が記録されていないと認められるとき（例えば、黒塗りが多すぎる場合などはこの要件にあたりやすい）は、この限りでない（行政情報公開6条1項ただし書）。また、開示請求に係る行政文書に個人情報（行政情報公開5条1号の情報、特定の個人を識別することができるものに限る）が記録されている場合において、当該情報のうち、氏名、生年月日その他の特定の個人を識別することができることとなる記述等の部分を除くことにより、公にしても、個人の権利利益が害されるおそれがないと認められるときは、当該部分を除いた部分は、同号の情報に含まれないものとみなして、部分開示の規定（行政情報公開6条1項）を適用するものとされている（行政情報公開6条2項）。

このように、不開示決定に対する審査請求では、不開示事由の該当性を争う違法事由を主張することが多いが、このほかにも、例えば、開示請求をされた行政機関が「行政文書」（行政情報公開2条2項）にあたる文書等を保有しており、同文書等が存在するものと審査請求人が考えるにもかかわらず、処分庁において当該文書等が開示請求の対象とされるべき同項の「行政文書」にはあたらない（含まれない）ものとして、「行政文書」が存在しないことを理由に不開示決定をする場合に、当該文書等の「行政文書」該当性を争う主張をするというケースもある。後記③の書式例では、このようなケースについての審査請求書等の例を紹介する。

(2) 手続上の違法事由

手続上の違法事由としては、例えば、行政文書開示等（不開示）決定通知書に具体的な理由がほとんど付記されておらず、理由付記の不備があるものといえる場合には、その点を手続上の違法事由として主張し、不開示決定の取消しを求めることができる。このことについて、判例[31]は、行政文書の開示請求を拒否する処分の理由付記の程度につき、開示請求者において、不開示事由のどれに該当するのかをその根拠とともに了知しうるものでなければならず、単に不開示の根拠規定を示すだけでは、当該行政文書の種類、性質等とあいまって開示請求者がそれらを当然知りうるような場合は別として、理由付記の程度としては十分ではない旨判示している。

(3) 不当事由

違法事由が認められなくても、不開示決定が最も公益に適する裁量行為とはいえない場合（同決定における裁量権の行使が適切さを欠く場合）には、当該不開示決定を不当な処分として、取り消すことができる。審査請求人としては、前記(1)の要件裁量の判断において考慮されるべき事項について、専門技術的観点からの考慮が十分なされておらず、その結果、処分をなすことまたは処分の内容が最も公益に適したものとはなっていないときは、これを不開示決定の不当事由（法1条1項）として主張することが考えられる[32]。

31）最判平成4年12月10日判時1453号116頁。

40　第Ⅱ部　第1章　情報公開・個人情報保護

③　書式例：情報公開条例に基づく不開示決定に対する審査請求

■　審査請求書の書式例

(1)　審査請求書

　処分についての審査請求書には、①審査請求人の氏名または名称および住所または居所、②審査請求に係る処分の内容、③審査請求に係る処分（当該処分について再調査の請求についての決定を経たときは、当該決定）があったことを知った年月日、④審査請求の趣旨および理由、⑤処分庁の教示の有無およびその内容および⑥審査請求の年月日を記載しなければならない（法19条2項）。他方、不作為についての審査請求書には、①審査請求人の氏名または名称および住所または居所、②当該不作為に係る処分についての申請の内容および年月日、および③審査請求の年月日を記載しなければならない（法19条3項）。

　なお、審査請求人が、法人その他の社団もしくは財団である場合、総代を互選した場合または代理人によって審査請求をする場合には、審査請求書には、行政不服審査法19条2項各号または同条3項各号に掲げる事項のほか、その代表者もしくは管理人、総代または代理人の氏名および住所または居所を記載しなければならない（法19条4項）。

　加えて、処分についての審査請求書には、行政不服審査法19条2項および同法19条4項に規定する事項のほか、①同法5条2項1号の規定により再調査の請求についての決定を経ないで審査請求をする場合には再調査の請求をした年月日を、②同法5条2項2号の規定により再調査の請求についての決定を経ないで審査請求をする場合にはその決定を経ないことについての正当な理由を、③審査請求期間の経過後において審査請求をする場合には、同法18条1項ただし書または同法18条2項ただし書に規定する正当な理由を、それぞれ記載しなければならない。

　処分庁等は審査請求がされたときは、その記載事項および添付書類ならび

32） この点に関し、平裕介「行政不服審査法活用のための『不当』性の基準」公法研究78号（2016年）239～248頁等参照。

に処分の内容、審査請求人の資格、審査請求の期限等について調査し、審査請求が適法になされているか否かを判断し、審査請求書に不備がある場合には、相当の期間を定めて同期間内に不備を補正すべきことを命じ、補正がなされない場合には、審査請求を却下する裁決を行うこととなる（法23条、45条1項、49条1項）。

　また、審査請求書には、審査請求人が押印しなければならないが、審査請求人が法人その他の社団または財団である場合にあっては代表者または管理人が、審査請求人が総代を互選した場合にあっては総代が、審査請求人が代理人によって審査請求をする場合にあっては代理人が、それぞれ押印する必要がある（法施行令4条2項）。

　さらに、審査請求の理由としては、不開示決定等の処分や不作為に係る違法事由（取消事由）を記載すべきことになる。違法事由の主張には、実体上の（実体的）違法事由と手続法上の（手続的）違法事由があるところ、書式例（審査請求書）では、実体上の違法事由の主張とその反論の具体例を紹介している。なお、本章の書式例は、行政裁量が認められる要件について争われている事案のものであることから、特に不当事由の主張を独立させた項を設けず、違法事由の主張と同じ項の中で不当事由の主張を記載することとした。

　なお、以上のことについては、情報公開条例等の場合も基本的には同様であり、各地方公共団体のウェブサイトなどで確認できる場合も少なくない。

(2)　添付書類・証拠書類（証拠方法）

　審査請求書は、審査請求をすべき行政庁が処分庁等ではない場合には、正副2通を提出しなければならない（法施行令4条1項）とされているが、このような場合は、本章（情報公開・個人情報保護に関する処分）の分野では少ないだろう。

　また、審査請求人の代表者もしくは管理人、総代または代理人の資格は、書面で証明しなければならず、審査請求書の正本には、審査請求人が法人その他の社団または財団である場合にあっては代表者または管理人の資格を証する書面を、審査請求人が総代を互選した場合にあっては総代の資格を証する書面を、審査請求人が代理人によって審査請求をする場合にあっては代理人の資格を証する書面を、それぞれ添付しなければならない（法施行令4条

3項、3条1項参照）。

　なお、審査請求人・処分庁等（諮問庁）等は、情報公開・個人情報保護審査会に対し、意見書または資料を提出することができる（情報公開審査会設置11条、同審査会が意見書または資料を提出すべき相当の期間を定めたときは、その期間内にこれを提出する必要がある）。そのため、審査請求人は、処分庁等に提出する審査請求書の添付書類としてではないものの、同審査会に対し、違法事由・不当事由を基礎付ける証拠となる資料を提出することができる。

　なお、以上のことについては、情報公開条例等の場合も基本的には同様であり、各地方公共団体のウェブサイトなどで確認できる場合も少なくない。以下の審査請求書・理由説明書の記載例は、佐賀県情報公開・個人情報保護審査会平成25年3月29日答申（諮問第72号）の事案等を参考にしたものであり、同答申は、佐賀県のウェブサイト（http://www.pref.saga.lg.jp/kiji00328007/3_28007_8_201349112841.pdf）で公表されている。

審査請求書

平成〇〇年〇〇月〇〇日

Y市長　〇〇　〇〇　殿

　　　　　審査請求人代理人　弁護士　〇　〇　〇　〇　㊞

　　　　　〒〇〇〇-1234
　　　　　X県Z市〇〇一丁目2番3号
　　　　　審　査　請　求　人　　　甲　野　　太　郎
　　　　　〒〇〇〇-5678
　　　　　X県Y市〇〇四丁目5番6号　〇〇ビル5階
　　　　　〇〇〇〇法律事務所（送達場所）
　　　　　電話：〇〇〇－〇〇〇－〇〇〇〇〇
　　　　　FAX：〇〇〇－〇〇〇－〇〇〇〇〇
　　　　　上記代理人弁護士　　〇　〇　〇　〇

3　書式例：情報公開条例に基づく不開示決定に対する審査請求　**43**

　審査請求人は、下記第1の処分について不服があるので、次のとおり審査請求をする。

記

第1　審査請求に係る処分の内容
　　　Y市長がした平成○○年○○月○○日付け行政文書全部不開示決定処分

第2　審査請求に係る処分があったことを知った年月日
　　　平成○○年○○月○○日

第3　審査請求の趣旨及び理由
　　　別紙のとおり

第4　処分庁の教示の有無及びその内容
　　1　処分庁の教示の有無　　あり
　　2　処分庁の教示の内容　　本書に添付した行政文書開示等決定通知書記
　　　　　　　　　　　　　　　載の教示文のとおり

第5　審査請求の年月日
　　　平成○○年○○月○○日

第6　添付書類
　　1　行政文書開示等決定通知書写し　　1通
　　2　甲証拠写し　　　　　　　　　各1通
　　3　代理人選任届　　　　　　　　　1通
　　4　委任状　　　　　　　　　　　　1通

（別紙）

審査請求の趣旨及び理由

第1　審査請求の趣旨
　Y市長が平成○○年○○月○○日付けでした行政文書の不開示決定を取り消す。
との裁決を求める。

第2　審査請求の理由
1　行政文書の開示請求
　審査請求人は、平成○○年○○月○○日、Y市情報公開条例（平成○○年市条例第○○号。以下「条例」という。）3条1項の規定に基づき、Y市長（以下、「実施機関」という。）に対し、「電子情報検索事業によって、平成○○年○月以降に危機管理・広報課が担当各課へ情報提供した内容がわかる文書（職員へ送付した電子メールの内容など）」（以下、「本件文書」という。）についての開示請求（以下、「本件開示請求」という。）を行った。

2　実施機関の決定
　これに対し、実施機関は、本件文書は開示請求の対象となる「行政文書」（条例2条2項）には当たらず、本件文書は条例の解釈上存在しないものとし、平成○○年○○月○○日付けで全部不開示（行政文書不存在）の決定（以下、「本件決定」という。）を行い、その決定書を審査請求人に通知した。

3　本件決定についての違法事由・不当事由
　しかし、次のとおり、本件文書は上記「行政文書」に当たるものというべきであるから、本件決定は違法ないし不当である。
(1)　情報開示の対象となる行政文書の要件該当性について
　ア　情報開示の対象となる行政文書（以下、「行政文書」という。）については、条例上、「実施機関が作成し、又は取得した文書、図画及び写真並びに電磁的記録（電子的方式、磁気的方式その他人の知覚によっては認識することができない方式で作られた記録をいう。）」であって、「当該実施機関が組織的に用いるものとして、当該実施機関が保有しているもの」と定義されている（条例2条2項）。
　したがって、文書、図画及び写真並びに電磁的記録（以下「文書等」とい

う。）の内容、態様、性格等の諸般の事情を考慮して、「実施機関が作成し、又は取得した」ものであること、「当該実施機関が組織的に用いるもの」として「保有しているもの」であることにつき、個別具体的にそれらの該当性を判断すべきであり、市民に対するY市の説明責任が全うされるようにする条例の目的（条例1条）に照らし、これらの要件該当性の解釈適用は厳格になされるべきものではない。

　イ　すなわち、まず、「実施機関が作成し、又は取得した」については、文言上で作成又は取得の目的が限定されていないことや、上記説明責任に照らし、作成又は取得した目的を限定的に考えるべき理由はなく、この点の該当性の判断にあたっては、文書等の種別や作成や取得についての権限の有無が問われるべきではない。そこで、およそ当該実施機関の業務に関係するものとして作成又は取得したものであれば、「実施機関が作成し、又は取得した」ものであるというべきである。

　したがって、文書等の内容において、職務の遂行に直ちに必要があるとはいえないものや、職務の遂行の結果や過程を明らかにするものではないものも行政文書になり得るし、さらには、文書等の作成又は取得の経緯において、所属長等の指示があったものの他、他の部署の職員の指示、協力、補助といった関与があったものも行政文書になり得るというべきである。

　ウ　次に、当該実施機関が「組織的に用いるもの」については、実施機関が作成し、又は取得した文書等のうち、組織との関わりがあるものが公文書に当たる。すなわち、当該実施機関において文書等が活用されているのは、文書等から知り得る情報をその業務に利用することを念頭において情報の共有を図るためであるから、かかる組織共用の点の該当性の判断にあたっても、文書等の管理についての権限の有無は問われるべきではなく、文書等に記録されている情報の価値やその利用状況、すなわち、文書等に記録されている情報がいずれかの職員や部署で実際に利用されたものであるか否か、あるいは、現に利用されているものであるか否かが問われるべきではない。ゆえに、当該実施機関が、記録された情報を業務のために供しているものであれば、当該実施機関が「組織的に用いるもの」としている文書等であると考えるべきであり、記録されている情報が当該実施機関の業務のために供されているものであれば、特定の職員のみの権限と責任で管理されている文書等であっても公文書になり得るというべきである。

　エ　また、「管理しているもの」の要件該当性の判断については、条例上、

情報自体は開示対象ではなく、情報開示にあたっては情報が文書等によって保存されていることが必要ではあるが、開示対象としてはそれで十分であり、事実として保存されている状態にあるものは全て含まれるものというべきである。ゆえに、Y市文書規程（昭和○○年○○○第○号。以下「文書規程」という。）等の文書の管理に関する規程、規則の定めに従って管理されているものの他、文書規程等が定める保存期間を過ぎた文書等や文書規程等による管理の対象になっていない文書等であっても、廃棄等がなされていないのであれば行政文書になり得るというべきである。

(2) 本件文書（受信メール）が行政文書に該当することについて

ア　本件文書は、審査請求人が提出した開示請求書記載のとおり、電子情報検索事業によって危機管理・広報課が担当各課に情報提供した内容がわかる文書（職員へ送付した電子メール（職員の受信メール）の内容など）である。

実施機関の審査請求人に対する説明によれば、この「電子情報検索事業」とは、県政に関するインターネット上の情報を活用することを目的とし、危機管理・広報課において電子情報検索事業受託業者A社の情報クリッピングサービスを利用して、インターネット上の県政に関する情報の提供を受けた後に、同課の担当職員が情報提供先と情報提供範囲の選別を行った上で、当該情報に関係する課（以下「関係各課」という。）宛に電子メールを送信することによって個別に情報提供を行うというものである。なお、送受信された電子メールを閲覧できるのは、危機管理・広報課及び情報提供先になった関係各課の送信又は受信した職員のみである。

このようにして情報提供された内容が分かる文書等としては、危機管理・広報課の担当職員が送信し関係各課の職員が受信した電子メール自体と、電子メールの情報がダウンロード、印刷又は転記された文書等の双方が考えられる。

イ　本件文書は「電磁的記録」に当たること

上記情報提供された内容が分かる文書等のうち、危機管理・広報課の担当職員が送信し、関係各課の職員が受信した電子メール（以下「本件電子メール」という。）は、その存在自体、「電子的方式で作られた記録」であるから、本件文書は、条例2条2項にいう「電磁的記録」に該当する。

ウ　本件文書は「実施機関が作成し、又は取得した」ものであること

また、職務の遂行に直ちに必要があるとはいえないものや職務の遂行の結

果や過程を明らかにするものではないものも行政文書になり得るものがあるというべきであり、本件電子メールは、全て県政に関する情報を内容とするものであることから、本件文書は、当該実施機関の業務に関係するものとして「実施機関が作成し、又は取得した」ものであるというべきである。

エ　本件文書は「組織的に用いるもの」であること

さらに、本件電子メールは、県政に関するインターネット上の情報を関係各課が活用することを目的として、危機管理・広報課が、収集された情報の中から情報を選別した上で関係各課に情報提供したものであることから、全て関係各課の業務の参考となるものとして、そこでの情報がその業務のために供されているものである。ゆえに、本件文書は、当該実施機関が「組織的に用いるもの」であるというべきである。

オ　本件文書は「保有しているもの」といいうること

今日では、従来、電話やファクシミリにより伝達されていた情報が電子メールによってやりとりされるようになり、重要でない情報を内容とするものであっても削除されない限りは、一定期間メールボックスにおいて保存されるようになっており、前述したとおり、事実として保存されている状態にある以上は「保有しているもの」として公文書になり得ることになる。

したがって、本件電子メールのうち、現に保存されているものは全て「保有している」の要件をみたすものであるから、本件文書は同要件も充足しうるものである。

4　以上より、本件文書は行政文書であると考えるべきであるにもかかわらず、本件文書が行政文書に当たらないことを理由に行った本件決定は違法であり、仮に違法ではないとしてもアカウンタビリティの観点から最も公益に適合する処分とはいえず不当であるから、取り消されるべきである。

そして、実施機関は、本件文書のうち、本件開示請求日時点のものでメールボックス上に保存されているものについて、改めて文書を特定した上で開示決定を行うべきである。

❷　理由説明書の書式例

情報公開・個人情報保護審査会設置法施行令6条に基づき定められている情報公開・個人情報保護審査会運営規則5条によると、処分庁等（諮問庁）

48　第Ⅱ部　第1章　情報公開・個人情報保護

が情報公開・個人情報保護審査会にする諮問の方法については、諮問書（同規則様式第1号の1〜4）により行うものとされ、さらに、同規則6条によると、諮問書には決定についての諮問庁の考え方およびその理由を記載した理由説明書（諮問庁がこれを補足するために必要と認める資料を含む）等を添付資料とするものとされている。

　そこで諮問庁としては、この理由説明書において、基本的には不開示決定等の処分等を維持することや同処分等が適法・妥当であることの理由を主張することになる。この書面は、基本的には弁明書（法29条2項（ただし同条は行政機関情報公開法等で適用除外とされている））とほとんど同様のものといえよう。なお、諮問書の記載事項やその他の添付資料については、情報公開・個人情報保護審査会運営規則様式第1号の1〜4、同規則6条等を参照されたい。

平成〇〇年（〇〇）諮問第〇〇号

平成〇〇年〇〇月〇〇日

理由説明書

　本説明書は、Y市情報公開条例（平成〇〇年市条例第〇〇号。以下「条例」という。）第9条第1項の規定に基づき、Y市長が平成〇〇年〇〇月〇〇日付け〇〇〇〇第〇〇号により行った不開示決定（以下「本件決定」）に対する開示請求者（以下「審査請求人」という。）からの審査請求に関し、条例第19条の規定に基づき、Y市情報公開・個人情報保護審査会に諮問するに当たり、本件決定についての諮問庁の考え方及びその理由について説明したものである。

　本件処分において、全部不開示とした理由及び本件処分を維持する理由は、以下のとおりである。

　1　職員ポータルにおけるメールの送受信の仕組み等
　本件開示請求に係る件名又は内容についての関係各課への情報提供につい

ては、担当職員が職員ポータルサイト（以下「職員ポータル」という。）の個人のメールアドレスを利用し、関係各課の所属アドレス（予め設定された所属内の任意の職員メールアドレスに受信される業務用のメーリングリスト。職員ポータルの個人メール画面を所属メール画面に切り替えることにより所属のメールアドレスからメール送信することができるが、メールを送信できるのは副課長級以上の職員のみであり、メールボックスには所属のメールアドレスから送信したメールしか残らない。）に電子メールを送信することで情報提供を行っている。

　2　本件文書は「組織的に用いるもの」には当たらないこと

「電子情報検索事業」は、県政に関するインターネット上の情報を活用することを目的とするものではあるが、特定の職員が上記の方法で受信した各メールにおける情報を自身の職務の便宜のために利用するに止まるものであり、「組織的に用いるもの」（条例2条2項）に当たるものではない。

　また、Y市では、個々の職員が当該各メールを個別にダウンロード、プリントアウトするなどしなければならないという運用方法を採っているわけではないから、この点でも本件文書は組織的に用いるものとして保有されているものとはいえない。このことに加えて、当該各メールは、職員メールアドレスに送信されるものであるところ、Y市では、その削除を禁止する運用方法を採っておらず、当該職員の各自の判断でいつでも削除（廃棄）して差し支えないものとしていたことからしても、本件文書は組織共用文書とはなり得ないものである。

　加えて、諮問庁としては、Y市の「情報公開事務の手引き（平成○○年○月）」も参考にして、本件文書の件名又は内容につき、組織的に用いる文書として作成・保有していないものと判断することが、同手引きの内容・趣旨にも適合すると考え、行政文書の不存在を理由として本件決定を行ったものである。

　3　したがって、本件文書は、条例2条2項にいう行政文書に該当しないものであることから、諮問庁としては、本件文書は解釈上存在しないものとして、全部不開示とする本件決定をしたものであり、かかる本件決定は妥当であるから、これを維持することが適当である。

第 2 章

建築審査

〈ロードマップ〉

① **建築審査と行政不服審査**

　建築審査に不服がある者は、建築審査会に対して審査請求をすることができる（建基94条1項）。平成26年6月の行政不服審査法の改正により、審査請求期間は60日から3か月へ延長された。また、同改正に合わせた建築基準法の改正により、審査請求前置主義の見直しが行われ、建築審査に不服がある者は、建築審査会の審査請求を経ずとも、訴訟を提起することができるようになった。

② **審査請求の手続要件・審査手続・理由**

　建築審査会への審査請求の手続要件は、審査請求適格の具備、審査請求の対象適格の具備、審査請求期間の遵守等であるところ、審査請求期間が処分を知った日の翌日から3か月以内等とされていることに注意する必要がある。

　また、不利益処分については、その要件の認定につき行政庁の裁量が認められることが多く、その場合には、審査請求人が審査請求の理由において、裁量権の逸脱またはその濫用があることを積極的に主張しなければならない。建築審査会は、不利益処分が違法かどうかだけでなく、その当・不当についても審査する権限を有するから、不利益処分の不当性についても適宜主張する必要がある。

③ **書式例：建築確認に対する審査請求**

　具体的な審査請求書の書式例と弁明書の書式例を紹介する。

52　第Ⅱ部　第2章　建築審査

① 建築審査と行政不服審査

■ 建築審査と行政不服審査制度の概要

　建築基準法令の規定による特定行政庁、建築主事もしくは建築監視員、都道府県知事、指定確認検査機関または指定構造計算適合性判定機関の処分またはその不作為についての審査請求は、建築審査会に対して行われる（建基94条1項）。

　建築審査会は、建築基準法78条1項により設置された行政庁から独立した審査請求機関である。建築主事を置く市町村および都道府県に設置され、法律、経済、建築、都市計画、公衆衛生または行政の分野から5名ないし7名の委員から構成されて、審査請求の審査や建築基準法で定められた同意案件の審議などにあたる（建基79条）。

　審査請求がなされた建築審査会は、行政不服審査法における審査庁（法9条1項）となる。

② 改正行政不服審査法と建築基準法との関係

⑴ 行政不服審査法の改正に合わせた建築基準法の改正

　行政不服審査法改正前は、建築基準法96条において、建築審査に関する処分の取消しの訴えは、当該処分についての審査請求に対する建築審査会の裁決を経た後でなければ提起することができない、いわゆる審査請求前置主義が採られていたが、行政不服審査法の改正に合わせて、審査請求前置は廃止された。

　また、行政不服審査法の改正に合わせて、不作為についての審査請求については、建築審査会に代えて、当該不作為庁が、特定行政庁、建築主事、建築監視員または都道府県知事である場合にあっては当該区市町村の長または都道府県知事に、指定確認検査機関である場合にあっては当該指定確認検査機関に、指定構造計算適合性判定機関である場合にあっては当該指定構造計算適合性判定機関に対してすることもできるように建築基準法の改正がされ

た（建基94条1項）。

(2) 行政不服審査法の改正等による影響

行政不服審査法の改正により、審査請求期間が30日から3か月に延長された（法18条1項）。また、行政不服審査法の改正に合わせた建築基準法の改正により、審査請求前置が廃止され、建築審査に関する処分については、いきなり裁判所に対して行政訴訟を提起することが可能になった。

建築審査会における審査請求を行った方が有利か、いきなり裁判所へ訴訟提起をする方がよいかは、個々の事案によって異なり一概に論ずることはむずかしい。

建築審査会に対する審査請求は、行政訴訟と比較して、簡易迅速な救済が得られること、申立手数料がかからないことなどの一般の行政不服申立てと同様の長所があるほか、審査会の委員が専門分野の知識・経験を踏まえた判断が期待できるという利点がある。

法律論として争点が明確な場合は訴訟提起をすることにも一理あるが、専門的な建築技術の問題点や現場地域の実情の把握などでは建築審査会のほうが理解に優る場合もある。

② 審査請求の手続要件・審査手続・理由

■ 審査請求の手続要件・審査手続

(1) 審査請求適格

処分について不服申立てができる者（審査請求適格のある者）は、「行政庁の処分に不服がある者」（法2条）、すなわち違法または不当な行政処分により直接自己の権利もしくは利益を侵害された者または侵害されるおそれがある者である（最判昭和53年3月14日民集32巻2号211頁、最判平成14年1月22日民集56巻1号46頁）。処分の相手方以外の第三者にも一定の範囲で審査請求適格が認められる（前掲最判平成14年1月22日参照）。

不作為について不服申立てができる者は、「法令に基づき行政庁に対して

54 第Ⅱ部 第2章 建築審査

処分についての申請をした者」(法3条) である。

(2) 審査請求の対象

建築審査会に対し審査請求できる対象は、「建築基準法令の規定による特定行政庁、建築主事若しくは建築監視員、都道府県知事、指定確認検査機関又は指定構造計算適合性判定機関の処分又はその不作為」(建基94条1項) である。

具体的には、特定行政庁の処分として、違反建築物に対する是正措置命令 (建基9条1項)、道路の位置指定 (建基42条1項5号)、みなし道路の指定[1] (建基42条2項)、敷地の接道義務の例外許可 (建基43条1項ただし書)、道路内建築の許可 (建基44条1項)、壁面線の指定[2] (建基46条)、壁面線を越える建築の許可 (建基47条)、用途地域制限に抵触する建築の許可[3] (建基48条1項〜14項)、容積率制限の緩和の許可 (建基52条14項)、高さ制限の例外の許可 (建基55条3項)、日影による高さ制限の緩和の許可 (建基56条の2第1項)、高度利用地区内の建築許可 (建基59条4項)、総合設計の許可 (建基59条の2第1項)、建築協定の認可 (建基73条)、一団地の総合的設計等の認定 (建基86条) などがある。

また、建築主事の処分としては、建築確認または不確認 (不適合) (建基6条1項)、完了審査 (建基7条5項)、中間検査 (建基7条の3) などがある。

建築監視員の処分としては、違反建築物の使用禁止等の仮命令および緊急工事停止命令 (建基9条の2) がある。

さらに、指定確認検査機関の処分としては、確認または不確認 (建基6条の2)、完了検査 (建基7条の2)、中間検査 (建基7条の4) などがある。

(3) 代理人

審査請求人は、代理人を選任することができ、代理人は、当事者のため審

---

1) 2項道路の一括指定に関して、最判平成14年1月17日民集56巻1号1頁。

2) 建築基準法46条3項による壁面線指定の公告に関して、東京高判昭和60年9月26日民集38巻2号111頁。

3) 建築基準法48条1項ただし書の例外許可に関して、東京高判昭和57年11月8日行裁例集33巻11号2225頁。

査請求に関する一切の行為をすることができる（法12条1項・2項）。ただし、審査請求の取下げについては、特別の委任を受けなければならない（法12条2項）。

⑷　審査請求をすべき行政庁

行政不服審査法4条は、審査請求は、法律に特別の定めがある場合を除くほか、同法4条各号に定める行政庁に対してすることができると定めている。そして、建築基準法96条1項は、法律に特別な定めがある場合として、建築審査会に対してのみ行政不服審査法による不服申立てをすることができると規定している。

⑸　審査請求期間

審査請求は、処分があったことを知った日の翌日から起算して3か月以内にしなければならず（法18条1項）、処分があった日の翌日から起算して1年を経過したときは、することができない（法18条2項）。

⑹　審査方法

ア　審査請求書の提出
審査請求は、審査請求書（正副2通）を建築審査会へ提出することによって開始される（法19条1項）。

審査請求書には、行政不服審査法19条2項に基づき、ⓐ審査請求人の氏名または名称および住所または居所、ⓑ審査請求に係る処分の内容、ⓒ審査請求に係る処分があったことを知った年月日、ⓓ審査請求の趣旨および理由、ⓔ処分庁の教示の有無およびその内容、ⓕ審査請求の年月日を記載する必要がある。また、不作為についての審査請求書には、ⓐおよびⓕのほか、当該不作為に係る処分についての申請の内容および年月日を記載する必要がある（法19条3項）。

審査請求書には、主張を裏付けるために証拠書類または証拠物を提出することができる（法32条1項）。この場合も正副2通の提出が必要である。

イ　審査請求書の補正
建築審査会は、審査請求書が行政不服審査法19条の規定に違反する場合に

は、相当の期間を定めて、その期間内に不備を補正すべきことを審査請求人に命じなければならない（法23条）。審査請求人が補正期間内に不備を補正しないとき、または審査請求が不適法であって補正することができないことが明らかなときは、建築審査会は、審理手続を経ないで、裁決で、審査請求を却下することができる（法24条1項・2項）。

　ウ　弁明書の提出

　建築審査会は、審査請求書の副本を処分庁もしくは不作為庁に対して送付し、弁明書（正副2通）の提出を求める（法29条1項・2項）。弁明書に記載する事項として、処分庁は処分の内容および理由を、不作為庁は処分をしていない理由ならびに予定される処分の時期、内容および理由を記載しなければならない（法29条3項）。

　弁明の理由は、審査請求人の主張する法律上・事実上の争点に関して、処分あるいは不作為の適法性・妥当性を明らかにするものであるから、当該事案の具体的な事実を前提にして、法令等（法令上の根拠を示し、問題となる規定の文言並びにその解釈）を当てはめた結果について明確に述べることが肝要であり、必要に応じて判例等も援用しつつ述べることが望ましい。また、弁明のために必要であれば、建築物の建築計画に係る各種図書（特に処分において用いた図書。例えば、建築確認における確認申請添付図書などの書面や図面）等を証拠書類として提出し、適切な説明を付することが求められる。

　弁明書の提出期間は、「相当な期間」（法29条2項）であるが、おおよそ2週間程度の期限が定められるのが一般である。

　エ　反論書の提出

　審査請求人は、建築審査会から送付された弁明書の副本に記載された事項に対する反論書を提出することができる（法30条1項）。反論書は相当な期間内にこれを提出しなければならないが、おおよそ2週間程度の期限が定められるのが一般である。

　オ　再弁明書、再反論書の提出

　その後、必要に応じて、処分庁等は反論書に対する再弁明書（「弁明書(2)」と題するのがよいであろう）を、審査請求人は再弁明書に対する再反論書（「反論書(2)」と題するのがよいであろう）を、提出期限までに提出する。

カ　口頭審査

　建築審査会は、裁決を行う場合には、あらかじめ、審査請求人、特定行政庁、建築主事、建築監視員、都道府県知事、指定確認検査機関、指定構造計算適合性判定機関その他の関係人またはこれらの者の代理人の出頭を求めて、必ず公開による口頭審査を行わなければならない（建基94条3項）。これは、建築審査会で扱われる紛争が、処分の名宛人の権利利益のみでなく、建築建物の周辺住民等の権利利益にも関わる紛争であり、準司法的処理になじむからである。

キ　物件の提出要求、提出書類等の閲覧または写し等の交付

　建築審査会は、審査請求人もしくは参加人の申立てによりまたは職権で、書類その他の物件の所持人に対し、相当の期間を定めて、その物件の提出を求めることができる。この場合において、建築審査会は、その提出された物件を留め置くことができる（法33条）。

　建築審査会は、当事者の主張立証に依存することなく、職権で審理ができることから（職権探知主義、職権証拠調べ）、それを担保する規定である。

　審査請求人としては、物件の提出要求を申し立てることで、処分庁が有する建築審査で用いた図書を建築審査会へ提出させ、提出書類等の閲覧または写し等の交付（法38条）を求めること（提出書類等の閲覧・写し等の交付請求権）により、建築審査に関する情報を収集することができる。

　物件の提出要求は、所持人に強制することはできないが、審理関係人は、「簡易迅速かつ公正な審理の実現のため、審理において、相互に協力する」責務を負うこと（法28条）から、処分庁が物件の所持人である場合には、当該物件の提出要求に誠実な対応をすべきである[4]。

ク　裁決

　建築基準法94条2項は、建築審査会は審査請求を受理した日から1か月以

4） 平成22年3月31日付け国土交通省住宅局建築指導課長から都道府県建築行政主務部長宛通知「建築審査会への書類その他の物件の提出について」。この中で、処分庁たる「指定確認検査機関は、法33条に基づき建築審査会から書類やその他の物件の提出を求められた場合は、正当な理由がない限り、当該物件を速やかに提出する必要があり、秘密保持義務を理由として一律に拒否することはできないと解されるので、法の趣旨を踏まえ、適切に対応することが求められる」としている。

〈審査請求の一般的な流れ〉

注）「建」を付した条項：建築基準法
　　条項のみ：行政不服審査法（平成26年法律68号）

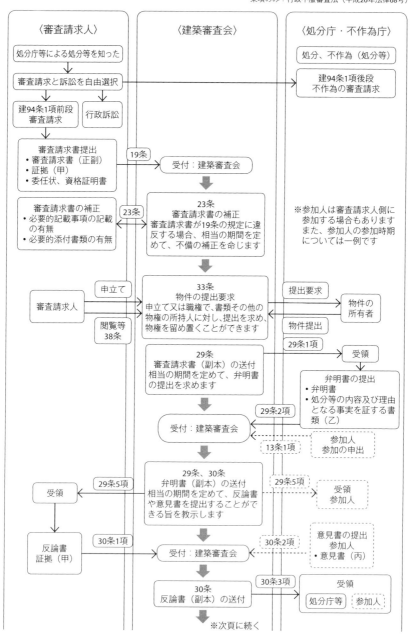

2 審査請求の手続要件・審査手続・理由　59

※前頁の続き

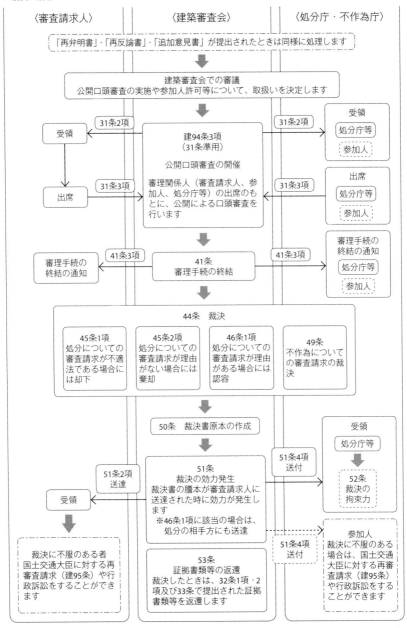

(全国建築審査会協議会「審査請求に係る建築審査会運営マニュアル改訂版」26, 27頁（平成29年3月））

内に裁決しなければならないと規定する。しかし、この規定は訓示規定であり、当該期間を経過した後になされた裁決も違法ではないと解されている。現実には、建築紛争の複雑化により当該期間を遵守することはきわめて困難ではあるものの、審査請求の開始から1年未満で裁決に至っている場合が多い。

建築審査会の裁決に不服がある者は、国土交通大臣に対して再審査請求をすることができる（建基95条）。

② 審査請求の理由（違法事由・不当事由）

(1) 実体法上の違法事由

建築審査に関する処分として典型的な処分は、建築確認である。建築基準法6条1項は、建築主は、同項各号に掲げる建築物を建築しようとする場合においては、当該工事に着手する前に、その計画が建築基準関係規定に適合するものであることについて、確認の申請書を提出して建築主事の確認を受け、確認済証の交付を受けなければならないと定める（指定確認検査機関の場合は、建基6条の2）。

建築基準法は、建築物の敷地、構造、設備および用途に関する最低の基準を定めて、国民の生命、健康および財産の保護を図り、もって公共の福祉の増進に資することを目的とするものであるから（建基1条）、建築物やその敷地が建築制限基準に適合しているか否かの判定を行う建築確認は、「確認」という行政行為（基本的には裁量判断を伴わない行為）の性格上[5]、基本的には、明示的・具体的なものであることが要求され、基準の解釈・運用においても画一性が求められる[6]。

一方、規制の緩和を認める制度、すなわち用途制限に抵触する建築の許可

5）最判昭和60年7月16日民集39巻5号989頁（品川マンション事件）。「建築主事が当該確認申請について行う確認処分自体は基本的に裁量の余地のない確認的行為の性格を有するものと解するのが相当である」と判示する。

6）建築確認処分取消請求が認容された裁判例は、以下のものが挙げられる。東京地判平成28年11月29日裁判所ウェブサイト（地盤面設定による高さ制限違反）、名古屋地判平成19年9月19日裁判所ウェブサイト（建蔽率違反）、横浜地判平成17年11月30日判例地方自治277号31頁（盛土による高さ制限、容積率等違反）。

（建基48条1項〜14項）、容積率制限の緩和の許可（建基52条14項）、高さ制限の例外の許可（建基55条3項）、日影による高さ制限の緩和の許可（建基56条の2第1項）、高度利用地区内の建築許可（建基59条4項）、総合設計の許可（建基59条の2第1項）などについては、処分庁の行政裁量が認められるため、その裁量判断に裁量権の逸脱・濫用がある場合には、これを違法事由として主張することが考えられる[7]。

裁量判断は、それが建築基準法の目的と関係ない目的や動機に基づいてなされた場合（動機・目的の違法）、平等原則に反する場合（別異取扱いに合理性がない）や比例原則に反する場合、事実に対する評価が明らかに合理性を欠くこと、判断の過程で考慮すべき事項を考慮せず（考慮不尽）、考慮すべきでない事項を考慮した（他事考慮）こと等によりその内容が社会通念に照らして著しく妥当性を欠く場合には裁量権の逸脱または濫用として違法となる[8]。

また、上記許可の判断について、行政の内部基準として審査基準が定められており、当該許可がその基準に従ってなされたという場合においては、審査基準が合理性を欠くとき、具体的事実の基準へのあてはめに誤りがあるとき、あるいは当該事案において基準をそのまま適用すべきでない特段の事情があるときに、裁量権の逸脱または濫用があるということができる。

(2) 手続上の違法事由

手続上の違法事由としては、例えば、理由付記の不備がある。処分庁は、建築確認（建基6条1項）等の申請に対する拒否処分や是正措置命令（建基9条1項）等の不利益処分をする場合には、その名宛人に対し、同時に、当該不利益処分の理由を示さなければならない（行手8条1項、14条1項）ところ、具体的な理由が十分に提示・付記（行手8条2項、14条3項）されておらず、理由付記の不備があるものといえる場合は、その点を手続上の違法事由とし

---

[7] 総合設計の許可につき、東京地判平成23年9月30日判時2156号30頁（消極）、さいたま地判平成19年12月26日判例地方自治308号84頁（消極）。敷地の接道義務（建基43条1項）の加重要件である東京都建築安全条例4条1項、3項の「安全上支障がない」の判断につき、東京高判平成21年1月14日裁判所ウェブサイト（積極）。

[8] 平裕介「建築基準法上の総合設計許可に係る行政裁量の統制に関する一考察——総合設計許可制度を活用した高層マンションの建築紛争事例を中心に——」法政論叢50巻2号（2014年）145頁以下参照。

て主張することができる。一般的に、付記すべき理由としては、いかなる事実関係に基づきいかなる法規を適用して処分が行われたかを、申請者において了知しうるものでなければならない。理由提示・付記が不十分であることは、処分の違法事由となるものと解されている[9]。

　また、特定行政庁が、建築基準法48条1項〜14項の規定に基づき用途地域等における建築制限の例外を認める例外許可をする場合には、公聴会を開催しなければならないとされているが（建基48条15項）、その開催手続に重大な瑕疵があり、瑕疵がなければ行政庁の判断が変わったであろうと認められる場合には、その瑕疵は違法事由となる。さらに、特定行政庁が上記の例外許可をするにあたっては、建築審査会の同意を得なければならないとされているところ（同項）、審査会の同意の手続に瑕疵があり、それが無効であるときは、例外許可は違法となる。

(3) 不当事由

　違法事由が認められなくても、もっとも公益に適する裁量行為とはいえない（裁量権の行使が適切さを欠く）と建築審査会が認める場合には、建築審査会は当該処分を不当な不利益処分として取り消すことができる。審査請求人としては、要件裁量の判断において考慮されるべき事項について、専門技術的観点から考慮が十分になされておらず、その結果、処分をなすことまたは処分の内容がもっとも公益に適したものとはなっていないことから、「不当」な処分（法1条1項）として取り消されるべきと主張することが考えられる[10]。

9）東京高判平成24年12月12日裁判所ウェブサイト（是正措置命令（建基9条1項）につき理由付記が不十分であった場合）。なお、最判平成23年6月7日民集65巻4号2081頁も参照。

10）平裕介「行政不服審査法活用のための『不当』性の基準」公法研究78号（2016年）239頁、平裕介「行政不服審査における不当裁決の類型と不当性審査基準」行政法研究28号（2019年）167頁参照。

③ 書式例：建築確認に対する審査請求

■ 審査請求書の書式例

(1) 審査請求書

　審査請求書には、行政不服審査法19条2項に基づき、ⓐ審査請求人の氏名または名称および住所または居所（書式例の「審査請求人」記載部分参照）、ⓑ審査請求に係る処分の内容（同「1」記載部分参照）、ⓒ審査請求に係る処分があったことを知った年月日（同「2」記載部分参照）、ⓓ審査請求の趣旨及び理由（同「3」「4」記載部分参照）、ⓔ処分庁の教示の有無およびその内容（同「6」記載部分参照）、ⓕ審査請求の年月日を記載する必要がある。

　また、不作為についての審査請求書には、ⓐおよびⓕのほか、当該不作為に係る処分についての申請の内容および年月日を記載する必要がある（法19条3項）。

　審査請求の理由としては、処分または不作為の違法事由、あるいは処分の不当事由を記載することになる。違法事由には、実体法上の違法事由および手続上の違法事由がある。書式例は、建蔽率違反および条例違反という実体法上の違法があると主張する場合のものである。

　建築審査会は、審査請求書が行政不服審査法19条の規定に違反する場合には、相当の期間を定めて、その期間内に不備を補正すべきことを審査請求人に命じなければならない（法23条）。審査請求人が補正期間内に不備を補正しないとき、または審査請求が不適法であって補正することができないことが明らかなときは、建築審査会は、審理手続を経ないで、裁決で、審査請求を却下することができる（法24条1項・2項）。

(2) 添付書類・証拠書類（証拠方法）

　審査請求は、審査請求書正副2通を建築審査会に提出することによって開始される（法19条1項、法施行令4条1項）。

　審査請求人が代理人によって審査請求する場合には、委任状を添付する（法施行令3条1項、4条3項）。

64　第Ⅱ部　第2章　建築審査

　審査請求書には、主張を裏付けるために証拠書類または証拠物を提出することができる（同「7(1)」記載参照。法32条1項）。この場合も正副2通の提出が必要である。

　なお、物件の提出要求（法33条）により所持人から物件の提出があったとしても、建築審査会は直ちに証拠として扱わず、当事者に証拠として提出するように促すことが実務的な運用である。すなわち、反論等の便宜を図り審理の充実を図るために、改めて証拠（書証番号、副本）として提出をさせて、審理関係人に送付する[11]。特に、審査請求人は、物件の提出要求を申し立てることで、処分庁が有する建築審査で用いた図書を建築審査会へ提出させ、提出書類等の閲覧または写し等の交付（法38条）を建築審査会に求めた上で、写し等を証拠として提出することができる。

審査請求書

平成30年○月○日

W区建築審査会　御中

　　　　　審査請求人代理人弁護士　　　　　Z　　㊞

　　　　　審査請求人
　　　　　〒○○○－○○○○
　　　　　東京都W区○○町一丁目2番3号
　　　　　X

　　　　　上記審査請求人代理人
　　　　　〒○○○－○○○○
　　　　　東京都V区○○町4番地　○○ビル5階
　　　　　○○法律事務所

---

11)　全国建築審査会協議会「審査請求に係る建築審査会運営マニュアル改訂版」104頁（平成29年3月）。

　　　　　　　　　　　電　話　03－○○○○－○○○○
　　　　　　　　　　　FAX　03－○○○○－○○○○
　　　　　　　　　　　弁護士　Z

　　　　　　　　　　　処分庁
　　　　　　　　　　　〒○○○－○○○○
　　　　　　　　　　　東京都V区○○二丁目6番7号
　　　　　　　　　　　指定確認検査機関　株式会社Y
　　　　　　　　　　　上記代表者代表取締役　S

　次のとおり審査請求をします。

1　審査請求に係る処分
　　処分庁指定確認検査機関株式会社Yが、平成29年○月○日付け第○号を
　もって、建築主Q株式会社に対してなした建築確認処分
2　審査請求に係る処分があったことを知った年月日
　　平成30年○月○日
3　審査請求の趣旨
　　「1　記載の処分を取り消す」との裁決を求める。
4　審査請求の理由
　⑴　建築主Q株式会社は、別紙物件目録記載の土地上に建築物（以下、「本
　　件建築物」という。）を建築するために、平成29年○月○日、指定確認
　　検査機関株式会社Y（以下、「処分庁」という。）に対し、建築確認申請
　　書を提出し、これに対し、処分庁は、平成29年○月○日付け建築確認処
　　分（以下、「本件処分」という。）をした。
　⑵　しかしながら、本件処分は次に述べるとおり違法である。
　ア　建蔽率違反
　　　本件処分にかかる本件建築物の建築面積は、1505.54㎡である（甲1）。
　　しかし、建築主Qが平成28年○月○日に行われた住民説明会で住民らに
　　提出した図面（甲2、甲3）には、建築面積の算定に必要なバルコニーの
　　出寸法の表示がない。審査請求人が依頼したR建築設計事務所が作成し
　　た図面（甲6）では、本件処分はバルコニーの手すり壁の先端からでは
　　なく壁心から1mを差し引いた寸法で算定するなど、バルコニー、廊下、

渡り廊下等の部分の建築面積の算定方法に誤りがあることが判明した。

この誤りを是正して、甲6に基づき審査請求人が計算すると、建築面積は1537.75㎡となる。

したがって、本件建築物の建蔽率は、60.16％となり、建蔽率が60％を超えているから、建築基準法53条1項の規定に違反する。

イ　東京都安全条例違反

南棟3階北寄りの住戸は、西向きのバルコニーから窓先空地に対して側面の斜め柱の下をくぐる形で接しているが、立面図（甲4、甲5）で見る限り避難に有効な寸法（非常用進入口等）がとれていない。東京都建築安全条例第19条第1項第2号ロには、窓先空地に直接面する窓を設けるよう規定しているから、本件の場合、これに違反している。

(3)　よって本件処分の取消しを求めるため、本件審査請求をする。

5　審査請求人の利害関係

審査請求人は、本件建築物の隣地に居住し、本件建築物が施工されることにより、不利益を被る者である。すなわち、審査請求人は、本件建築物の西側隣接地に居住しており、本件建築物の工事による振動や騒音等を直接受け、また、本件建築物の完成により日影やプライバシーを侵害されるおそれがある者である。

6　処分庁の教示の有無及びその内容

「この処分に不服があるときは、この通知を受けた日の翌日から起算して3ヶ月以内にW区建築審査会に対して審査請求をすることができる。」との教示があった。

7　添付書類

(1)　証拠資料

甲第1号証　　　確認済み建築概要書

甲第2号証　　　建築主Q提出図面（建築概要書）

甲第3号証　　　同（各階平面図）

甲第4号証　　　同（立体図）

甲第5号証　　　同（断面図）

甲第6号証　　　Rが作成した建築面積図

(2)　委任状

以　上

物件目録

1	敷地の地名地番	Ｗ区○○一丁目２番１号
2	地域・地区	第一種低層住居専用地域、準防火地域
		第一種高度地区
		建ぺい率の限度　　　60％
		容積率の限度　　　150％
		日影規制(2)
3	主　要　用　途	共同住宅
4	敷　地　面　積	2556.11㎡
5	建築物の構造・規模	鉄筋コンクリート造３階建
		規　　　模　　　地上３階建
		建築面積　　　1505.54㎡
		延べ面積　　　3915.91㎡
		高　　　さ　　　　9.95m
		建蔽率　　　　58.89％
		容積率　　　　146.77％

❷　弁明書の書式例

　建築審査会は、審査請求書の副本を処分庁もしくは不作為庁に対して送付し、弁明書（正副２通）の提出を求める（法29条１項・２項）。弁明書に記載する事項として、処分庁は処分の内容および理由を、不作為庁は処分をしていない理由ならびに予定される処分の時期、内容および理由を記載しなければならない（法29条３項）。

　弁明の理由は、審査請求人の主張する法律上・事実上の争点に関して、処分あるいは不作為の適法性・妥当性を明らかにするものであるから、当該事案の具体的な事実を前提にして、法令等（法令上の根拠を示し、問題となる規定の文言ならびにその解釈）を当てはめた結果について明確に述べることが肝

68 第Ⅱ部 第2章 建築審査

要であり、必要に応じて判例等も援用しつつ述べることが望ましい。

　また、事実の経緯は、それが要約して記載されていれば、当該事案がなぜ、そしてどのような経過のもとに不服の対象とされ、審査請求の提起に至ったのかを理解することができる。そのため、処分に至るまでの経緯、処分から審査請求に至るまでの経緯、あるいは申請がなされた後の不作為に係る状況を、時系列に沿って具体的に記載することが望ましい。これにより、事案の真相を把握することが容易になるとともに、争点の早期かつ的確な絞込みが可能となり、審理の促進や充実に繋がる[12]。

　弁明のために必要であれば、建築物の建築計画に係る各種図書（特に処分において用いた図書。例えば、建築確認における確認申請添付図書などの書面や図面）等を証拠書類として提出し、適切な説明を付することが求められる。

弁　明　書

平成30年○月○日

Ｗ区建築審査会　御中

処分庁
指定確認検査機関　株式会社Ｙ
上記代表者代表取締役　Ｓ

1．事件の表示
　　審査請求人Ｘ（以下、「審査請求人」という。）が平成30年○月○日付けで提起した、処分庁が建築主Ｑ株式会社に対して平成29年○月○日付けでなした建築基準法第6条の2に基づく建築確認処分（以下、「本件処分」という。）に対する審査請求。
2．弁明の趣旨
　　「本件審査請求を棄却する。」との裁決を求める。
3．審査請求の理由に対する認否

---

12) 全国建築審査会協議会・前掲注11）93・94頁。

③　書式例：建築確認に対する審査請求　**69**

(1)について

　認める。

(2)について

　ア　建ぺい率違反

　　　R建築設計事務所が作成した図面（甲6）は、不知。その余は否認ないし争う。

　イ　東京都安全条例違反

　　　否認ないし争う。

(3)について

　争う。

4．処分庁の主張

(1)　審査請求人の主張

　　　審査請求人は、本件処分の取消しを求める理由として、審査請求の理由(2)アにおいて、建築可能な60％の建ぺい率を超えており建築基準法（以下、「法」という。）第53条第1項の規定に違反する。また、イにおいて、東京都建築安全条例（以下、「安全条例」という。）第19条第1項第2号の規定に違反していると主張している。

　　　しかしながら、以下に述べるとおり請求人らの主張は理由がない。

(2)　審査請求の理由(2)アについて

　　　審査請求人は、R建築設計事務所が独自に作成した図面（甲6）に基づき、独自の計測や判断により算出した建ぺい率を根拠として、本件処分の建ぺい率が建築可能な60％の建ぺい率を超えており法第53条第1項の規定に違反していると主張している。

　　　しかし、処分庁は甲6の図面の存在を知らない。また、審査請求人が独自の計測や判断により算出した建ぺい率には根拠がない。処分庁は受理した確認申請書をもとに、法第53条第1項の規定に関して同法施行令第2条第1項第2号の規定に基づき審査を行い適合していると判断したものである（乙4）。

(3)　審査請求の理由(2)イについて

　　　審査請求人は、「南棟3階北寄りの住戸は、西向きのバルコニーから窓先空地に対して側面の斜め柱の下をくぐる形で接しているが、立面図で見る限り避難に有効な寸法（非常用進入口等）がとれていない」として、窓先空地に直接面する窓を設けていないと主張している。

しかし、南棟南西端1、2、3階の住居は、北側に面する住戸の窓先に窓先空地が設けられている（乙1、2、3）。

(4) 結論

以上述べたとおり、審査請求人らの主張は、事実を誤認して独自に判断したものであり根拠がない。処分庁は、本件建築確認申請をもとに、法第6条の2の規定に基づき審査を行い、建築基準関係規定および都建築安全条例に適合していると判断し確認処分をしたものである。

したがって、本件処分は適法であり、請求人らの主張は理由がなく、本件審査請求は棄却されるべきである。

5. 添付書類

　　乙第1号証　　配置図・1階平面図
　　乙第2号証　　2階平面図
　　乙第3号証　　3階平面図
　　乙第4号証　　建築面積算定図

以　上

第3章

開発審査

〈ロードマップ〉

⊡ 開発許可申請に対する処分等と行政不服審査（開発審査）

　都市計画法は、都市計画区域または準都市計画区域内における開発行為について、都道府県知事等による許可制を採用している。この許可または不許可等という処分または許可等がなされない不作為に対する不服申立てとして審査請求を行うことができ、これを開発審査という。

　この不服申立てについては、行政不服審査法の改正により審査請求期間が60日から３か月に延長された。また、同法の改正に合わせた都市計画法の改正により審査請求前置主義が廃止され、直ちに取消訴訟の提起が可能となった。

② 開発審査の手続・審査請求の理由

　開発審査請求は、当該開発許可処分等にかかる事務を行った都道府県等の開発審査会に対して審査請求書を提出することから始まる。なお、不作為に関する審査請求の場合は当該都道府県知事に対しても行うことができる。開発審査会は審査請求書の副本を処分庁に対して送付し、相当の期間を定めて弁明書の提出を求める。弁明書に対して審査請求人は反論書を、処分庁が再弁明書（または反論書）を互いに提出しあうことができる。主としてこの書面審理の場面において審査請求の理由に関する双方の主張がなされることになる。

　これら書面審理とともに、証拠調べとして、互いに証拠書類を提出することに加え、開発審査会が職権により関係物件の提出要求等を行うことができる。その上で、開発審査会が審査請求に対する裁決を行う場合には、原則として、あらかじめ公開による口頭審理を行わなければならないとされている。

③ 書式例：開発許可処分に対する審査請求

　具体的な開発許可処分に対する審査請求書と弁明書の書式例を紹介する。

1 開発許可申請に対する処分等と行政不服審査（開発審査）

1 開発許可申請に対する処分等と行政不服審査の概要

(1) 都市計画法による開発許可制度

　都市計画法は、都市計画区域または準都市計画区域内における開発行為に許可制を採用するとともに（都計29条1項）、許可にあたり必要な条件を付することができることとして（都計79条）、都市計画を担保している。これを開発許可制度という。

　開発行為とは、主として建築物の建築または特定工作物の建設の用に供する目的で行う土地の区画形質の変更をいう（都計4条12項）。

　都市計画で定められた市街化区域（すでに市街地を形成している区域および概ね10年以内に優先的かつ計画的に市街化を図るべき区域（都計7条2項））における開発行為については、技術的基準を満たせば「開発許可をしなければならない」が（都計33条1項）、一定規模未満の開発行為については許可が不要である（都計29条1項1号）。他方で、市街化調整区域（市街化を抑制すべき区域（都計7条3項））における開発行為は、規模による例外が認められないなど厳しく規制されており、市街化を促進するおそれのない農林漁業用建築物（都計29条1項2号）などの例外を除き、技術的基準に加え立地基準を満たさなければ「開発許可をしてはならない」とされている（都計34条）。

　この開発許可権限を有する都道府県知事（指定都市または中核市の場合はその長（都計29条1項）、なお、地方自治法252条の17条の2第1項に基づいて都道府県知事の権限に属する事務の一部を処理することとされた市町村においては当該市町村の長をいい、以下、これらを含め「都道府県知事等」という）は、開発許可の申請があったときは、遅滞なく、許可または不許可の処分をしなければならない（都計35条1項）。この処分の通知は文書をもって当該申請者に通知しなければならず（都計35条2項）、不許可の処分をする場合は同時に不許可の理由を示さなければならない（行手8条1項）。

(2)　開発許可処分等に対する行政不服審査（開発審査）

　都市計画法は、開発許可処分等に対する行政不服審査について、特に第三者による公正な判断が必要であること、専門的な知識を必要とすること、迅速な処理を要すること等の趣旨から、専門的な機関である開発審査会による審査請求制度を定めている（都計50条～78条）。開発審査会に対する審査請求を行うことができるのは、開発行為の許可（都計29条1項2項）、変更の許可等（都計35条の2第1項）、建築物の建ぺい率等の指定（都計41条2項ただし書）、開発許可を受けた土地における建築等の制限（都計42条1項ただし書）もしくは開発許可を受けた土地以外の土地における建築等の制限（都計43条1項）の規定に基づく処分もしくはその不作為またはこれらの規定に違反した者に対する監督処分（都計81条1項）についてであり（都計50条1項前段。以下、「開発許可処分等」という）、このうち不作為についての審査請求は、開発審査会と当該不作為にかかる都道府県知事のいずれに対しても行うことができる（都計50条1項後段）。なお、都市計画法29条1項もしくは2項、35条の2第1項、42条1項ただし書または43条1項の規定による処分に関する不服の理由が鉱業等との調整に関する事項を理由とするときは、その専門性に鑑み、公害等調整委員会に裁定の申請をすることができるが、審査請求を行うことはできない（都計51条1項）。これら以外のもの（都市計画法45条に基づく開発許可を受けた地位の承継の承認等）については行政不服審査法4条1号または4号に基づいて当該都道府県知事等に対して審査請求を行うこととなる。

２　改正行政不服審査法と都市計画法との関係

(1)　改正行政不服審査法と都市計画法との関係

　都市計画法に基づく審査請求についても、原則として行政不服審査法が適用される（法1条2項）。

　しかしながら、開発審査会が裁決を行う場合においては、行政不服審査法24条に該当する場合を除き、あらかじめ、審査請求人、処分をした行政庁その他の関係人またはこれらの者の代理人の出頭を求めて、公開による口頭審理を行わなければならない（都計50条3項）。この点、審査請求人または参加

74　第Ⅱ部　第3章　開発審査

人の申立てを必要とする行政不服審査法31条による口頭意見陳述とは異なる（都計50条4項）。もっとも、この口頭審理の手続は口頭意見陳述の手続が準用されている（都計50条4項により、法9条3項の規定により読み替えられた法31条2項から5項までを準用）。

　また、都道府県知事に対する審査請求（不作為に関する都計50条1項後段）とは異なり、開発審査会に対する審査請求の場合には、開発審査会は地方自治法138条の4第3項に規定する機関として行政不服審査法上の審理庁となることから、審理員の指定はされず（法9条1項3号）、行政不服審査会への諮問もない（法43条1項2号）。その他、都市計画法には再調査の請求（法5条）および再審査請求（法6条）の定めがない。

(2)　開発審査手続に行政不服審査法の改正等が与える影響

　行政不服審査法の改正により、審査請求は、原則として「処分があったことを知った日[1]の翌日から起算して60日以内（中略）に、しなければならない。」とされていた（旧法14条1項本文）ものが、「処分があったことを知った日の翌日から起算して3月（中略）を経過したときは、することができない。」とされた（法18条1項本文）。これにより、審査請求期間（原則）が60日から3か月に延長された。

　審査請求期間に関する例外についても、「ただし、天災その他審査請求をしなかったことについてやむをえない理由があるときは、この限りでない。」とされ（旧法14条1項ただし書）、処分のあった日の翌日から起算して1年を経過したときに関する「正当な理由」（旧法14条3項ただし書）と規定を異にしていたが、「ただし、正当な理由があるときは、この限りでない。」（法18条1項ただし書、2項ただし書）に統一された。

　また、従前は、開発許可処分等の取消訴訟（行訴3条2項）を提起するためには当該処分について開発審査会の裁決を経た後でなければならなかった（審査請求前置主義：廃止前の都計52条）。しかしながら、より適切に国民の権利利益の救済を図る観点から、行政不服審査法の改正に合わせた都市計画法

1）最判平成14年10月24日民集56巻8号1903頁は、都市計画法における都市計画事業の認可の事案で、処分が告示をもって告知される場合には、「処分があったことを知った日」とは、告示があった日をいうとしている。

の改正により審査請求前置主義は廃止され（都計52条の削除）、直ちに取消訴訟を提起することが可能となった。

② 開発審査の手続・審査請求の理由

1 開発審査の手続

開発許可処分等に対する不服申立てに関する基本的な手続の流れを次図に示す。

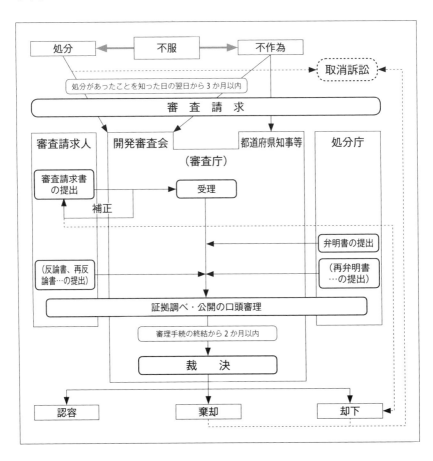

開発許可処分等に対する不服申立てに関する手続の留意点は次のとおりである。

(1) 審査請求先

ア 処分についての審査請求の場合

開発許可等処分に関する審査請求は、当該開発許可等処分にかかる事務を行った都道府県および指定都市等の開発審査会（都計78条）に対して行う。なお、条例により特別区や市の長が開発許可の権限を有している場合には、当該特別区や市には開発審査会が設置されていないため、都道府県等の開発審査会に対して申し立てることを要する。

イ 不作為についての審査請求の場合

不作為に関する審査請求は、開発審査会と都道府県知事のいずれに対しても行うことができる（都計50条1項後段）。もっとも、これは二者択一関係であるから、双方に審査請求を行った場合は、後になされた審査請求は不適法却下を免れない。

(2) 審査請求人

開発審査の請求は、自然人、法人のほか、法人格のない社団・財団も行うことができ（法10条）、これらの多数人が共同して審査請求を行うことも可能である（法11条）。開発許可等処分については近隣住民といった第三者がこれを不服として審査請求を行う場面が想定されるとともに、様々な利害関係を有する多数の住民が共同して審査請求を行うことが多い。このように多数人が共同して審査請求をしようとするときは、3人を超えない範囲で総代を互選することができ（法11条1項）、共同審査請求人が総代を互選しないときには、審査庁が総代の互選を命じることもできる（法11条2項）。

審査請求は、代理人によってすることができる（法12条1項）。代理人は、各自、審査請求人のために当該審査請求に関する一切の行為を行う権限を有するが、審査請求の取下げについては特別の委任が必要である（法12条2項）。

(3) 審査請求適格

開発許可処分等に不服のある者すべてが適法な審査請求人となるのではな

く、一定の条件（審査請求適格）が必要とされている。これを欠く場合は審査請求が不適法となり却下の裁決となる。

ア　処分についての審査請求の場合

処分についての審査請求を行うことができるのは、審査請求人が審査請求を求めるにつき法律上の利益（審査請求適格）を有する者、すなわち、当該処分により自己の権利もしくは法律上保護された利益を侵害されまたは必然的に侵害されるおそれのある者に限られる（法１条２項、２条）。

行政事件訴訟法９条２項に関する最判平成17年12月７日民集59巻10号2645頁（都市計画事業認可の取消訴訟の事案）は、「当該処分を定めた行政法規が、不特定多数者の具体的利益を専ら一般的公益の中に吸収解消させるにとどめず、それが帰属する個々人の個別的利益としてもこれを保護すべきものとする趣旨を含むと解される場合には、このような利益もここにいう法律上保護された利益に当たり、当該処分によりこれを侵害され又は必然的に侵害されるおそれのある者は、当該処分の取消訴訟における原告適格を有するものというべきである。」「そして、処分の相手方以外の者について上記の法律上保護された利益の有無を判断するに当たっては、当該処分の根拠となる法令の規定の文言のみによることなく、当該法令の趣旨及び目的並びに当該処分において考慮されるべき利益の内容及び性質を考慮し、この場合において、当該法令の趣旨及び目的を考慮するに当たっては、当該法令と目的を共通にする関係法令があるときはその趣旨及び目的をも参酌し、当該利益の内容及び性質を考慮するに当たっては、当該処分がその根拠となる法令に違反してされた場合に害されることとなる利益の内容及び性質並びにこれが害される態様及び程度をも勘案すべきものである（同条２項参照）。」としている[2]。

また、行政事件訴訟法９条２項追加前の事件であるが、がけ崩れのおそれが多い土地等を開発区域内に含む開発許可の取消訴訟と開発区域周辺住民の原告適格に関する最判平成９年１月28日民集51巻１号250頁も参考とすべきである。

近隣住民等による開発審査の申立ての場面では、審査請求適格が第一次的

2） 上記判示は、東京地判平成24年１月18日判例地方自治372号70頁、東京地判平成24年10月５日判例地方自治373号97頁などの開発許可処分取消請求事件においても引用されている。

78　第Ⅱ部　第3章　開発審査

な争点となることが多いため注意が必要である。

イ　不作為についての審査請求の場合

不作為についての審査請求を行うことができるのは、法令に基づき当該開発許可等処分の申請をした者に限られる（法1条2項、3条）。現実に申請した者であればよく、その申請自体の適法性は要件ではない。

(4)　（狭義の）審査請求の利益

行政処分の取消訴訟においても、上記原告適格のほかに（狭義の）訴えの利益が必要とされる。これと同様に、行政不服審査制度においても、（狭義の）審査請求の利益が必要とされる。この点、開発審査においては、当該開発許可に基づく工事が完了することによって（狭義の）審査請求の利益が失われるか否かが争点となりうる。このような場合には、開発許可の取消訴訟における（狭義の）訴えの利益に関する判例[3]を踏まえて主張することとなる。

(5)　審査請求期間

審査請求期間は行政不服審査法の一般原則による。すなわち、処分についての審査請求は、正当な理由があるときを除き、処分があったことを知った日の翌日から起算して3か月以内、かつ処分があった日の翌日から起算して1年以内に行わなければならない（法18条1項・2項）。この審査請求期間には、審査請求書を郵便等により提出した場合における送付に要した期間は算入しないこととされている（法18条1項・3項）。不作為についての審査請求

---

3) 工事が完了し検査済証が交付された後における開発許可の取消しを求める訴えの利益について、判例は、「当該開発許可が取消判決によって除去すべき法的効果を有しているか否か、これを取り消すことによって回復される法的利益が存在するのか否かという観点から」（林俊之「最高裁　時の判例」ジュリスト1500号129頁）かかる訴えの利益の肯否を検討している。すなわち、①市街化区域における開発許可は、原則的な自由の状態を維持するものであることから、工事が完了し検査済証が交付された後においては、当該開発許可の効力は残存していないとして、訴えの利益が否定された（最判平成5年9月10日民集47巻7号4955頁、および最判平成11年10月26日集民194号907頁）。これに対し、②市街化調整区域における開発許可は、一般的な禁止の状態を解除するものであるから、当該工事の検査済証が交付された後においても当該開発許可の効果が存続しているとして、訴えの利益が肯定されている（最判平成27年12月14日民集69巻8号2404頁）。

については、行政庁の不作為が審査の対象となっていることから、審査請求期間の定めはない。

(6) 審査請求の方式

　都市計画法は審査請求を口頭ですることができる旨の定めをおいていないから、開発審査請求は所定の事項を記載した審査請求書を提出して行わなければならない（法19条）。様式は法定されておらず、各開発審査会に確認することが必要である（A4用紙縦書きで左に3cmほどの余白を設けることが一般的である）。審査請求人が審査庁による審査請求書の補正命令（法23条）に応じない場合または審査請求が不適法であって補正することができないことが明らかな場合には、審査庁は、審理手続を経ずに却下の裁決をすることができる（法24条2項）。

(7) 審理手続

ア　書面審理
　開発審査会が審査請求を受理したときは、速やかに審査請求書の副本を都道府県知事等に送付し、相当の期間を定めて弁明書の提出を求めるものとする（法別表第一による読替え後の法29条1項・2項）。
　審査請求人は、弁明書に対する反論がある場合は反論書を提出することができる。弁明書および反論書の提出は一回限りとは限らず、互いに、再弁明書および再反論書の提出が認められるとされている。開発審査会は、都道府県知事等から（再）弁明書が提出されたときは審査請求人に、審査請求人から（再）反論書が提出されたときは都道府県知事等に、それぞれの副本を送付しなければならない。

イ　証拠調べ
　開発審査会は、職権で、関係物件の提出要求、参考人の陳述および鑑定の要求、検証の実施、審査請求人等の審尋を行うことができる（法別表第一による読替え後の法33条～36条）。このように開発審査の手続は職権主義的であるが、審査請求人には、証拠書類等の提出権（法32条1項）、開発審査会の証拠調べ手続の職権発動を促す各種申立権（法33条～36条）、検証に立ち会う権利（法35条2項）、提出書類等の閲覧・写し等の交付請求権（法別表第一による

読替え後の法38条1項～3項）が保障されている。

ウ　公開口頭審理

開発審査の公正を図るため、開発審査会が審査請求に対する裁決を行う場合には、原則として、あらかじめ公開による口頭審理を行わなければならない（都計50条3項）。行政不服審査法の一般原則が公開口頭審査を審査請求人の申立てにかからしめているのと異なる（法31条）。

開発審査会が必要な審理を終えたと認めるときは、審理手続を終結する（法別表第一による読替え後の法41条1項）。

(8)　裁決

開発審査会は、審理手続の終結から2か月以内に裁決を行わなければならない（法別表第一による読替え後の法44条。訓示規定と解されている。）。裁決には、却下裁決（審査請求を不適法とする場合。法45条1項、49条1項）、棄却裁決（審査請求の本案に理由がないとする場合。法45条2項、49条2項）、事情裁決（審査請求の本案に理由があるものの開発許可処分等を取り消すことが公共の福祉に適合しないと認められる場合。法45条3項）、認容裁決（審査請求の本案に理由があるとする場合。法46条）、および不作為の違法または不当である旨を宣言する裁決（不作為についての審査請求に理由がある場合。法49条3項）がある。

裁決は、主文、事案の概要、審理関係人の主張の要旨および判断に至った理由を記載し、開発審査会が記名押印した裁決書によらなければならない（法50条）。

②　審査請求の理由

(1)　実体上の違法事由・不当事由

ア　処分についての審査請求の場合

開発許可等処分に対する審査請求の場面では、当該開発許可等処分の基準を定めた都市計画法33条および34条等に照らして個別具体的な違法事由・不当事由を主張することになる[4]。なお、原告適格の解釈指針を定めた行政事件訴訟法9条2項は、「当該処分又は裁決がその根拠となる法令に違反してされた場合に害されることとなる利益の内容及び性質並びにこれが害される

態様及び程度をも勘案するものとする」としていることから、審査請求適格の主張は、実体上の違法事由の主張との関係でも意味をもつ。

なお、取消訴訟では、自己の法律上の利益に関係のない違法を理由として取消しを求めることができないものとされ（行訴10条1項）、行政不服審査法にはこのような明文の規定はないが、自己の権利利益の救済を求める（法1条1項参照）点では取消訴訟と共通するところがあるため、審査請求でも同様の主張制限が及ぶものと考えられる。

また、行政不服審査法では処分が不当であることを理由にしても処分の取消しを求めることができ（法1条1項）、当該開発許可等処分の当・不当についても積極的な主張を検討すべきことになる。そして、このような不当性の主張に対して、専門的な第三者機関としての開発審査会は、「『すべての考慮事項（義務的考慮事項・要考慮事項）について調査・考慮を行い、かつ、すべての重視事項（単なる考慮では足りず、重視することを要する事項（要重視事項））について調査・重視をした』などとする処分庁（行政庁）の説明を一応納得できるものと評価しうるか否か、という基準によって判断すべき」こととなろう[5]。

イ　不作為についての審査請求の場合

開発許可等の処分を求めて申請したにもかかわらず、相当の期間が経過しても都道府県知事等が何らの処分を行わない場合は、当該不作為の違法・不当を主張することになる。この場合は、都道府県等が条例等により定めている当該開発許可等処分にかかる標準処理期間（行手6条）が重要な要素となる。

(2)　手続上の違法事由・不当事由（拒否処分に対する審査請求の場合）

行政庁が処分を行うには法令で定められた手続を履践していなければならない。法令で定められた手続を欠き、またはその手続に瑕疵があるときは、

---

4) 都市計画法33条1項3号および7号に関する実体上の違法事由については、横浜地判平成17年10月19日判例地方自治280号93頁、前掲東京地判平成24年1月18日、前掲東京地判平成24年10月5日などが参考になる。

5) 平裕介「行政不服審査法活用のための『不当』性の基準」公法研究78号（2016年）239頁（242頁）、平裕介「行政不服審査における不当裁決の類型と不当性審査基準」行政法研究28号（2019年）167頁参照。

82　第Ⅱ部　第3章　開発審査

処分が違法になりうる。例えば、開発許可の申請に対し、不許可の処分（拒否処分）をする場合には、処分庁は同時に不許可の理由を示さなければならない（行手8条）ところ、不許可の処分において具体的な理由が十分に提示・付記されておらず、理由付記の不備があるものといえる場合、その点を手続上の違法事由として主張し、同処分の取消しを求めることができる。一般的に、付記すべき理由としては、いかなる事実関係に基づきいかなる法規を適用して処分が行われたかを、申請者において了知しうるものでなければならず、理由提示が不十分である場合、その拒否処分が違法とされ取消事由となるものと解されている[6]。

③　書式例：開発許可処分に対する審査請求

■　開発許可処分に対する審査請求書の書式例

(1)　審査請求書

　都市計画法には口頭による審査請求を認める旨を定めていないため（都計50条）、開発許可処分に対する審査請求は、「審査請求書」を提出して行わなければならない（法19条1項）。

　審査請求書の様式は定められていないが、A4版、横書き（左余白あり）とするのが通例である。

　記載事項は行政不服審査法の原則的定めに従う。すなわち、処分についての審査請求の場合には、ⓐ審査請求人の氏名または名称および住所または居所（法人の場合は代表者、総代を互選した場合は総代、代理人によって審査請求をする場合は代理人の氏名および住所等）、ⓑ審査請求に係る処分の内容、ⓒ審査請求に係る処分があったことを知った年月日、ⓓ審査請求の趣旨および理由、ⓔ処分庁の教示の有無およびその内容、ⓕ審査請求の年月日（以上につき法19条2項～4項）、ⓖ審査請求人（法人の場合は代表者、総代を互選した場合は総代、代理人によって審査請求をする場合は代理人の押印。法施行令4条2項）を記載し

6）最判平成23年6月7日民集65巻4号2081頁。

なければならない。なお、不作為についての審査請求の場合には、上記ⓐ（審査請求人の氏名等）、ⓕ（審査請求の年月日）およびⓗ当該不作為に係る処分についての申請の内容および年月日を記載する（法19条3項）。

(2) 添付書類・証拠方法

審査請求書は、不作為についての審査請求を処分庁たる都道府県知事等に行う場合を除き、正本・副本の2通を作成し提出しなければならず（法施行令4条1項）、正本には、審査請求人が法人である場合は代表者の資格証明書、総代を互選した場合はその証明書を、代理人による場合は委任状を添付しなければならない（法施行令4条3項）。

審査請求人側が提出する証拠書類または証拠物（法32条1項）については、「甲○号証」と続き番号を付して審査請求書に添付するのが通例である。

審査請求書

　　　　　　　　　　　　　　　　　　　　平成○○年○○月○○日

Ｙ市開発審査会　御中

　　　　　　　　　　　　　　　　　　　審査請求人ら代理人

　　　　　　　　　　　　　　　　　　　弁護士　　○○○○　㊞
　　　　　　　　　　　　　　　　　　　弁護士　　○○○○　㊞

　　審査請求人ら　　　　　別紙審査請求人目録記載のとおり
　　審査請求人ら代理人　　別紙審査請求人代理人目録記載のとおり

　　　　　　　　　次のとおり審査請求する。

　第1　審査請求にかかる処分の内容
　　　　平成○○年○○月○○日○○第○○○号で、Ｙ市長が○○○○株式会社に対してなした開発許可処分
　第2　審査請求にかかる処分があったことを知った年月日
　　　　平成○○年○○月○○日

84　第Ⅱ部　第3章　開発審査

第3　審査請求の趣旨
　　「第1記載の処分を取り消す。」との裁決を求める。
第4　審査請求の理由
　　別紙審査請求の理由記載のとおり。
第5　処分庁の教示の有無及びその内容
　　なし。

証拠資料

甲1号証　開発行為許可書の写し
甲2号証　審査請求人らの居住位置図（住宅地図）
甲3号証　事業説明書及びその添付資料
甲4号証　日影図

添付書類

1	現在事項証明書	1通
2	委任状	4通
3	審査請求書副本	1通
4	証拠資料の写し	各2通

以　上

（別紙）

審査請求人目録

1　　Z県Y市××町一丁目2番3号
　　　○○○○
2　　Z県Y市××町一丁目2番4号
　　　○○○○
3　　Z県Y市××町一丁目2番5号
　　　株式会社○○○○
　　　Z県Y市××町三丁目4番7号
　　　上記代表者代表取締役　○○○○

4　　Z県Y市××町一丁目2番6号
　　　〇〇〇〇

以　上

（別紙）

審査請求人代理人目録

〒〇〇〇－〇〇〇〇
Z県Y市〇〇町五丁目6番7号　〇〇〇〇法律事務所（送達場所）
電　話　〇〇〇〇－〇〇〇－〇〇〇〇
ＦＡＸ　〇〇〇〇－〇〇〇－〇〇〇〇
審査請求人ら代理人　弁護士　　〇〇〇〇
　　　　　　　　　　同　弁護士　　〇〇〇〇

以　上

（別紙）

審査請求の理由

1　処分の内容
　　Y市長〇〇〇〇（以下、「処分庁」という。）は、平成〇〇年〇〇月〇〇日〇〇第〇〇〇号をもって、〇〇〇〇株式会社（以下、「事業者」という。）に対し、要旨下記の開発行為（以下、「本件開発行為」という。）を許可した（甲1号証。以下、「本件処分」という。）。
記
　⑴　開発区域に含まれる地域の名称　Y市〇〇〇〇町二丁目1番地1ほか8筆
　⑵　開発区域の面積　3210.98平方メートル
　⑶　予定建築物の用途　共同住宅（総数80戸）
2　審査請求人ら

審査請求人目録1ないし4記載の審査請求人ら（以下、「審査請求人ら」という。）は、いずれも本件開発行為をする土地の区域（以下、「本件開発区域」という。）の北方に居住し又は事業を営む者である（甲2号証）。

3　処分の違法

本件開発行為は、斜面地である開発区域の北側に最大高さ4メートルの盛土（以下、「本件盛土」という。）を行うものである（甲3号証）。その結果、開発区域の北側には高さ4メートルの崖面が生じる。

盛土部分はもともと存在する地山部分とは異なり、台風等による集中豪雨や地震により崩壊する危険性が非常に高い。だからこそ、都市計画法（以下、「法」という。）33条1項7号も、「地盤の沈下、崖崩れ、出水その他による災害を防止するため、開発区域内の土地について、地盤の改良、擁壁又は排水施設の設置その他安全上必要な措置が講ぜられるように設計が定められていること」を開発許可の基準としている。

しかしながら、本件開発区域で計画されている盛土及びその結果生じる崖面の安全性について事業者に対して実証をさせないまま、処分庁は本件処分を行った。

したがって、本件処分は法33条1項7号に反する違法な処分である。

4　処分の不当

本件開発行為に係る予定建築物は10層（高さ約30メートル）のマンションであり（甲3号証）、この予定建築物により、審査請求人らが居住し又は事業を営む建物の日照が完全に奪われることが判明している（甲4号証）。また、審査請求人らの南側の景観・眺望は本件盛土の結果生じる崖面で封じられ、予定建築物からは審査請求人らの建物及びその敷地全体を見下ろすことが可能となり、審査請求人らのプライバシーも侵害される。

すなわち、本件開発行為により、審査請求人らにとって「健康で文化的な都市生活及び機能的な都市活動」（法2条）を送る利益が阻害されることは明らかである。

このように、本件処分は法2条が定める都市計画の基本理念を阻害するものであるから、処分の不当性は明らかである。

5　侵害される法的権利又は利益（審査請求適格を有すること）

審査請求人らはいずれも本件開発区域の近隣地の住民であり、盛土及びその結果生じる崖面の安全性が実証されないまま本件開発行為が行われることにより、審査請求人らの生命、身体の安全等が侵害されるおそれが

ある。

　また、予定建築物が建築されれば、日照阻害、景観・眺望の妨げ、プライバシー侵害により、審査請求人らが「健康で文化的な都市生活及び機能的な都市活動」を送る利益が阻害される。

　したがって、審査請求人らは審査請求適格を有する者である。

6　以上の点から、本件処分の取消しを求めるため、本審査請求を求める次第である。

以　上

❷　弁明書の書式例

　開発審査会は、都道府県知事等の処分庁に対して、相当の期間を定めて、弁明書の提出を求める（別表第一により読替え後の法29条2項）。弁明書の記載事項についても行政不服審査法の定めに従い、処分の内容および理由（不作為についての審査請求の場合は、処分をしていない理由ならびに予定される処分の時期、内容および理由）を記載しなければならない（法29条3項各号）。

　弁明書の提出を求める趣旨は、開発審査会が当該処分や不作為の違法または不当を判断するためだけでなく、審査請求人が処分庁の主張に対して有効かつ適切な反論を行う機会を付与するためでもある。したがって、弁明書の記載の程度は、抽象的一般的なものでは足りず、都道府県知事等の処分庁が主張する処分の内容および理由を開発審査会および審査請求人が明確に認識しうる程度に具体的なものでなければならないであろう。

弁　明　書

平成○○年○月○○日

Y市開発審査会　御中

Y市長　　［公印］

審査請求人〇〇〇〇外 3 名による平成〇〇年〇月〇〇日付け審査請求書に基づく平成〇〇年〇〇月〇〇日〇〇第〇〇〇号開発許可処分（以下、「本件処分」という。）の取消しを求める審査請求について、次のとおり弁明します。

第 1　弁明の趣旨
「本件審査請求を却下する。」との裁決を求める。

第 2　審査請求適格について

　1　審査請求人としての資格に関する「行政庁の処分に不服がある者」（行政不服審査法 2 条）とは、当該処分について審査請求する法律上の利益がある者をいい、行政事件訴訟法 9 条の「法律上の利益がある者」と同一と解されている。すなわち、「当該処分により自己の権利若しくは法律上保護された利益を侵害され又は必然的に侵害されるおそれのある者をいうのであり、当該処分を定めた行政法規が、不特定多数者の具体的利益を専ら一般的公益の中に吸収解消させるにとどめず、それが帰属する個々人の個別的利益としてもこれを保護すべきものとする趣旨を含むと解される場合には、このような利益もここにいう法律上保護された利益に当たり、当該処分によりこれを侵害され又は必然的に侵害されるおそれのある者は、当該処分の取消訴訟における原告適格を有するものというべきである」とされている（最大判平成17年12月 7 日・民集59巻10号264頁）。

　2　しかしながら、本件処分を定めた都市計画法（以下、「法」という。）には、審査請求人らが主張する、生命、身体の安全や日照阻害、景観・眺望の妨げ、プライバシー侵害及び良好な住環境の下に生活する利益を定めた規定はない。法の趣旨目的は、「都市の健全な発展と秩序ある整備を図り、もつて国土の均衡ある発展と公共の福祉の増進に寄与する」という一般的公益の実現にあるから、法が開発区域の近隣地の住民個々人に対して個別的利益を付与したと解することもできない。

　3　したがって、審査請求人らは本件処分について審査請求する法律上の利益がある者であるとはいえない。

　4　よって、本件審査請求は却下されるべきである。

第 3　「処分の違法」（審査請求書別紙「審査請求の理由」第 3 項）に対する弁明

　1　審査請求人らは、「本件開発区域で計画されている盛土及びその結果

生じる崖面の安全性について事業者に対して実証をさせないまま、処分庁は本件処分を行った」ことから、「本件処分は法33条1項7号に反する違法な処分である」と主張する。

2　しかしながら、都道府県知事等が開発行為を許可する際の審査・判断事項は法定されており、法33条1項は、都道府県知事等に対して、申請に係る開発行為が同項各号に掲げる基準に適合し、かつ、その申請の手続が違法でないと認めるときは開発許可をしなければならないと定めている。また、同条2項は、同条1項7号に規定する基準を適用するについて必要な技術的細目を政令で定めることとし、この委任に基づいて法施行令28条、法施行規則23条及び27条の各規定が定められている。

3　そして、処分庁は、本件開発行為について審査を行い、その結果、法33条の開発許可基準に適合しており、かつ、その申請の手続が法及び法に基づく命令の規定に違反していないと認めたうえで、法35条の規定に基づいて本件処分を行った。

4　もちろん、上記各規定には盛土及びその結果生じる崖面の安全性について事業者に対して実証させなければならない旨の規定もない。そうである以上、審査請求人らが主張するような実証をさせないからといって、本件開発行為が法33条1項7号の許可基準に違反することにはならない。

5　したがって、本件処分は適法である。

第4　「処分の不当」（審査請求書別紙「審査請求の理由」第4項）に対する弁明

1　審査請求人らは、予定建築物が建築されれば、日照阻害、景観・眺望の妨げ、プライバシー侵害により、審査請求人らが「健康で文化的な都市生活及び機能的な都市活動」を送る利益が阻害され、これは法2条が定める都市計画の基本理念を阻害する不当なものであると主張している。

2　しかしながら、法は法2条の基本理念を達成するために各条文を定めており、開発許可の要件を定めている法33条1項及びその関連規定において、上記のような権利や利益を周辺住民の個別的な利益として保護していると解することはできない。また、法33条1項及びその関連規定への適合性を審査するにあたり処分庁の裁量はないから、その結果としての処分を不当ということもできない。

3 　したがって、本件処分の不当をいう審査請求人らの主張には理由がない。

4 　よって、仮に、審査請求人らに審査請求適格があるとしても、本件審査請求は棄却されるべきである。

証拠資料

　　乙1号証　Y市都市計画図
　　乙2号証　開発許可申請書及びその関係書類

以　　上

第4章

税金
——国税、地方税

〈ロードマップ〉

① 課税処分等に係る行政不服審査制度と新行政不服審査法

　国税に関する法律（所得税法、法人税法等）に基づく更正処分等（以下「国税に係る更正処分等」という。）に対する不服申立てについては、行政不服審査法第2章（審査請求）および第3章（再調査の請求）が適用除外とされており、国税通則法第8章第1節の規定等が適用になる。同法によれば、行政不服審査法第4章（再審査請求）は適用除外とされていないから、これについては、同章が適用になる。国税の更正処分等に対する不服申立ては、処分庁である税務署長に対する「再調査の請求」か、国税不服審判所長に対する「審査請求」のいずれかを選択できる。再調査の決定後の処分に不服のある者も、審判所長に審査請求をすることができる。

　地方税法に基づく更正処分等（以下「地方税に係る更正処分等」という。）に対する行政不服申立てについては、同法に特別の定めがある一部の規定を除きか、行政不服審査法の定めるところによるとされている。地方税に基づく更正処分等については、改正行政不服審査法と同様、従来の異議申立制度は廃止され、審査請求に一本化されている。

② 国税通則法上の行政不服申立て

　不服申立ての要件は、審査請求適格の具備、審査請求対象適格の具備、審査請求期間の遵守等である。更正処分等を受け、これにより権利または法律上の利益を侵害される者は審査請求適格を有する。審査請求は、処分があったことを知った日の翌日から3か月以内等とされる審査請求期間にしなければならない。審理手続については、平成26年6月の国税通則法および行政不服審査法の改正により、口頭意見陳述や物件の閲覧・交付等の制度が整備されている。請求の理由としては、更正処分等の違法一般（処分の主体、内容、手続等実体上および手続上の違法）、更正処分等の不当を主張することになる。

92 第Ⅱ部 第4章 税金

> ③ **書式例：更正処分に対する審査請求**
> 　国税に係る更正処分に対する審査請求書と答弁書の書式例を紹介する。

１　課税処分等に係る行政不服審査制度と改正行政不服審査法

■　租税法上の行政不服審査制度の概要

(1)　国税に係る不服申立制度

　国税に関する法律（所得税法、法人税法等）に基づく更正処分等（以下「国税に係る更正処分等」という。）に不服がある納税者は、国税通則法および行政不服審査法に基づき、当該処分の取消し等を求めることができる。国税に係る更正処分等に対する不服申立てについては、行政不服審査法第2章（審査請求）および第3章（再調査の請求）が適用除外とされており（国通80条1項）、国税通則法第8章第1節の規定等が適用になる。旧国税通則法は、不服申立ての種類として処分行政庁である税務署長等に対する「異議申立て」と国税不服審判所長に対する「審査請求」を定めており、「審査請求」は、「異議申立て」を経なければすることができないものとされていた（ただし、青色申告書に係る更正に不服があるとき等の一定の場合には、異議申立てを経ずに審査請求ができることとされていた。旧国通75条4項1号）。平成26年6月の国税通則法の改正により、平成28年4月1日以降に行われた国税に係る更正処分等に不服がある納税者は、処分行政庁である税務署長等[1]に対する「再調査の請求」か、国税不服審判所長に対する「審査請求」のいずれかを選択できることとなった（国通75条1項1号）。

　なお、国税通則法は、更正処分等の取消しを求める訴えは審査請求についての裁決を経た後でなければ提起することができない（国通115条1項）とし、不服申立前置主義を採用しており、上記改正前においては、原則として「異

1）国税局の職員による調査であることが書面により通知されている場合には、当該国税局長に対して再調査の請求をすることができる（国通75条2項1号）。なお、資本金が1億円以上である法人の場合には、国税局が税務調査を担当するとされている。

議申立て」と「審査請求」の２段階の不服申立てを経なければならないとされていた。しかし、上記改正により、異議申立ておよび審査請求の２段階の不服申立前置主義（異議申立て、審査請求）から１段階（審査請求）または２段階（再調査請求および審査請求）の選択制へ改められた（国通75条１項１号）。

　国税に係る不服申立制度においては、審査請求が国税不服審判所長に対して行われる点が特徴的である。国税不服審判所とは、国税に関する法律に基づく処分についての審査請求に対する裁決を行う機関であり（国通78条１項）、国税庁の特別の機関である。現在、東京にある本部のほか、東京、大阪、名古屋、福岡等の所要の地に支部と支所が設置されている（国通78条３項）。審査請求の審理は、３名以上の国税審判官等（担当審判官および参加審判官）により構成される合議体が調査および審理を行った上で（国通94条１項）、議決を行い、当該議決に基づき、国税不服審判所長（裁判官からの出向者が任命されるのが慣例である）が裁決を行う（国通98条４項）。国税審判官は、国税不服審判所全体で約100名存在し、その半数が人事異動により、税務署や国税局といった執行機関の職員から国税審判官に就任する者であり、数年で人事異動により執行機関に戻っていくが、残りの半数については、裁判官、検察官からの出向者、民間の専門家（弁護士、税理士、公認会計士等）が就任している[2]。

(2)　地方税に係る不服申立制度

　地方税に係る更正処分等に不服がある納税者は、地方税法および行政不服審査法に基づき、当該処分の取消等を求めることができる。地方税に係る更正処分等に対する不服申立てについては、地方税法に特別の定めがある場合を除くほか、行政不服審査法の定めるところによるとされている（地税19条）。平成28年３月31日までは、当該処分を行った行政庁に上級行政庁がある場合には「審査請求」を行い、上級行政庁がない場合には「異議申立て」を行うこととされていた。平成26年６月の行政不服審査法の改正により、異議申立制度が廃止され、審査請求に一本化されたので、平成28年４月１日以降に行われた更正処分等に不服のある納税者は、処分庁に上級行政庁がないとき

---

2) http://www.kfs.go.jp/topics/14/pdf/tokutei_shokuin_2.pdf

94 第Ⅱ部 第4章 税金

は処分庁に、処分庁に上級庁があるときは最上級庁に審査請求をすべきこと
になる。ただし、固定資産税に関し、固定資産課税台帳に登録された価格に
ついて不服がある場合には、当該登録した行政庁等に対する審査請求ではな
く、固定資産評価審査委員会に審査の申出をすることになっている点に留意
が必要である（地税432条1項）。

❷ 改正行政不服審査法と租税法上の行政不服審査制度との関係

⑴ 行政不服審査法と国税通則法および地方税法との関係

　国税に係る更正処分等に対する不服申立てについては、行政不服審査法第
2章（審査請求）および第3章（再調査の請求）が適用除外とされており、国
税通則法第8章第1節の規定等が適用になる。同法によれば、行政不服審査
法第4章（再審査請求）は適用除外とされていないから、これについては、
同章が適用になる。平成26年6月に公正性や使いやすさの向上の観点から行
政不服審査法の改正が行われたが、同様の趣旨から、「行政不服審査法の施
行に伴う関係法律の整備等に関する法律」（平成26年6月13日法律第69号。以下
「整備法」という。）の中で国税通則法の改正も行われた。不服申立期間は、「処
分があったことを知った日(処分に係る通知を受けた場合には、その受けた
日)の翌日から起算して3月」以内（1項）とされ、2月から3月に延長され
（国通77条）、また、審査請求手続において、口頭意見陳述（国通95条の2）や
物件の閲覧・交付等（国通97条の3）の制度が整備された。

　地方税に係る更正処分等に対する不服申立てについては、地方税法に特別
の定めがある一部の例外を除き、行政不服審査法が適用になる（地税19条）。
平成26年6月に行政不服審査法が改正され、不服申立期間が延長され（法18
条）、審査請求手続における口頭意見陳述（法31条）や物件の閲覧・交付等の
制度（法38条）が整備されたことは、「Ⅰ　改正行政不服審査法の概要」に記
載のとおりである。なお、地方税法も整備法の中で改正されている。

⑵ 行政不服審査法の改正による影響[3]

　国税については、国税通則法が詳細な不服申立手続規定を網羅的に置いて
おり、その規定が一般法である行政不服審査法に優先して適用されるため、

行政不服審査法の改正の影響は限定的であるものの、平成26年6月改正により、行政不服審査法の改正に平仄を合わせて、不服申立ての種類の整理、不服申立期間の延長、証拠書類等の閲覧・交付や口頭意見陳述など、従前の実務を変更する重要な事項が改正されている。

　他方、地方税に係る更正処分等に対する不服申立て（不服申立ての種類・申立要件・審査手続）については、地方税法に定める一部の例外を除き、平成26年6月改正の行政不服審査法が適用される。

　そこで、上記改正後の行政不服審査法の下での地方税に係る更正処分等に対する不服申立ての手続に関しては、本書「Ⅰ　改正行政不服審査法の概要」を参照していただくこととして、本章では、特に国税に係る更正処分等の不服申立ての手続に関して詳しく解説することとする。

② 国税通則法上の行政不服申立て

■ 再調査の請求と審査請求の関係

　上記**1** **1**(1)で述べたとおり、国税に係る更正処分等に不服がある納税者は、処分行政庁に対する再調査の請求と、国税不服審判所長に対する審査請求のいずれかを選択できる。改正行政不服審査法において、異議申立ては廃止されたものの、国税に関しては、要件事実の認定に係る処分が多くなされ、その認定の当否に係る不服申立てが大量にあることから、審査請求手続の前に、処分の事案・内容を把握している原処分庁が審査請求よりも簡略な手続により改めて処分を見直す意義が特に認められ、不服申立人の選択により国民の権利利益の救済をより迅速に図るとともに、国税不服審判所の負担の軽減を図ることから、従来の「異議申立て」が「再調査の請求」として残されたものである[4]。

3）櫻井敬子「行政不服審査法の改正～その経緯と概要」税理2014年12月号16頁参照。

4）大蔵財務協会編『改正税法のすべて　平成26年』（大蔵財務協会、2014年）〔金澤節男＝櫻井淳執筆〕1128頁参照。なお、再調査の請求という名称ではあるが税務調査とはまったく異なり、事後救済手続にすぎないことに留意が必要である（行政不服審査法案に対する附帯決議三参照）。

96 第Ⅱ部 第4章 税金

　再調査の請求は、更正処分等を行った税務署長等が調査することになるため、特に法解釈が争点になるような事案の場合では、税務署長等の判断が覆ることはほとんどないと思われる。他方で、ある事実の存否が争点となっている場合（移転価格税制のような計算方法が問題となっている場合も含む）には、税務調査では主張していなかった新たな視点で主張したり、新たな証拠書類等を提出したりすることにより、更正処分等の段階で行われた判断が覆る可能性がある。また、国税不服審判所は、全国に12の支部と7つの支所しかないことから、まずは納税者の住所または事務所等に近接する税務署において、再審理してもらいたいというニーズもあると思われる[5]。

　したがって、事案の性質、争点および証拠書類等を十分に検討した上で、再調査の請求を行うか、それとも直接審査請求を行うか、判断すべきであろう。なお、いったん再調査の請求を選択した場合には、審査請求を経なければ訴訟を提起できないことに留意が必要である（国通75条4項）。

　また、再調査の請求および審査請求を申し立てる際には、訴訟と異なり手数料を納付する必要はない。

② 再調査の請求

(1) 再調査の請求書

　国税に係る更正処分等に不服がある納税者は、その処分をした税務署長等に対して再調査の請求をすることができる（国通75条1項1号イ）。不服申立期間は、処分があったことを知った日の翌日から起算して3か月以内であるため（国通77条1項）、納税者は、当該期間以内に処分をした税務署長等に対して、国税通則法81条1項各号の定める事項を記載した書面（再調査の請求書）を提出して行わなければならない。再調査の請求書のフォームおよび記載要領が国税庁のウェブサイトで公開されており、記載要領に従ってフォームに記載することで足りる[6]。再調査の請求書を正確に記載しなければならないことは当然ではあるが、万一記載に誤りがあったとしても、補正するこ

5）青木丈「改正通則法施行 国税不服審査に係る新通達の実務ポイント（上）」税理2016年5月号150頁参照。

6）https://www.nta.go.jp/tetsuzuki/shinsei/annai/nozei-shomei/annai/24200023.htm

とにより適法な再調査の請求となる（国通81条3項）。

また、再調査の請求の事由として、行政不服審査法と同様に、違法な更正処分等のみならず、不当な更正処分等に対しても再調査の請求が可能である。

(2) 再調査の請求の調査

再調査の請求が適法に行われた場合、再調査審理庁（再調査の請求がされている税務署長等）は決定を行うことになるが（国通83条）、その手続として、再調査審理庁は、再調査の請求人または参加人から申立てがあった場合には、当該申立てをした者に口頭で再調査の請求に係る事件に関する意見を述べる機会を与えなければならない（国通84条1項）。

また、再調査の請求人または参加人は、再調査審理庁が指定した相当の期間内に、証拠書類または証拠物を提出できる（国通84条6項）。請求人としては、審査請求や訴訟を見据えた上で、いかなる証拠を提出するかを検討する必要がある。

再調査の請求の標準審理期間は3か月を目安にするとされている[7]。

(3) 決定手続

再調査審理庁は、決定により、再調査の請求に理由がない場合には、当該再調査の請求を棄却するか、理由がある場合には、当該再調査の請求に係る処分の全部または一部を取消し、または変更することになる（国通83条2項・3項）。また、再調査の請求が不適法である場合には、決定により、再調査の請求は却下される（国通83条1項）。

再調査の請求についての決定は、請求人に再調査決定書の謄本が送達された時に効力が生じる（国通84条10項）。

3 審査請求

(1) 審査請求書

国税通則法の平成26年6月改正により、平成28年4月1日以降に行われた

7）平成28年4月1日付「不服申立てに係る標準審理期間の設定等について（事務運営指針）」

98 第Ⅱ部 第4章 税金

国税に係る更正処分等に不服がある納税者は、直接、国税不服審判所長に対する審査請求を行うことができることとなった（国通75条1項1号ロ）。従前、青色申告書に係る更正に不服があるとき等の一定の場合には、異議申立てを経ずに審査請求ができるとされていたことから、白色申告書に係る更正に不服がある納税者や、青色申告制度等が存在しない消費税に係る更正に不服がある納税者が直接審査請求できることになった点に意味がある。

　また、不服申立期間は、再調査の請求と同様に原則として処分があったことを知った日の翌日から3か月以内であるため、納税者は、当該期間内に国税不服審判所長に対して、国税通則法87条1項および2項の定める事項を記載した書面（審査請求書）を正副2通提出して行わなければならない。審査請求書のフォームおよび記載要領が国税不服審判所のウェブサイトで公開されており、記載要領に従ってフォームに記載することで足りる[8]。審査請求書を正確に記載しなければならないことは当然ではあるが、万一記載に誤りがあったとしても、補正することにより適法な審査請求となる（国通91条）[9]。もっとも、審査請求は、訴訟の前哨戦としての位置づけを有することから、審査請求における主張は、証拠関係に照らして十分に検討した上で行う必要がある。その意味では、弁護士等の専門家を代理人に選任することが望ましい。なお、委任状のフォームも国税不服審判所のウェブサイトに公開されている。

　また、審査請求の理由として、行政不服審査法と同様に、違法な更正処分等のみならず、不当な更正処分等に対しても審査請求が可能である[10]。

　実務上、審査請求書において、どこまで詳細な主張を行うかは重要な検討ポイントとなる。更正処分等のいかなる部分に対して不服があるのかという

8） http://www.kfs.go.jp/system/papers/02index.html

9） 補正要求は、審査請求が不適法なもので補正可能と認められる場合、例えば、審査請求書に必要な記載事項を欠いている場合（軽微な不備で審査請求の調査および審理を行う上で支障のない場合を除く）または代理人を選任するときもしくは総代を互選するときにおいて代理人もしくは総代の権限を証する書面の添付がない場合に行うものとするとされている（審判所不服基通91-1）。

10） 青色申告の承認の取消処分が違法ではないが、不当であるとして取り消された裁決例として、国税不服審判所裁決平成22年12月1日国税不服審判所公表裁決事例集81集339頁。

点は主張しなければならないものの、自らの主張する法解釈や事実関係の詳細をどの程度主張するか、という問題である。更正処分等に関する証明責任は、原則として処分を行った税務署長等（訴訟であれば被告である国）にあることや[11]、税務署長等の法的主張および保有する証拠を確認した後に主張をしたほうが自らの主張の矛盾が生じにくいことから、一般的には、審査請求書においては、ごく簡潔な主張に留めることが多いように思われる（これに対し、訴訟の段階では、審査請求手続において国の主張や証拠関係の詳細を確認できているはずであることから、訴状において納税者の主張を詳細に記載し、裁判官に対して納税者に有利な心証を形成させることも十分考えられる）。なお、審査請求書には、自らの主張を裏付ける基本的な書証類（契約書、取締役会議事録、株主総会議事録など）も併せて提出し（国通96条１項）、その書証が主張とどのような関係に立つのかを説明する文書（訴訟において証拠説明書に相当する書面）も添付することが望ましい。かかる書式も国税不服審判所のウェブサイトで公表されている。

(2) 答弁書・反論書等

国税不服審判所長は、審査請求書を受理したときは、その審査請求を却下する場合を除き、相当の期間を定めて、審査請求の目的となった処分に係る税務署長等（以下「原処分庁」という）から、答弁書を提出させるものとする（国通93条１項）。かかる答弁書には、審査請求の趣旨に対応して、いかなる態様の裁決を求めるかを明らかにするとともに、審査請求の理由により特定された事項に対応して、原処分庁の主張を具体的に記載するものとされている（庁不服基通93−１）[12]。国税不服審判所長は、原処分庁から答弁書が提出されたときは、これを審査請求人および参加人に送付しなければならない（国通93条３項）。

従前、原処分庁から答弁書が提出されたときは、国税不服審判所長は、審査請求に係る事件の調査および審理を行わせるため、担当審判官１名以上お

---

11) 司法研修所編『租税訴訟の審理について〔第３版〕』（法曹会、2018年）175頁参照。

12) 審査請求の理由の内容およびその程度が再調査の請求の理由と同様であり、原処分庁の主張も再調査決定書に記載した決定の理由と同様であるときは、その決定の理由を引用する方法によりその主張を記載しても差し支えないとされている。

および参加審判官2名以上を指定することになっていた（旧国通94条）。しかし、今回の改正により、「答弁書が提出されたときは」という文言が削除され、原則として、答弁書の提出前に担当審判官を指定することが可能となり（国通93条1項）、答弁書が提出される前であっても、担当審判官が審査請求書を検討することができるようになった。また、担当審判官の除斥事由も明確に規定された（国通93条2項）。

　審査請求人は、答弁書に記載された事項に対する反論を記載した書面（反論書）を、担当審判官により指定された期間内に提出することができる（国通95条1項）。もっとも、担当審判官から指定された期間が短い場合には、期間の延長を求めて交渉すべきである。上記(1)で述べたように、審査請求書において請求人の主張を詳細に記載しなかった場合には、反論書における主張が審査請求人の初めての詳細な主張になるため、十分な検討時間を確保すべきである。この点については、提出期間内に反論書の提出がない場合、担当審判官は、さらに一定の期間を示して、反論書の提出を求めたにもかかわらず、当該提出期間内に当該物件が提出されなかったときには、審理手続を終結することができるため（国通97条の4第2項1号ロ）、反論書の提出時期については注意が必要である。なお、事実関係において争点が存在するかどうかを明確にするため、答弁書に記載された事実については、訴訟と同様に認否を明らかにしておくことが考えられる。

　実務上、原処分庁は、反論書に対する再反論をするため、「意見書」などと題した書面を提出することもある。

(3)　審査請求の審理

ア　口頭意見陳述

　担当審判官は、審査請求人または参加人の申立てがあった場合には、当該申立てをした者に口頭で審査請求に係る事件に関する意見を述べる機会を与えなければならないとされている（国通95条の2第1項）。口頭意見陳述の申立てがあった場合には、担当審判官は必ず当該申立てをした審査請求人または参加人に口頭で意見を述べる機会を与えなければならず、その機会を与えないまたは申立人にとり意見陳述が不可能に等しい機会を与えたことにより、その陳述が行われないままされた裁決は違法になるとの解釈が示されている

（審判所不服基通95の2-1）。

　また、口頭意見陳述に際し、申立てをした者は、担当審判官の許可を得て、審査請求に係る事件に関し、原処分庁に対して、質問を発することも可能である（国通95条の2第2項）。担当審判官は、例えば、申立人の行う質問が審査請求に係る事件に関係のない事項にわたる場合や、すでにされた質問の繰返しにすぎない場合その他口頭意見陳述の円滑な遂行を阻害するおそれがある場合を除き、原則として、申立人の質問を許可しなければならない（審判所不服基通95の2-4）。そして、かかる質問に対しては、原処分庁は回答に確認を要するなどの事情がある場合を除き、口頭意見陳述の場において適切に回答するものとされている（庁不服基通95の2-1）。

　実務上、書面のやりとりだけでは審査請求人の主張と原処分庁の主張が噛み合わないことも多く、かかる口頭意見陳述を積極的に利用することにより、原処分庁の主張を明らかにさせ、より的確な反論を検討することができると思われる。

イ　質問検査

　担当審判官は、審査請求人や原処分庁から提出された書面や証拠を検討するのみならず、審理を行うため必要があるときは、審査請求人、参加人（国通109条1項）および原処分庁（以下「審理関係人」と総称することがある）の申立てにより、または職権で以下の行為をすることができる（国通97条1項）。

---

① 審査請求人もしくは原処分庁または関係人その他の参考人に質問すること。
② 上記①に規定する者の帳簿書類その他の物件につき、その所有者、所持者もしくは保管者に対し、相当の期間を定めて、当該物件の提出を求め、またはこれらの者が提出した物件を留め置くこと。
③ 上記①に規定する者の帳簿書類その他の物件を検査すること。
④ 鑑定人に鑑定させること。

　従前、審査請求人および参加人の申立てにより上記質問検査を行うことができるとされていたが、平成26年6月改正により、原処分庁も申立てができることとなった。

　担当審判官による質問検査は、実務上、審査請求人等（代表取締役や社員）が国税不服審判所に出向いて行われる場合もあるし、担当審判官等が審査請

102 第Ⅱ部 第4章 税金

求人等の事務所等を訪問して行われる場合もある。

ウ 計画的審理──争点整理

　担当審判官は、審査請求に係る事件について、審理すべき事項が多数でありまたは錯綜しているなど事件が複雑であることその他の事情により、迅速かつ公正な審理を行うため、審理手続を計画的に遂行する必要があると認める場合には、期日および場所を指定して、審理関係人を招集し、あらかじめ、これらの審理手続の申立てに関する意見の聴取を行うことができる（国通97条の2第1項）。これは、従前、同席主張説明として運用されていた実務を通則法上の制度として取り入れたものである。

　また、担当審判官は、審査請求書、答弁書および反論書等が提出されて、争点が見えてきた段階で、実務上、①争われている原処分、②争点および③争点に対する当事者双方の主張などを簡潔に要約した「争点の確認表」を作成して審理関係人に交付している[13]。争点の確認表は、担当審判官が審査請求人と原処分庁の主張および証拠構造を理解し、適切な争点設定ができているかどうかを確認するための重要な書類である。担当審判官は、争点の確認表に従って審理を進めて判断を行うため、審査請求人としては、争点の確認表に誤りがある場合や自らの主張内容や証拠と異なる争点整理が行われている場合には、積極的に訂正を求めるべきである。

エ 物件の閲覧・交付

　平成26年6月改正により、審理関係人は、審理手続が終結するまでの間、担当審判官に対し、提出された証拠書類等または質問、検査等により提出された書類その他の物件の閲覧または当該書類の写しもしくは当該電磁的記録に記録された事項を記載した書面の交付を求めることができるとされた（提出書類等の閲覧・写し等の交付請求権、国通97条の3第1項）。ただし、担当審判官は、第三者の利益を害するおそれがあると認めるとき、その他正当な理由があるときには、閲覧または交付を拒否することができる[14]。なお、担当審判官が作成した資料については、閲覧または写しの交付の対象ではない点に留意が必要である。

　閲覧または交付請求の具体的な手続は、以下のとおりである[15]。

---

13) 国税不服審判所「審査請求 よくある質問Q&A」24・25頁。http://www.kfs.go.jp/introduction/pamphlet/pdf/pamphlet3.pdf

①閲覧等を請求する書類を具体的に特定するに足りる事項を記載した書面を提出する。
②担当審判官が第三者の利益を害するおそれがあると認められる記載等の有無等の検討を行い、そのようなおそれがある場合には該当部分をマスキングする。
③担当審判官は、閲覧可能となった場合にはその旨を閲覧等の請求人に連絡し、閲覧日時の調整を行った上、指定日時に指定の閲覧場所において、担当審判官等の立会いの下、証拠書類等を閲覧する。なお、特段の支障がある場合を除き、デジタルカメラ、スマートフォン等により証拠書類を撮影することもできる。
④証拠書類等の写しの交付を受ける場合には、用紙1枚につき10円の手数料を印紙で納付する必要がある。

　かかる改正は審査請求人にとって非常に重要である。従前は、原処分庁が提出した証拠の閲覧のみしか許されていなかったため、担当審判官が職権でいかなる証拠を収集したのかについて知る機会はなかった。また、閲覧しか許されておらず、写しの交付が許されていなかったことから、審査請求人（または代理人）が直接国税不服審判所に出向き、担当審判官の立会いの下、メモを取るしかなかった（デジタルカメラ等による撮影も禁止されており、また、代理人の事務員がメモをすることも禁じられていた）。この改正により、審査請求人は、担当審判官が職権で収集した資料を検討する機会が与えられることとなり、また、原処分庁から提出された証拠の写しを手元に置いて検討することができることとなった。また、将来の訴訟を見据えて、原処分庁がいかなる証拠資料を保有しているのかも把握できることとなった。特に、税務調査段階において、税務調査官と納税者との間で行われた質疑応答が記載された質問応答記録書が作成された場合、当該質問応答記録書は、納税者に対して写しが交付されることはない。そこで、原処分庁から質問応答記録書が証拠書類として提出されている場合には、当該書類の写しの交付を受けること

---

14) 「第三者の利益を害するおそれがあると認めるとき」とは、例えば、同項の規定による閲覧または交付を求める者以外の者の権利、競争上の地位その他正当な利益を害するおそれがあるときをいい、また、同項の「その他正当な理由があるとき」とは、例えば、国の機関、地方公共団体等が行う事務または事業に関する情報であって、閲覧または交付の対象とすることにより、当該事務または事業の性質上、それらの適正な遂行に支障を来すおそれがあるときをいうとされている（審判所不服基通97の3－2）。

15) 池谷仁＝大園篤士「新たな国税不服申立制度の概要」税務通信3412号（2016年）17頁参照。

104　第Ⅱ部　第4章　税金

により、税務調査段階で納税者がどのような回答をしていたのかを正確に把握することが可能となる。

　もっとも、平成26年6月改正により、原処分庁も閲覧請求権が規定されたため、審査請求人としては、原処分庁に閲覧させることを前提として、提出する証拠書類等を選別する必要がある。

　また、担当審判官は、閲覧または写しの交付をしようとするときは、当該閲覧または交付に係る書類その他の物件の提出人の意見を聴かなければならないが、担当審判官が、その必要がないと認めるときは、提出人の意見聴取を経ずに閲覧または交付に供することが可能である（国通97条の3第2項）。

オ　審理終了手続

　担当審判官は、必要な審理を終えたと認めるときは、審理手続を終結するものとされており、担当審判官が審理を終結した場合には、審理手続を終結した旨を審理関係人に通知するものとされている（国通97条の4第1項・3項）。なお、「必要な審理を終えたと認めるとき」とは、担当審判官および参加審判官が、当該審査請求に係る事件の調査および審理を行い、合議により、議決をするのに熟したと判断したときをいうとの解釈が示されている（審判所不服基通97の4－1）。審理手続が終結すると、その後は書面・証拠書類の提出や証拠書類等の閲覧・交付、口頭意見陳述等の手続ができなくなる点に留意が必要である。

　審査請求の標準的な処理期間は、相互協議や犯則事件に関するものを除き、1年と設定されている[16]。

⑷　裁決手続

　裁決は、担当審判官が行うのではなく、国税不服審判所長が記名押印した裁決書によって行われる（国通101条）。もっとも、国税不服審判所長は、裁決をする場合には、担当審判官および参加審判官の議決に基づいてこれをしなければならない（国通98条4項）。国税不服審判所長は、裁決により、審査請求に理由がない場合には、審査請求を棄却し、審査請求に理由がある場合には、当該審査請求に係る処分の全部もしくは一部を取消しまたは変更する

---

[16]　平成28年3月24日付国管管2－7「審査請求に係る標準審理期間の設定等について（事務運営指針）」

ことになる（国通98条 2 項・3 項）。また、審査請求が不適法である場合には、決定により、審査請求は却下される（国通98条 1 項）。

　審査請求についての裁決は、審査請求人に裁決書の謄本が送達された時に効力が生じる（国通101条 3 項）。

　国税不服審判所長は、国税庁長官が発した通達に示されている法令の解釈と異なる解釈により裁決をするとき、または他の国税に係る処分を行う際における法令の解釈の重要な先例となると認められる裁決をするときは、あらかじめその意見を国税庁長官に通知しなければならないことになっている（国通99条 1 項）[17]。国税庁長官は、審査請求人の主張を認容するものであり、かつ、国税不服審判所長の意見が相当であると認める場合には、そのまま裁決されるが、相当であると認められない場合には、国税不服審判所長と共同して当該意見について国税審議会に諮問することになる（国通99条 2 項）。そして、国税不服審判所長は、国税庁長官と共同して国税審議会に諮問した場合には、当該国税審議会の議決に基づいて裁決をしなければならないとされている（国通99条 3 項）。したがって、国税不服審判所長は、国税庁長官の法解釈（通達）と異なる法解釈を採用して裁決することができるものの、裁決前には一定の意見調整が行われることが予定されている。

　なお、裁決は、先例的価値がある重要なものについては、国税不服審判所のウェブサイトで閲覧することができる[18]。また、ウェブサイトに掲載されていない裁決のうち、裁決事例集に掲載されているものもある。国税不服審判所のウェブサイトや裁決事例集に掲載されていない裁決については、行政機関の保有する情報の公開に関する法律（情報公開法）に基づく情報公開請求を行うことにより、開示を受けることができる。ただし、事実関係については黒塗りが多く、事案の中身が判然としない可能性がある点には留意が必要である。

---

17) 国税通則法99条の改正は、行政不服審査法の改正の施行日に先行して、平成26年 4 月 1 日から施行されている。

18) http://www.kfs.go.jp/service/index.html

③ 書式例：更正処分に対する審査請求

(1) 審査請求書の書式例

① 審査請求書の記載方法については、国税不服審判所のウェブサイトに「審査請求書の書き方」と題するファイルが準備されており、記載例も掲載されていることから、当該記載例に従って記載すれば足りる。

② 審査請求の理由については、処分に係る通知書その他の書面により通知されている処分の理由に対する審査請求人の主張が明らかにされていなければならないものとするとされていることから（国通87条3項）、審査請求人の主張をある程度記載する必要がある。もっとも、審査請求書において、どこまで詳細に審査請求人の主張を記載するかについては、本文でふれたように、慎重に検討する必要があろう。

③ 審査請求の理由においては、重要な証拠にふれながら、主張を展開し、当該重要な証拠は提出すべきである。

④ 代理人を選任する場合には、添付書類として、委任状を提出しなければならない。また、送達先を代理人とする場合には、別途、「書類の送達先を代理人とする申出書」を添付して提出しなければならない。

③ 書式例：更正処分に対する審査請求　　**107**

審査請求書（初葉）

正本	収受日付印	（注）必ず次葉とともに、正副2通を所轄の国税不服審判所に提出してください。	※ 審判所整理欄	通信日付	確認印	整理簿記入	本人確認	番号確認	身元確認	身元確認（代理人）
				本人確認書類		個人番号カード／通知カード ・ 運転免許証				
						その他（　　　）				

国税不服審判所長　殿　　　① 審査請求年月日　　　平成　28 年　10 月　1 日

審査請求人

② 住所・所在地（納税地）	〒 100 － 0013　東京都千代田区霞が関一丁目×番×号	電話番号　03（××××）××××

③ （ふりがな）（えっくすかぶしきがいしゃ）
　氏名・名称　X株式会社

④ 個人番号又は法人番号　〇〇〇〇〇〇〇〇〇〇〇〇〇

⑤ 総代又は法人の代表者
住所・所在地	〒 ×× － ××　東京都××区××一丁目×番×号	電話番号　03（××××）××××
（ふりがな）	（こうの たろう）	
氏名・名称	甲野 太郎 ㊞	総代が互選されている場合は、総代の選任届出書を必ず添付してください。

⑥ 代理人
住所・所在地	〒 ×× － ××　東京都××区××一丁目×番×号	電話番号　03（××××）××××
（ふりがな）	（べんごし おつの じろう）	
氏名・名称	弁護士 乙野 次郎 ㊞	委任状（代理人の選任届出書）を必ず添付してください。

⑦ 原処分庁（　　税務署長・　　　・　　東京　　）国税局長・その他（　　　）

⑧ 処分日等
原処分（下記⑨）の通知に記載された年月日	平成 28 年 8 月 1 日付	更正・決定・加算税の賦課決定などの処分に係る日付であり、再調査の決定に係る日付とは異なりますから御注意ください。
原処分（下記⑨）の通知を受けた年月日	平成 28 年 8 月 4 日	

⑨ 審査請求に係る処分（原処分）
処分名等（該当する番号を○で囲み、対象年分等は該当処分名ごとに記入してください。）

税目等	処分名	対象年分等
1 申告所得税（復興特別所得税がある場合には、これを含む。）	1 更正（更正の請求に対する更正を含む。）	平成26.4.1～平成27.3.31事業年度分
	2 決定	
② 法人税（復興特別法人税又は地方法人税がある場合には、これを含む。）	3 青色申告の承認の取消し	
	4 更正の請求に対する更正をすべき理由がない旨の通知	
3 消費税・地方消費税	5 加算税の賦課決定　{ a 過少申告加算税 / b 無申告加算税 / c 重加算税 }	平成26.4.1～平成27.3.31事業年度分
4 相続税	6 その他	
5 贈与税	[　　　　　　　]	
6 源泉所得税（復興特別所得税がある場合には、これを含む。）	1 納税の告知	
	2 加算税の賦課決定（ a 不納付加算税　b 重加算税 ）	
7 滞納処分等	1 督促【督促に係る国税の税目：　　　　　　　】	
	2 差押え【差押えの対象となった財産：　　　　　】	
	3 公売等【 a 公売公告、b 最高価申込者の決定、c 売却決定、d 配当、e その他（　　　）】	
	4 相続税の延納又は物納【 a 延納の許可の取消し、b 物納の申請の却下、c その他（　　　）】	
	5 還付金等の充当	
	6 その他［　　　　　　　］	
8 その他 [　　　　　]		

⑩ 再調査の請求をした場合
再調査の請求年月日：平成　　年　　月　　日付
◎ 該当する番号を○で囲んでください。
1 再調査の決定あり …………… 再調査決定書の謄本の送達を受けた年月日：平成　　年　　月　　日
② 再調査の決定なし

※「審判所整理欄」には記入しないでください。

1号様式（初葉）

審査請求書（次葉）

正本

審査請求人（氏名・名称）　X株式会社

---

⑪ 審査請求の趣旨

◎ 原処分（再調査の決定を経ている場合にあっては、当該決定後の処分）の取消し又は変更を求める範囲等について、該当する番号を○で囲んでください。

なお、次の番号2の「一部取消し」又は3の「その他」を求める場合には、その範囲等を記載してください。

　① 全部取消し ……… 初葉記載の原処分の全部の取消しを求める。

　2　一部取消し ……… 初葉記載の原処分のうち、次の部分の取消しを求める。

　3　その他 ………… [　　　　　　　　　　　　　　　　　　　　　　　　　　　　]

［一部取消しを求める範囲］

---

⑫ 審査請求の理由

◎ 取消し等を求める理由をできるだけ具体的に、かつ、明確に記載してください。

別紙のとおり。

---

⑬ 正当な理由がある場合

◎ 下記の場合には、原則として審査請求をすることができませんが、「正当な理由」がある場合には審査請求をすることができます。下記に該当する審査請求をされる場合には、「正当な理由」について具体的に記載してください。

・　再調査の請求をした日の翌日から起算して3月を経過していない。

・　原処分があったことを知った日（原処分に係る通知書の送達を受けた場合には、その受けた日）の翌日から起算して3月を経過している。

・　再調査決定書の謄本の送達があった日の翌日から起算して1月を経過している。

・　原処分に係る通知書の送達を受けた場合を除き、原処分があった日の翌日から起算して1年を経過している。

［正当な理由］

---

⑭ 添付書類

◎ 添付する書類の番号を○で囲んでください。

　① 委任状（代理人の選任届出書）又は税務代理権限証書

　2　総代の選任届出書

　3　審査請求の趣旨及び理由を裏付け説明する資料

　4　原処分の通知書の写し

　5　再調査決定書の謄本の写し（再調査の決定がある場合）

　6　個人番号確認書類

　7　身元確認書類

　8　書類の送達先を代理人とする申出書

　9　その他

○　審査請求書の記載に当たっては、別紙「審査請求書の書き方」を参照してください。

○　この用紙に記載しきれないときは、適宜の用紙に記載して添付してください。

1号様式（次葉）

別紙

審査請求の理由

1．はじめに

　本件は、審査請求人が、平成26年4月1日から同27年3月31日までの事業年度（以下「本件事業年度」という。）の法人税について、子会社に出向させた審査請求人の従業員に対して支払った給与の支給額の合計額から出向料名目で同子会社から支払を受けた上記給与の支給額の合計額の50％に相当する金額を差し引いた額（以下「給与負担差額」という。）を、損金の額に算入して確定申告を行ったところ、麹町税務署長が、給与負担差額は法人税法37条の寄附金に該当し、損金の額に算入することはできないとして、本件事業年度につき更正処分及び過少申告加算税賦課決定処分（以下「本件各処分」という。）をしたことから、審査請求人が上記各処分の取消しを求めるものである。

2．事案の概要

(1)　当事者

　審査請求人は、ソフトウェアの受託開発業務、保守業務、機器販売等を業とする株式会社である。また、S株式会社（以下「S社」という。）は、同様に、ソフトウェアの受託開発業務等を業とする株式会社であり、審査請求人がその株式のすべてを所有する、審査請求人の完全子会社である。審査請求人は、S社を含めてグループ会社を10社有する事業持株会社である。

(2)　審査請求人とS社との出向契約の締結

　審査請求人は、S社との間で、平成26年4月1日、審査請求人からS社に出向させる審査請求人の従業員の取扱いに関する出向契約（以下「本件出向契約」という。添付資料①）を締結した。本件出向契約の概要は以下のとおりである。

出向の目的（1条）：審査請求人の出向者の現場知識向上、S社の技術力強化

出向者（2条）	：審査請求人の社員15名
出向期間（3条）	：1年間
給与（6条）	：出向者の給料及び賞与は、審査請求人が直接支払うものとする。
出向料（11条）	：S社は審査請求人に対し、審査請求人が負担する出向者の給料及び賞与のうち、50％に相当する額（出向料）を毎月10日締めで集計し、当月末日までに審査請求人の指定する銀行口座に振り込み送金して支払う。出向料は、審査請求人の賃金表に従って出向者ごとに算出されるものとする。

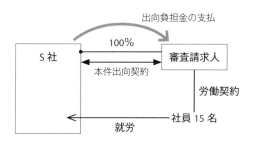

　審査請求人は、本件事業年度において、本件出向契約に基づき、審査請求人の社員15名をS社に出向させ（以下「本件出向」という。）、これらの従業員に対しては、審査請求人がその給与を支給した上で、その合計額の約50％に相当する金額（以下「給与負担金額」という。）をS社から出向負担金名目で受領した。

(3) 本件事業年度における税務処理

　本件事業年度において、出向者の給与の合計額は、1億円であり、審査請求人とS社のそれぞれの負担額は5000万円ずつであった。審査請求人は、本件事業年度の法人税について、給与負担差額である5000万円を損金の額に算入して確定申告を行ったが、これに対し、麹町税務署長は、給与負担差額が法人税法37条の寄附金に該当するとして、本件各処分をした。

　しかし、以下で主張するとおり、給与負担差額は、審査請求人からS社に対する無償の利益供与ではなく、また、経済合理性があることから、寄附金には該当せず、本件各処分は違法である。

3．審査請求人の主張

⑴ 「寄附金」の意義

まず、法人税法37条は、「寄附金」の額について、「寄附金、拠出金、見舞金その他いずれの名義をもってするかを問わず、内国法人が金銭その他の資産又は経済的な利益の贈与又は無償の供与（括弧内省略）をした場合における当該金銭の額若しくは金銭以外の資産のその贈与の時における価額又は当該経済的な利益のその供与の時における価額」をいうものと規定している。

このような寄附金の損金不算入制度の趣旨及び法人税法37条の規定の内容からすれば、同条の「寄附金」は、民法上の贈与に限らず、経済的に見て贈与と同視し得る資産の譲渡又は利益の供与であれば足りるというべきである。そして、ここにいう「経済的に見て贈与と同視し得る資産の譲渡又は利益の供与」とは、①資産又は経済的利益を対価なく他に移転する場合であって（対価要件）、②その行為について通常の経済取引として是認できる合理的理由が存在しないもの（合理性要件）を指すと解するのが相当である（大阪高判昭和56年2月5日行裁判例集32巻2号194頁）。

したがって、対価要件及び合理性要件のいずれも充足した金銭の支出のみが「寄附金」に該当することになる。

⑵ 給与負担差額は対価要件を充足しないこと

本件出向契約の目的は、審査請求人の幹部候補である従業員に対し、システム開発の現場を経験させることにより、審査請求人のおかれた業界状況の知識や、実際のシステム開発に対する知識を取得させ、もって、将来経営幹部として審査請求人の経営を担ってもらうことを目的とするものである。これは、従前、審査請求人のグループ会社の事業内容を十分に理解しないままに経営幹部となる例が増加し、審査請求人グループ内での効率的な事業運営に困難を来すこともあったため、平成26年4月1日から新たに審査請求人グループの円滑な事業運営のために試験的に導入された制度である。本件出向契約による成果があるようであれば、他の審査請求人のグループ会社との間においても本件出向契約と同様の制度を導入する予定である。

このような本件出向契約の実態からすれば、本件出向契約によって利益を享受するのは専ら審査請求人であり、審査請求人が出向者の給料及び賞

与の50％を負担したとしても、対価なくS社に対して経済的利益を移転する場合には該当せず、対価要件を充足しない。

(3)　給与負担差額は合理性要件を充足しないこと

　さらに、以下の事実からすると、給与負担差額は合理性要件も充足しない。

　まず、上記(2)で述べたとおり、本件出向契約の目的は、もっぱら審査請求人の利益を図ることにあって、審査請求人が出向者の給料等の50％を負担することには合理的な理由がある。

　さらに、本件出向が行われた平成26年4月1日当時、審査請求人とS社との間に、相当額の給与較差が存在しており、審査請求人とS社の賃金表に基づいて計算すれば、本件事業年度において、審査請求人とS社との間には、45.3％から51.2％の給与較差が存在した。当然のことながら、出向期間中に出向者の給与等を切り下げることは労働基準法上の問題が生じかねないことから、審査請求人は、出向者に対し、本件出向の実施後においても従前と同様の給与水準を保証する必要があった。しかし、S社の本件事業年度の計算書類（添付資料②）から分かるとおり、S社は継続的に当期純損失を計上している会社であり、審査請求人と同様の給与水準を負担することは困難であった。そこで、審査請求人が差額の50％分を負担することになったのである。

　したがって、本件出向者の給与のうち現実にS社が負担した金額（本件出向者の給与額の50％）は、社会通念上S社が負担すべきものと判断される金額と同等であり、すなわち、審査請求人が負担した金額は経済合理性があり、合理性要件を充足しない。

4．まとめ

　以上のとおり、給与負担差額は、対価要件及び合理性要件のいずれも充足しないことから、法人税法37条の「寄附金」には該当せず、審査請求人の損金の額に算入できる。したがって、本件各処分は、違法であって、速やかに取り消されるべきである。

以上

③ 書式例：更正処分に対する審査請求　**113**

(2) 答弁書の書式例

① 答弁書には、審査請求の趣旨に対応して、いかなる態様の裁決を求めるかを明らかにするとともに、審査請求の理由により特定された事項に対応して、原処分庁の主張を具体的に記載するものとされている（国通93条2項、庁不服基通93－1）。

② 実務上、更正処分の理由として記載された理由よりも、詳細な理由が記載されることが多い。

③ 答弁書を提出する主体については、原則として処分を行った税務署長等であるが、国税局の職員の調査に係る処分である場合には、国税局長が答弁書を提出することになる（国通93条1項）。

東局調一調審○○

平成28年○月○日

東京国税不服審判所

首席国税審判官　　○○○○　　殿

東京国税局長

丙田　三郎

答 弁 書

1　事案の表示

(1)　審査請求人　　　　　Ｘ株式会社

(2)　審査請求年月日　　　平成28年10月1日

(3)　審査請求に係る処分

平成28年8月1日付の平成26年4月1日から平成27年3月31日までの事業年度の法人税の更正処分及び過少申告加算税の賦課決定処分

2　請求の趣旨に対する答弁

本件審査請求をいずれも棄却する

との裁決を求める。

114　第Ⅱ部　第4章　税金

3　請求の理由に対する答弁（原処分庁の主張）
　別紙のとおり。

別紙

請求の理由に対する答弁
（原処分庁の主張）

1　審査請求に至るまでの経緯
　⑴　審査請求人（以下「請求人」という。）は平成26年4月1日から平成
　　27年3月31日までの事業年度（以下「本件事業年度」という。）の法人
　　税について、別表の「確定申告」欄のとおり記載した青色の確定申告書
　　を法定申告期限までに提出した。
　⑵　麹町税務署は、東京国税局の職員の調査に基づき、本件事業年度の法
　　人税について、別表の「更正処分等」欄にそれぞれ記載した更正処分（以
　　下「本件更正処分」という。）及び過少申告加算税の賦課決定処分（以
　　下「本件賦課決定処分」といい、本件更正処分と併せて「本件更正処分
　　等」という。）を行った。
　⑶　請求人は、本件更正処分等に不服があるとして、平成28年10月1日に
　　国税不服審判所長に対して審査請求（以下「本件審査請求」という。）
　　を行った。

2　請求人の主張
　　請求人は、本件更正処分等の全部の取消しを求めて、要旨次のとおり主
　張する。
　（略）

3　原処分庁の主張
　⑴　事実関係
　　　原処分庁の調査によれば、次の事実が認められる。
　　（略）

③ 書式例：更正処分に対する審査請求　**115**

(2)　関係法令等

ア　法人税法第37条

　　法人税法第37条は、次のように規定する。

(ア)　第1項　内国法人が各事業年度において支出した寄附金の額（次項の規定の適用を受ける寄附金の額を除く。）の合計額のうち、その内国法人の当該事業年度終了の時の資本金等の額又は当該事業年度の所得の金額を基礎として政令で定めるところにより計算した金額を超える部分の金額は、当該内国法人の各事業年度の所得の金額の計算上、損金の額に算入しない。

(イ)　第2項ないし第6項　略

(ウ)　第7項　前各項に規定する寄附金の額は、寄附金、拠出金、見舞金その他いずれの名義をもってするかを問わず、内国法人が金銭その他の資産又は経済的な利益の贈与又は無償の供与（広告宣伝及び見本品の費用その他これらに類する費用並びに交際費、接待費及び福利厚生費とされるべきものを除く。次項において同じ。）をした場合における当該金銭の額若しくは金銭以外の資産のその贈与の時における価額又は当該経済的な利益のその供与の時における価額によるものとする。

(エ)　第8項　内国法人が資産の譲渡又は経済的な利益の供与をした場合において、その譲渡又は供与の対価の額が当該資産のその譲渡の時における価額又は当該経済的な利益のその供与の時における価額に比して低いときは、当該対価の額と当該価額との差額のうち実質的に贈与又は無償の供与をしたと認められる金額は、前項の寄附金の額に含まれるものとする。

(オ)　第9項ないし第12項　略

イ　国税通則法第65条

　　国税通則法第65条は、次のように規定する。

(ア)　第1項　期限内申告書（還付請求申告書を含む。第3項において同じ。）が提出された場合（期限後申告書が提出された場合において、次条第一項ただし書又は第6項の規定の適用があるときを含む。）において、修正申告書の提出又は更正があったときは、当該納税者に対し、その修正申告又は更正に基づき第35条第2項（期限後申告等による納付）の規定により納付すべき税額に100分の10（略）の割合を乗じて計算した金額に相当する過少申告加算税を課する。

116　第Ⅱ部　第4章　税金

㈡　第2項　前項の規定に該当する場合（略）において、同項に規定する
納付すべき税額（同項の修正申告又は更正前に当該修正申告又は更正に
係る国税について修正申告書の提出又は更正があったときは、その国税
に係る累積増差税額を加算した金額）がその国税に係る期限内申告税額
に相当する金額と50万円とのいずれか多い金額を超えるときは、同項の
過少申告加算税の額は、同項の規定にかかわらず、同項の規定により計
算した金額に、当該超える部分に相当する税額（同項に規定する納付す
べき税額が当該超える部分に相当する税額に満たないときは、当該納付
すべき税額）に100分の5の割合を乗じて計算した金額を加算した金額
とする。

㈢　第3項　略

㈣　第4項　第1項又は第2項に規定する納付すべき税額の計算の基礎と
なった事実のうちにその修正申告又は更正前の税額（還付金の額に相当
する税額を含む。）の計算の基礎とされていなかったことについて正当
な理由があると認められるものがある場合には、これらの項に規定する
納付すべき税額からその正当な理由があると認められる事実に基づく税
額として政令で定めるところにより計算した金額を控除して、これらの
項の規定を適用する。

㈤　第5項　略

(3)　本件更正処分の根拠及び適法性

上記(1)の各事実を上記(2)の法令の規定に照らし判断すると、次のとお
りである。

ア　出向者に対する給与は、原則として当該出向者から労務の提供を受け
ている出向先法人が負担すべきものであるから、仮に、出向元法人が出
向者に対する給与の全部又は一部を負担している場合には、出向元法人
が負担した金額は、出向先法人に対して経済的利益を供与したものにほ
かならず、法人税法第37条の寄附金に該当することになる。

もっとも、上記寄附金に該当するか否かは、その行為について通常の
経済取引として是認できる合理的理由が存在しないものか否かにより判
断すべきものであり、出向元法人が出向先法人との間の給与較差部分に
相当する金額を負担する場合（法人税基本通達（以下「基本通達」とい
う。）9-2-47参照）や、その負担が業績不振の子会社の倒産を防止す
るためにやむを得ず行われるもので、合理的な再建計画に基づくもので

ある場合（基本通達9‐4‐2参照）等、出向元法人が出向者に対する給与の全部又は一部を負担することに合理的な理由が存在すれば、その負担額は上記寄附金に該当しない。

イ　しかし、請求人は、何らの具体的根拠もなく、単にＳ社が本件出向者の給与の合計額に相当する給与負担金を支払うことができないから、Ｓ社の負担能力を考慮して給与負担金額を本件出向者の給与の合計額の50％に相当する額と決定し、その余の金額（給与負担差額）を負担したにすぎないのであり、そこに合理的な理由は何ら認められない。

ウ　また、本件出向に係る請求人の内部資料においても、本件出向者の給与の一部負担を決定するに当たって、Ｓ社がその全額を負担した場合のＳ社の経営状態、その将来予測等を具体的に検討した事実はうかがわれない。

エ　よって、給与負担差額は法人税法第37条の寄附金に該当し、これを損金の額に算入することはできず、請求人の本件各事業年度の法人税に係る納付すべき税額等は、それぞれ別表のとおりとなるところ、本件更正処分における課税所得金額及び納付すべき税額はこれらと同額であるから、本件更正処分は適法である。

(4)　本件賦課決定処分の根拠及び適法性

本件賦課決定処分において、通則法第65条第4項第1号に規定する「正当な理由があると認められるものがある場合」に該当しないことから、本件事業年度において新たに納付すべき税額（××円）に対して、国税通則法第118条第3項の規定を適用し、1万円未満の端数金額を切り捨てた税額を基礎として、同法第65条第1項及び第2項の規定に基づき過少申告加算税の額を計算すると、本件事業年度の法人税に係る過少申告加算税の額（××円）となる。かかる金額は本件賦課決定処分と同額であるから、本件賦課決定処分は適法である。

(5)　請求人の主張について

請求人は、本件出向契約によって利益を享受するのは専ら審査請求人であり、対価要件を充足しない、また、請求人が負担した金額は経済合理性があり、合理性要件を充足しない旨主張する。

しかし、本件出向契約によって利益を享受するのは15名の出向者を受け入れるＳ社であり、請求人の主張する利益は、ごく一般的かつ抽象的であって、かかる利益が対価であるとは到底いえない。

118　第Ⅱ部　第4章　税金

　　また、請求人が本件出向者の給与を一部負担することの合理性を基礎
付けるものとして主張する諸事情は、いずれもS社を含めた請求人のグ
ループ全体としての経営計画や企業活動の合理性にとどまるのであって、
本件出向において、S社に対価なく経済的利益を移転させたこと自体に
ついての合理性をいうものではない。
　　したがって、請求人の主張には理由がない。

4　結論
　　以上のとおり、本件更正処分等は適法であり、請求人の主張にはいずれ
も理由がないので、本件審査請求をいずれも棄却するとの裁決を求める。

別表

（単位：円）

事業年度	処分等	年月日	所得金額	納付すべき税額	過少申告加算税
自26.4.1	確定申告	27.6.29	××	××	
至27.3.31	更正処分等	28.8.1	××	××	××

(注)「事業年度」欄及び「年月日」欄は、平成、年、月及び日の記載を省略している。

第5章

年金

〈ロードマップ〉

1　年金に関する処分と不服申立て

　国民年金法101条1項は、被保険者の資格に関する処分、給付に関する処分または保険料その他、同法の規定による徴収金に関する処分に不服がある者は、社会保険審査官に対し審査請求をし、その決定に不服がある者は、社会保険審査会に再審査請求をすることができると規定している。この不服申立てについては、行政不服審査法第2章および第4章の規定は適用されない（国年101条5項）。

　また、厚生年金保険法90条1項は、厚生労働大臣による被保険者の資格、標準報酬または保険給付に関する処分に不服がある者は、社会保険審査官に対して審査請求をし、その決定に不服がある者は、社会保険審査会に対して再審査請求をすることができると規定している。この不服申立てについては、行政不服審査法第2章および第4章の規定は適用されない（厚年91条の2）。なお、厚生労働大臣による保険料その他、同法の規定による徴収金の賦課等の処分に不服がある者は社会保険審査会に審査請求をすることができる（厚年91条1項）。

2　年金に関する処分についての不服申立手続

　不服申立ての手続要件は、審査請求人適格の具備、審査請求の対象適格の具備、審査請求期間の遵守等である。被保険者資格を認められなかった者、労災保険給付を認められなかった者等、被保険者資格に関する処分、保険給付に関する処分等により権利または法律上保護された利益を侵害される者は審査請求人適格を有する。審査請求は処分を知った日の翌日から3か月以内にしなければならない。審査手続においては、平成26年6月の行政不服審査法の改正に合わせた整備法による社会保険審査官及び社会保険審査会法の改正により、標準審理期間や手続の計画的進行に関する規定が創設され、審査請求人等に原処分をした行政庁に対する質問権が認められ、審査請求人または参加人等に認められる証拠書類等の閲覧請求権の範囲が拡

大され、写しの交付請求権も認められるようになるなど、審理手続における口頭意見陳述や物件の閲覧・交付等の制度が整備されている。審査請求の理由としては、被保険者の資格に関する処分、保険給付に関する処分の違法一般（処分の主体、内容、手続等実体法上および手続法上の違法）を主張することになる。

③ **書式例：遺族厚生年金不支給決定に対する審査請求**

具体的な審査請求書と弁明書の書式例を紹介する。

1 年金に関する処分と不服申立て

1 年金に関する処分の概要

年金に関する行政処分に対して不服がある者は、不服申立てをすることができる。

ここにいう年金に関する「処分」とは、「行政庁の法令に基づく行為のすべてを意味するものではなく、公権力の主体たる国または公共団体が行なう行為のうち、その行為によって、直接国民の権利義務を形成しまたはその範囲を確定することが法律上認められているもの」をいう（最判昭和39年10月29日民集18巻8号1809頁）。

この判例の定式からすれば、後記**2**の法定の処分は不服申立ての対象たる行政処分にあたるが、被保険者期間の照会に対する保険者の回答や、保険者が行政サービスとして行う年金加入期間の記録内容の通知などは、不服申立ての対象たる行政処分にはあたらない。

なお、わが国では、公的な年金法として、国民年金法、厚生年金保険法（厚生年金法）、国家公務員共済組合法、地方公務員等共済組合法および私立学校教職員共済法を置き、各種年金について規定している。国家公務員共済組合法、地方公務員等共済組合法および私立学校教職員共済法の法律をまとめて共済年金法と呼ぶことがあるが、共済年金法は厚生年金法とかなりの部分が同じなので、本書では、主に国民年金法と厚生年金法について述べ、必要がある場合は共済年金法についても述べることにする。

② 年金に関する行政処分に対する不服申立て方法

年金に関する行政処分といっても、その内容は多岐にわたる。そして、年金に関する行政処分に対する不服申立ての方法は、その行政処分の内容によって異なる。

行政処分や不作為に対して不服申立てをする場合、一般法として、行政不服審査法があるが、年金に関する処分のうち、法定の処分に係る審査請求および再審査請求については、一般法である行政不服審査法第2章（誤った教示をした場合の救済に関する同法22条の規定を除く。）および第4章の規定は適用されず（国年101条5項、厚年91条の2）、特別法たる国民年金法・厚生年金法・社保審法が適用される。

その結果、法定の処分については、不服申立て、すなわち、審査請求等を社会保険審査官等に対して行うことになる。

法定の処分、すなわち、国民年金法・厚生年金法・社保審法が適用される処分とは以下の(1)(2)である。

(1) 国民年金に関する処分

国民年金に関する処分のうち、被保険者の資格に関する処分、給付に関する処分、保険料その他国民年金法の規定による徴収金に関する処分については、特別法たる国民年金法・厚生年金法および社保審法が適用され、社会保険審査官に対して審査請求をすることになる（国年101条1項）。

社会保険審査官の決定に不服がある場合は、社会保険審査会に再審査請求をするか、裁判所に取消訴訟を提起することになる（国年101条1項）。

なお、再審査庁たる社会保険審査会で審理の対象となるのは、社会保険審査官の決定ではなく原処分である。

(2) 厚生年金に関する処分

厚生年金に関する処分のうち、被保険者の資格、標準報酬および保険給付に関する処分については、社会保険審査官に対して審査請求をする（厚年90条1項）。

厚生年金に関する処分のうち、保険料その他厚生年金法に定める徴収金の

賦課もしくは徴収の処分、および延滞処分については、社会保険審査会に審査請求をする（厚年91条）。

前記のうち、厚生年金法90条1項の審査請求の後、社会保険審査官の決定に不服がある者は、社会保険審査会に対して再審査請求をすることもできるし、裁判所に取消訴訟を提起することもできる。しかし、厚生年金法91条の処分については、再審査請求はできない。

厚生年金法90条1項の再審査請求の際、社会保険審査会で審理の対象となるのは、社会保険審査官の決定ではなく原処分である。

(3) その他の年金に関する処分

前記(1)(2)以外の年金に関する行政処分については、一般法たる行政不服審査法が適用される。上記(1)(2)以外の年金に関する行政処分としては、例えば、任意包括適用事業所の認可処分（厚年6条3項）などがある。

また、上記(1)(2)に記載した行政処分についても、国民年金法・厚生年金法・社保審法で定められていること以外は、行政不服審査法が適用される。

ただし、社保審法第1章第2節の規定に基づいて社会保険審査官がした処分については、行政不服審査法による不服申立てはできない（社保審17条の2）。

3 行政不服審査前置主義──訴訟と不服審査の関係

国民年金に関する2の(1)の処分、厚生年金に関する2の(2)の①の処分の各取消しの訴えについては、その処分についての審査請求に対する社会保険審査官の決定を経た後でなければ、訴えを提起することができないとされている（国年101条の2、厚年91条の3）。

国民年金法・厚生年金法の平成26年6月改正前は、上記各処分に対する審査請求について社会保険審査官の決定に対し不服があっても、社会保険審査会の裁決を経た後でなければ、裁判所に取消訴訟を提起することはできないとされていた。つまり二審制の審査請求を経た後でなければ取消訴訟への道が閉ざされていた。しかし、現在は、社会保険審査官の決定に不服がある場合は、社会保険審査会に再審査請求を行うこともできるし、再審査請求を行わずに、裁判所に取消訴訟を提起することもできるようになった。

② 年金に関する処分についての不服申立手続

　以下、本書では、原則として、国民年金法・厚生年金法および社保審法の規定に基づく不服申立てについて述べることにする。

❶ 審査請求

(1) 審査請求人

　社会保険審査官に対し、審査請求をすることができるのは、国民年金法・厚生年金法に係る一定の処分（上記❶❷(1)(2)記載）に対し、不服がある者であり、処分の効力を直接に受ける者に限られる（国年101条1項、厚年90条1項）。
　一般的には、被保険者、被保険者であった者、受給権者（遺族年金の受給権者を含む）である。
　厚生年金法の標準報酬については、事業主も審査請求することができる。なお、被保険者資格に関する訴訟においてであるが、事業主に原告適格を認めた裁判例があり、参考になる（大阪地判昭和35年12月23日行集11巻12号3429頁）。
　なお、処分をした厚生労働大臣および日本年金機構は、審査請求に対する決定について不服申立てをすることができない。

(2) 代理人

　審査請求は、代理人によっても行うことができる。代理権は審査請求に係る一切の行為に及ぶが審査請求の取下げに関しては特別の委任が必要になる（社保審44条、5条の2）。

(3) 審査請求をすべき行政機関

　ア　審査請求は、処分に関する事務を担当した事務所所在地を管轄する地方厚生局に置かれた社会保険審査官あてに口頭または文書で行う（社保審3条、5条）。
　社会保険審査官は、厚生労働大臣が厚生労働省の職員から任命し、地方厚生局に配置することとされている（社保審1条、2条）。

イ　なお、審査請求が管轄違いであるときは、審査官は事件を管轄審査官に移送し、かつ、その旨を審査請求人に通知しなければならない（社保審8条1項）。

事件が移送されたときは、はじめから移送を受けた審査官に審査請求があったものとみなされる（社保審8条2項）。

ウ　また、審査請求は、原処分に関する事務を処理した年金事務所や審査請求人の住所地を管轄する年金事務所等でも受け付けてもらうことができ（社保審5条2項）、この場合は、年金事務所に口頭または審査請求書を提出した時に、審査請求があったものとみなされる（社保審5条3項）。

(4)　審査請求の方式

審査請求は口頭または文書で行う（社保審5条1項）。一般的には審査請求書を提出して行う。

審査請求書には、社保審法施行令2条に規定された事項を記載し、審査請求人または代理人が記名押印をしなければならない。具体的な書式は、③記載の書式例を参照されたい。

(5)　審査請求期間

審査請求は、原処分があったことを知った日の翌日から起算して3か月以内にしなければならない（社保審4条1項）。平成26年6月の法改正で改正された部分である。

ただし、正当な事由により3か月以内に審査請求をすることができなかったことを疎明したときは、3か月を超えても審査請求をすることができる（社保審4条1項ただし書）。

(6)　保険者への通知

社会保険審査官は、審査請求がなされたときは、原処分をした保険者および利害関係人に文書で通知をしなければならない（社保審9条、社保審施令5条）。

通知を受けた保険者は原処分の内容を再確認することになり、場合によっては、原処分を自ら変更することもある。実務的には、原処分をした保険者

への通知が重要なポイントになる。

　原処分が変更されて、審査請求申立てにつき法律上の利益がなくなれば、審査請求を維持することはできない。

　このような場合は、通常、審査請求の取下げを打診される。なお、審査請求の取下げは、事件の表示と取下年月日を記載し、審査請求人の記名・押印をした取下書を提出する必要がある（社保審12条の２、社保審施令９条の２第１項）。代理人による場合は、委任状の添付も必要である（社保審施令９条の２第２項）。

(7)　審理

ア　審理のための処分等

　審査請求人は、証拠を提出することができる（社保審10条の３）。

　審査請求人または原処分をした保険者等の申立てまたは職権で、社会保険審査官は、審理を行うため必要があるときは、①審査請求人や利害関係人の出頭を求めて、審問し、意見や報告の聴取（社保審11条１項１号）、②文書その他の物件の所有者または保管者に対し、当該物件の提出を命じ、これを留置すること（社保審11条１項２号）、③鑑定人による鑑定（社保審11条１項３号）、④事件に関係のある事業所等への立ち入り検査を行うこと（社保審11条１項４号）ができる。

イ　口頭意見陳述

　審査請求人は、口頭による意見の陳述を申し立てることができる（社保審９条の３第１項）。

　口頭意見陳述の際、意見陳述を申し立てた者は、社会保険審査官の許可を得て、審査請求にかかる事件に関し、原処分をした保険者に対して、質問をすることができる（社保審９条の３第４項）。この質問権は、平成26年６月の法改正で新たに認められたものである。

ウ　審査請求人等による文書その他の物件の閲覧等

　審査請求人または利害関係人は、審査請求に対する決定があるまでの間、社会保険審査官に対し、社会保険審査官及び社会保険審査会法10条の３第１項もしくは第２項または11条１項の規定により処分をした保険者等から提出された書類等の閲覧またはその写し等の交付を求めることができる（社保審

11条の3第1項)。平成26年6月の法改正により新設された規定である。

(8) 決定

社会保険審査官は審理を終えたときは、遅滞なく決定をしなければならない（社保審13条）。社会保険審査官の決定は、審査請求人に送達されたときに、その効力を生じる（社保審15条）。

社会保険審査官の決定は、処分をした保険者その他利害関係人を拘束する（社保審16条）。これを拘束力といい、これにより処分をした保険者・利害関係人には社会保険審査官の決定の趣旨に従う義務が生じる。利害関係人をも拘束するのは紛争の蒸返しを防ぐためである。利害関係人とは、例えば、遺族給付について争う遺族と同順位の遺族や、遺族給付について争う重婚的内縁の妻と法律婚の妻などである。

(9) みなし棄却規定

審査請求をした日から2か月以内に社会保険審査官が決定を出さないときは、審査請求人は、社会保険審査官が審査請求を棄却したものとみなすことができる（みなし棄却規定、国年101条2項、厚年90条2項）。紛争の早期解決を図る趣旨である。

審査請求後2か月を経過しても社会保険審査官の決定がでない場合、審査請求人は、社会保険審査会に再審査請求をすることもできるし、裁判所に取消訴訟を提起することもできる。

(10) 執行不停止原則

審査請求をしても原処分の執行は停止されない。ただし、審査官は原処分の執行により生ずることのある償うことが困難な損害を避けるため緊急の必要があると認めるときは、職権で執行を停止することができる。審査官はいつでもその執行の停止を取り消すことができる（社保審10条1・2項、再審査請求について社保審35条1・2項）

② 再審査請求

(1) 再審査請求

社会保険審査官の決定に不服がある者は、社会保険審査会に対して再審査請求をすることができる（国年101条1項、厚年90条1項）。

(2) 再審査請求期間等

再審査請求は、審査官の決定書の謄本が送付された日の翌日から起算して2か月以内にしなければならない（社保審32条）。

ただし、正当な事由により2か月以内に再審査請求をすることができなかったことを疎明したときは、2か月を超えても再審査請求をすることができる（社保審32条1項・3項）。

(3) 代理人

再審査請求は、代理人によっても行うことができる。代理権は審査請求に係る一切の行為に及ぶが、審査請求の取下げに関しては特別の委任が必要になる（社保審44条、5条の2）。

(4) 社会保険審査会

社会保険審査会は、厚生労働大臣の下に置かれ、委員長と5名の委員から組織される（社保審19条、21条）。

社会保険審査会は、委員長および委員のうちから、社会保険審査会が指名する者3名をもって構成する合議体で、再審査請求または審査請求の事件を取り扱う（社保審27条）。

厚生労働省のウェブサイトで審査会委員名簿や合議体の構成が公表されている[1]。

(5) 参与

社会保険審査会の審理においては、当事者以外に、①国民年金に関しては、

---

1) http://www.mhlw.go.jp/topics/bukyoku/shinsa/syakai/

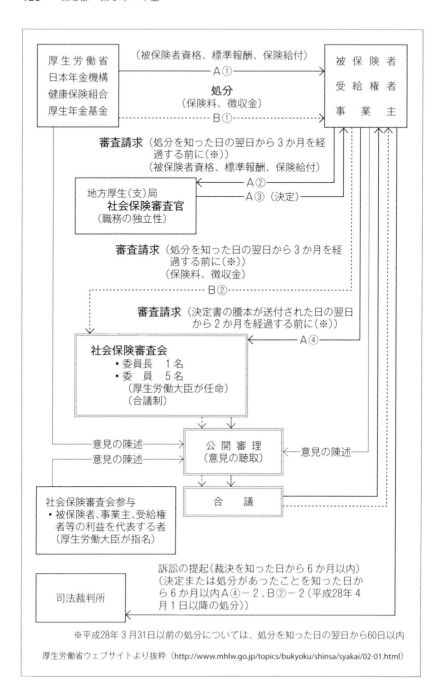

厚生労働大臣から国民年金の被保険者および受給権者の利益を代表する者として指名されたもの（4名が指名される。）が、②厚生年金保険に関しては同大臣から被保険者の利益を代表する者および事業主を代表する者として指名されたもの（各2名が指名される。）が、それぞれ参与として関与する（社保審30条）。

　参与は、審査会が再審査請求を受理したときは、その通知を受け（社保審33条）、当該事件に関し、利益代表者として審査会に意見を陳述し、または審査会意見書を提出し（社保審39条2項・3項）、証拠となる文書その他の物件を提出し（社保審44条、11条の3第1項）、審理のための処分を申し立てることができる（社保審40条）。この制度が設けられたのは、審査会が労使代表の専門的知識を活用し、または、労使の実情等について意見を聴くことにより、公平・的確な審理を行うことができるという考慮に基づくものである。

(6) 保険者、参与に対する通知

　社会保険審査会は、再審査請求がされたときは、保険者と参与に文書で通知する（社保審33条1項）。

　保険者は審査請求時と同様原処分の妥当性を再度検討することになる。

(7) 再審査請求の審理

ア　公開審理

社会保険審査会での審理は、原則公開である（社保審37条）。

イ　公開審理期日前の資料送付

　実務上は、公開審理期日前に、当該案件に関する資料の主なもののコピーを冊子にまとめたものが関係者に送付される。再審査請求の審理当日は、この冊子を参照しながら審理が行われるのが慣行である。

ウ　審理

　審理期日には、再審査請求人（代理人がいる場合は代理人）、保険者、参与が出席し、審査長の指揮のもと審理が進む。

エ　参加

　社会保険審査会は、申立てにより、または職権で利害関係のある第三者を当事者（利害関係人）として、審理手続に参加させることができる（社保審34

条）。重婚的内縁関係の場合に請求人との間で遺族厚生年金の受給権の帰属を争う者などが典型である。

オ　意見陳述

審査請求人および代理人は審理期日に出頭し意見を述べることができる（社保審39条1項）。

参与も、それぞれが代表する当事者の利益のため、審理期日に出頭して意見を述べ、意見書を提出することができることは、前記(5)で述べたとおりである。

意見陳述の際、当事者（原処分をした保険者を除く）およびその代理人は、審査長の許可を得て、再審査請求または審査請求に係る事件に関し、原処分をした保険者に対し、質問することができる（社保審39条6項）。この質問権は平成26年6月の法改正により認められたものである。

カ　審理のための処分

社会保険審査会は、審査官同様、審理を行う必要があるときは、当事者や参考人の出頭を求めて審問し、これらの者から意見や報告を徴すること、鑑定人に鑑定させること等ができる。加えて、審査官では認められていない官公署や団体への調査嘱託も認められている（社保審40条1項5号）。

キ　再審査請求人等による文書その他の物件の閲覧等

当事者または参与は、審査請求の決定が出るまでは、審査請求に対する決定があるまでの間、審査官に対し、社会保険審査官及び社会保険審査会法40条1項または44条において準用する10条の3第1項もしくは第2項の規定により処分をした保険者等から提出された書類等の閲覧またはその写し等の交付を求めることができる（社保審50条、11条の3第1項）。

(8)　裁決

社会保険審査会は、審理を終えたときは、遅滞なく裁決をしなければならない（社保審44条、13条）。

③ 審査請求の理由

(1) 実体上の違法と手続上の違法

審査請求書には、不服申立てをする理由、すなわち、年金に関する処分の実体法上（実体上）の違法、手続上の違法およびその理由を記載する。実体法上の違法については、行政処分の根拠とされた理由を検討したうえ、当該行政処分がなぜおかしいのか事実上または法律上の問題点を明らかにし、実体法上の違法がある旨を説得的に記載し、それを裏付ける資料も添付する。

(2) 年金の支給要件と実体法上の違法事由

年金に関する処分については、その支給要件、支給対象等が年金に関する法令に規定されている。処分がこれらの規定に違反するのであれば、これらの規定に違反し、実体法上違法であると主張すべきことになる。以下、遺族厚生年金と障害基礎年金を例にとって、支給要件を見てみる。

ア　遺族厚生年金の支給要件

厚生年金保険の被保険者または被保険者であった者が、亡くなったときに、その者によって生計を維持されていた遺族が受けることができる年金として遺族厚生年金がある。遺族厚生年金が支給される要件は、①被保険者が死亡したとき（1号）、被保険者であった者が、被保険者資格を喪失した後に、被保険者であった間に初診日がある傷病により当該初診の日から5年以内に死亡したとき（2号）、障害等級の1級・2級の障害厚生年金を受けられる者が死亡したとき（3号）、老齢厚生年金の受給権者または保険料納付済期間と保険料免除期間とを合算した期間が25年以上ある者が死亡したとき（4号）のいずれかに該当すること、②1号または2号に該当する場合にあっては、死亡した者につき、死亡日の前日において、死亡日の属する月の前々月までに被保険者期間があり、かつ、当該被保険者期間に係る保険料納付済期間と保険料免除期間を合算した期間が当該被保険者期間の3分の2以上あること、または、死亡日において65歳未満であり、死亡日の前日において、死亡日の属する月の前々月までの1年間に保険料の未納がないこと（②は保険料納付要件という。）のいずれかに該当することである（厚年58条、国民年金法等の一部を改正する法律（昭和60年法律第34号）附則64条2項）。

その支給対象者となる遺族は、被保険者または被保険者であった者の配偶者（配偶者には、婚姻の届出をしていないが、事実上婚姻関係と同様の事情にある者を含むものとされている。）、子、父母、孫または祖父母（夫、父母または祖父母については、55歳以上であること、子または孫については、18歳に達する日以後の最初の3月31日までの間にあるか、20歳未満で障害等級の1級もしくは2級に該当する障害の状態にあり、かつ、現に婚姻をしていないことの要件に該当した者に限られる。）であって、被保険者または被保険者であった者の死亡の当時その者によって生計を維持したものである（厚年59条1項、3条2項）。ただし、父母は、配偶者または子が、孫は、配偶者、子または父母が、祖父母は、配偶者、子、父母または孫が遺族厚生年金の受給権を取得したときは、それぞれ遺族厚生年金を受けることができる遺族としないものとされている（厚年59条2項）。被保険者または被保険者であった者の死亡の当時その者によって生計を維持していた配偶者、子、父母、孫または祖父母は、当該被保険者または被保険者であった者の死亡の当時その者と生計を同じくしていた者であって厚生労働大臣の定める金額以上の収入を将来にわたって有すると認められる者以外のものその他これに準ずる者として厚生労働大臣の定める者とするとされている（厚年令3条の10）。

そして、「生計の維持関係等の認定基準及び認定の取扱いについて」（平成23・3・23年発0323第1号厚生労働省年金局長通知）が、「生計同一」や「収入」等の生活維持関係等の認定基準を定めている。最判昭和58年4月14日（民集37巻3号270頁）は、届出による婚姻関係にある者が重ねて他の者と内縁関係にある場合の取扱いについて、農林漁業団体職員共済組合法に関する事案においてであるが、戸籍上届出のある妻が、夫と事実上婚姻関係を解消することを合意したうえ、夫の死亡に至るまで長期間別居し、夫から事実上の離婚を前提とする養育料等の経済的給付を受け、婚姻関係が実体を失って形骸化し、かつ、その状態が固定化し、一方、夫が他の女性と事実上の婚姻関係にあったなど判示のような事情があるときは、この妻は、遺族年金を受給できる配偶者にあたらないと判示している（最判平成17年4月21日判時1895号50頁も、私立学校教職員共済法に関する事案において、同様の考え方を示している）。

イ　障害基礎年金の支給要件

国民年金に加入している間、または20歳前（年金制度に加入していない期間）、

もしくは60歳以上65歳未満（年金制度に加入していない期間で日本に住んでいる間）に、初診日（障害の原因となった病気や傷害について、初めて医師または歯科医師の診療を受けた日）のある病気や傷害で、法令により定められた障害等級表（1級・2級）による障害の状態にあるときは障害基礎年金が支給される。障害基礎年金の支給に関しては、障害認定日請求（初診日から原則1年6か月後の障害認定日において障害状態である場合の請求）と事後重症請求（障害認定日後65歳になる前までに障害状態に該当し、かつ、障害年金を請求する場合の請求）とがある。事後重症請求による障害基礎年金の支給要件は、①疾病にかかり、または負傷し、かつ、当該傷病に係る初診日において、被保険者であるか、または被保険者であった者であって、日本国内に住所を有し、かつ60歳以上65歳未満であることのいずれかに該当する者であること、②初診日から原則1年6か月後の障害認定日において国民年金法施行令別表の定める障害等級1級または2級に該当する程度の障害の状態に該当するに至ったこと、③当該傷病に係る初診日の前日において、初診日の属する月の前々月までに被保険者期間があり、かつ、当該被保険者期間に係る保険料納付済期間と保険料免除期間を合算した期間が当該被保険者期間の3分の2以上あること、または、初診日において65歳未満であり、初診日の前日において、初診日のある月の前々月までの1年間に保険料の未納がないこと（③は保険料納付要件という。）のいずれかに該当することである（国年30条の2第1項・第2項、国年30条1項、国民年金法等の一部を改正する法律（昭和60年法律第34号）附則20条）。

ウ　実体法上の違法事由

前記の遺族厚生年金の請求や障害基礎年金の事後請求があった場合に、処分庁は前記の各支給要件に関して一定の事実を認定したうえ、その事実を前提に各支給要件が満たされているかどうかを判断し、各要件のうちいずれかが欠けているときには不支給処分をすることになる。その処分理由は、行政手続法8条の規定により請求者に提示されることになっている。これに対し、不支給処分を不服とする審査請求人は、処分の理由について検討したうえ、処分支給要件に関する法令の解釈適用に誤りがあること、あるいは、処分の前提となっている事実の認定または事実の評価に誤りがあることを指摘して、不支給処分が実体法上違法である旨を主張する。また、その主張の裏付けとなる資料を添付すべきである。

134　第Ⅱ部　第5章　年金

　実体法上の違法事由に関し、遺族年金の「遺族」にあたるのかについては、いわゆる重婚的内縁のケースについての判例（参考判例1、参考判例2）、内縁関係にある者と養子縁組をしていたケースの判例（参考判例3）、事実婚のケースの判例（参考判例4）などがあり参考になる。

　また、ほかに参考になる判例として、老齢基礎年金の支給繰上げを受けていた者が障害基礎年金の支給を請求したケース（参考判例5）、症候性てんかんにつき、主位的に障害認定日による障害基礎年金の請求、予備的に事後重症請求にかかる障害基礎年金の請求をしたケース（参考判例6）、両下肢の痙性麻痺につき、主位的に障害認定日による障害基礎年金等の請求、予備的に事後重症請求にかかる障害基礎年金等の請求をしたケース（参考判例7）などがある。

〈参考判例1〉　岐阜地判平成29年4月28日判例時報2365号41頁
【事案の概要】　老齢厚生年金の受給権者の死亡に伴い、遺族厚生年金の受給権が内縁関係にあった者にあるのか、戸籍上の配偶者にあるのかが問題になった事案。

　　受給権者（大正8年生まれ）は、戸籍上の配偶者（昭和2年生まれ）と昭和23年5月20日に婚姻し、2人の子をもうけたが、受給権者の女性問題でもめることが多かった。受給権者は、昭和58年頃、自宅とは別のマンションで過ごすことが多くなり、同時期、芸妓をしていた原告（昭和33年生まれ）と知り合い、交際を始めた。平成12年、受給権者は原告宅に住民票を移し、法律上の配偶者とは完全に別居状態となり、平成24年7月30日に受給権者が死亡するまで、原告と生活をし、戸籍上の配偶者との別居が解消されることはなかった。

　　受給権者の死亡後、受給権者と内縁関係にあった原告が、受給権を有する同受給権者の「配偶者」であるとして、遺族厚生年金の裁定を請求したところ、厚生労働大臣は、受給権者死亡当時、受給権者と戸籍上の配偶者との婚姻関係が形骸化していたとは認められず、原告と同受給権者に重婚的内縁関係は成立しないとの理由により、平成25年5月27日、遺族厚生年金を支給しない旨の決定（以下「本件処分」という）をした。原告は本件処分の取消しを求めて提訴。戸籍上の配偶者も被告補助参加

② 年金に関する処分についての不服申立手続　135

人として訴訟参加した。

【判決要旨】　受給権者と戸籍上の配偶者の婚姻関係は、事実上の離婚状態に至っていると評価され、受給権者と内縁関係にあった原告が厚生年金法上の「配偶者」であるため、戸籍上の配偶者に受給権を認めた本件処分は違法であるとして裁判所は本件処分を取り消した。

　裁判所は、受給権者と戸籍上の配偶者との別居期間の長さ、内縁関係にある者との同居期間の長さ、受給権者の生活実態、戸籍上の配偶者や内縁関係にある者との経済的依存関係等を詳細に検討した上、内縁関係にあった原告に老齢厚生年金の受給権があると判示した。裁判所が検討した事情は以下のとおり。

　受給権者と戸籍上の配偶者は、平成12年に完全に別居して以降、その別居が解消されるどころか平成24年7月30日に受給権者が死亡するまで、音信や訪問等の連絡もほぼ断絶された状態であり、その間、受給権者と戸籍上の配偶者は婚姻関係の維持ないし修復するための努力を一切行ってきていなかった。

　別居後、受給権者は戸籍上の配偶者に対し、退職金7000万円等を給付したが、いずれも法律上の配偶者の生活を保障する趣旨の財産的給付ではなく、婚姻関係の清算金としてのもので、原告を紛争に巻き込まないようにするための趣旨の給付であった。別居後の受給権者と戸籍上の配偶者の間に経済的依存関係を認めることはできない。

　他方、原告と受給権者は、長期間にわたる交際および同居期間があり、その間、受給権者と原告は、事実上の夫婦としての共同生活を送っていた。その関係は相当程度安定かつ固定化していた。

　裁判所は、これらの事情を総合考慮し、受給権者が死亡した時点で、受給権者と戸籍上の配偶者の婚姻関係は実態を失って形骸化し、その状態が固定化して近い将来解消される見込みのない事実上の離婚状態にあったと認めるのが相当と判断した。他方、受給権者と原告との間の内縁関係は、受給権者死亡当時、相当程度安定かつ固定化していたのであるから、原告は厚生年金法3条2項所定の「婚姻の届出をしていないが、事実上婚姻関係と同様の事情にある者」すなわち厚生年金法59条1項所定の「配偶者」に当たると認めるのが相当であり、本件処分は違法と判

136　第Ⅱ部　第 5 章　年金

断した。

〈参考判例 2 〉　大阪地判平成27年10月 2 日平成25年（行ウ）第256号・裁判所
　　　　　　　ウェブサイト

【事案の概要】　厚生年金保険の被保険者であった者であり、老齢厚生年金
および老齢基礎年金の受給権者であったＡの生前、同人と内縁関係に
あったと主張する原告が、遺族厚生年金の裁定ならびにＡに対して支
給すべきであった老齢厚生年金および老齢基礎年金の支給を請求したと
ころ、厚生労働大臣がＡと戸籍上の配偶者との婚姻関係が形骸化して
いるとは認められないことを理由にいずれについても支給しない旨の決
定をしたため、原告が当該各決定の取消しを求め提訴した。

【判決要旨】　厚生年金保険の被保険者であり、老齢厚生年金および老齢基
礎年金の受給権者であった者が、いわゆる重婚的内縁関係にあった場合
において、以下の事情の下では、被保険者と戸籍上の配偶者とは事実上
の離婚状態にあったと認められるから、戸籍上の配偶者は、厚生年金保
険法（平成24年法律第62号による改正前のもの）58条 1 項に規定する遺族厚
生年金ならびに同法37条 1 項及び国民年金法（平成24年法律第62号による
改正前のもの）19条 1 項に規定する未支給年金の支給を受けることがで
きる「配偶者」に当たらず、内縁関係にある者が上記「配偶者」に当た
る。各決定はいずれも違法。

①戸籍上の配偶者と被保険者の別居期間は 6 年10か月。一方内縁関係に
　ある者は被保険者と 6 年 7 か月にわたり共同生活を送り、その関係は
　相当程度安定かつ固定していた。

②戸籍上の配偶者と被保険者が別居した後、婚姻関係を修復するための
　努力は一切行われなかった。戸籍上の配偶者は別居当時から離婚を希
　望していた。

③戸籍上の配偶者と被保険者との間に別居後経済的依存関係は認められ
　ない。

④戸籍上の配偶者と被保険者の間に別居後一定の音信および訪問が存在
　したが、財産関係の清算を目的とするものがほとんどで死亡当時は断
　絶状態だった。

〈参考判例 3 〉　東京高判平成27年 4 月16日平成26年（行コ）第483号・裁判所

ウェブサイト

【事案の概要】　国民年金および厚生年金保険の被保険者であったＡおよびＡの当時の妻の養子となる旨の養子縁組（以下「本件養子縁組」という）の届出をする一方で、Ａと内縁関係（以下「本件内縁関係」という）にあった控訴人が、Ａ亡き後、厚生労働大臣に対し、Ａの妻（配偶者）として、国民年金法の規定に基づく遺族基礎年金及び厚生年金保険法の規定に基づく遺族厚生年金の各裁定を請求した。

　厚生労働大臣は、本件内縁関係は、民法の定める養親子の間の婚姻の禁止の規定に反するものであるため、控訴人は遺族年金を受けることができる遺族である被保険者の妻（配偶者）には該当しないとして控訴人に対して遺族基礎年金および遺族厚生年金を支給しない旨の各処分（以下これらの処分を併せて「本件処分」という）をした。

　控訴人は、Ａと控訴人との間の本件養子縁組は無効または無効と同視すべき事情があるから、本件内縁関係については、近親者間における婚姻を禁止すべき公益的要請よりも遺族の生活安定と福祉の向上に寄与するという国民年金法等の目的を優先させるべき特段の事情がある等と主張して、本件処分の取消しを求め提訴した事案。

【判決要旨】　国民年金および厚生年金の被保険者であった者の養子であり、かつ、その者と内縁関係にあった者（控訴人）について、遺族年金を受けることができる遺族である被保険者の配偶者には該当しないとされた。

　理由は以下のとおり。

　控訴人と被保険者との養子縁組は被保険者が刑務所に収容されることとなった場合に、原告が養女として面会することを主目的としてされたもので、両者の交際関係を維持するための便宜的または一時的な側面を有していたことは否めないが、社会通念上親子であると認められる関係の設定を欲する意思をおよそ欠くものであったとはいえず、本件養子縁組は有効というべき。

　そして、養親子間の内縁関係は養親子間の婚姻を禁止する民法734条に抵触し、一般的に反倫理性反公益性がきわめて大きい関係というべきであり、本件では、養親子間の婚姻を禁止すべき公的要請よりも遺族の生活の安定と福祉の向上に寄与するという国民年金法および厚生年金法

の目的を優先させるべき特段の事情があったともいえないから、原告は遺族年金を受けることができる遺族（婚姻の届出をしていないが、事実上婚姻関係と同様の事情にある者）に該当するとはいえない。

〈参考判例4〉　東京地判平成28年6月10日平成27年（行ウ）第701号・LEX/DB 25535987

【事案の概要】　原告は、平成22年7月26日に死亡した男性と、婚姻の届出はしていないが、事実上婚姻関係と同様の事情にあった者であり、厚生年金法上の「配偶者」に当たるとして、処分行政庁に対し、同法が定める遺族厚生年金（以下「遺族厚生年金」という）の裁定を請求したところ、原告は遺族厚生年金を受けることができる遺族とは認められないとして、遺族厚生年金を支給しない旨の決定を受けたことから、同決定の取消しを求めた事案。

【判決要旨】　原告と亡男性との間に社会通念上夫婦と認められる関係を成立させようとする合意、および当事者間に社会通念上夫婦の共同生活と認められる事実関係の存在、いずれも認めることができず、原告が亡男性の「配偶者」に当たるとはいえず、遺族にも該当しないことから、本件決定（処分）は適法であるとして、請求を棄却した。

　　本件では、原告と亡男性は同居したことが一度もなく、原告は、男性の死亡から10日後に、警察から男性が死亡した旨の連絡を受けるまで、10日間もの間、男性の死亡に気付いていなかったという事情が判決の中で示されている。

〈参考判例5〉　大阪地判平成28年10月5日平成27年（行ウ）第119号・裁判所ウェブサイト

【事案の概要】　国民年金法（平成19年法律第109号による改正前のもの。以下、特に断りのない限り、同じ）附則9条の2第3項により老齢基礎年金の支給繰上げを受けていた原告が、社会保険庁長官に対し、両内反足による障害と、うつ病による障害とを併合してはじめて障害等級1級または2級に該当する程度の障害の状態に該当するに至ったとして、同法30条の3に基づく障害基礎年金を支給する旨の裁定を求める請求（以下「本件裁定請求」という）をしたところ、社会保険庁長官の事務を承継した厚生労働大臣は、同法附則9条の2の3（以下「本件規定」という）により

２　年金に関する処分についての不服申立手続　**139**

同法附則９条の２第３項による老齢基礎年金の受給権者には同法30条の
３は適用されないことを理由として、本件裁定請求に係る障害基礎年金
を支給しない旨の決定（以下「本件処分」という）をした。

　　原告は、本件処分は、原告に本件規定が適用されないにもかかわらず
された違法な処分であると主張し、本件処分の取消しを求めるとともに、
厚生労働大臣において本件裁定請求に係る障害基礎年金を支給する旨の
裁定をすることの義務付けを求め提訴した。

【判決要旨】　国民年金法附則９条の２第１項に基づき老齢基礎年金の支給
　繰上げの請求をし、同条３項に基づき老齢基礎年金を支給されている者
　が、当該老齢基礎年金の支給繰上げの請求後に同法30条の３に基づく障
　害基礎年金の支給を請求した場合において、仮にその者が当該老齢基礎
　年金の支給繰上げの請求前に基準傷病による障害と他の障害とを併合し
　て障害等級に該当する程度の障害の状態に該当するに至っていたとして
　も、同法附則９条の２の３が適用され、上記障害基礎年金の支給の請求
　は認められない。

〈参考判例６〉　名古屋地判平成25年５月23日平成24年（行ウ）第52号・LLI/DB
　　　　　　　L06850302

【事案の概要】　原告（昭和43年生まれ）は、平成11年12月14日、ヘルペス脳
　炎と診断された。その後、同ヘルペス脳炎の後遺障害として症候性てん
　かんを発症した。

　　症候性てんかんの初診日は平成11年12月14日、症候性てんかんの障害
　認定日は平成13年６月14日である。

　　平成22年４月15日、原告が、症候性てんかんにより国民年金法30条２
　項に規定する障害等級に該当する程度の障害の状態にあるとして、主位
　的に、同条１項に基づき、初診日を平成11年12月14日、障害認定日を平
　成13年６月14日とする障害基礎年金給付を、予備的に、同法30条の２第
　１項に基づき、初診日を同日とする事後重症請求に係る障害基礎年金給
　付を求める裁定請求を行なった。

　　平成22年９月28日、厚生労働大臣は、原告の裁定請求のうち障害認定
　日による障害基礎年金の裁定請求については、「障害認定日においては、
　提出された診断書からは当時の詳細な状況が不明であるため、判定する

140 第Ⅱ部 第5章 年金

ことができない」として、また事後重症による障害基礎年金の裁定請求
については、「請求時においても、てんかん性発作の頻度は月に1～2
回であり、日常生活能力判定からも、日常生活に著しい制限を加えるこ
とを必要とするまでの症状は認められない」として、同日付で、上記各
裁定請求につきいずれも障害基礎年金を支給しない旨の処分（以下「本
件処分」という）をした。

　原告は本件処分の取消しを求めて訴訟提起した。

【注記】　障害認定日による障害基礎年金（障害認定日を受給権発生日とす
　る障害基礎年金と同義）とは、疾病にかかり、または負傷し、かつその
　疾病または負傷およびこれらに起因する疾病（以下「傷病」という）に
　おいて被保険者等に該当した者が、当該初診日から起算して1年6月
　を経過した日（その期間内にその傷病等が治った場合においては、その治
　った日（その症状が固定し治療の効果が期待できない状態に至った日を含む）
　とし、以下「障害認定日」という）において、その傷病による国民年金
　法30条2項に規定する障害等級に該当する程度の障害の状態にあると
　きに、その者に対して支給されるものである（国年30条1項）。

　　障害認定日による障害基礎年金の支給を受けるためには、①初診日
　において被保険者等に該当すること（初診日要件）②一定の保険料の
　納付があること（保険料納付要件）③障害認定日において、国民年金
　法30条2項に規定する障害等級に該当する程度の障害の状態にあるこ
　とという要件を満たすことが必要とされる（国年30条1項）。

【判決要旨】　本件では、障害認定日（平成13年6月14日）において、原告が
　障害等級に該当する程度の障害の状態（てんかん性発作をひんぱんに繰り
　返すため、日常生活が著しい制限を受ける）にあったかが争点となっていた
　が、裁判所は、てんかん発作の態様や発生頻度について、介助にあたっ
　た母親の証言は医学的知見や診療録等の客観的証拠とも符合し信用でき
　るとした上で、障害認定日に障害等級2級16号に該当する障害があった
　と認定し、不支給とした処分は違法であるとして本件処分を取り消した。
　主位的請求認容。

〈参考判例7〉　東京地判平成28年1月21日平成25年（行ウ）第779号・裁判所

　　　　　ウェブサイト

【事案の概要】　原告が、処分行政庁に対し、頸椎症性脊髄症（以下「本件
　　傷病」という）による両下肢の痙性麻痺の障害により、主位的には障害
　　認定日である平成14年１月５日に国民年金法および厚生年金法所定の障
　　害等級に該当する程度の障害の状態にあったとして、予備的には上記障
　　害認定日後に上記障害の状態に至ったとして、国民年金法所定の障害基
　　礎年金ならびに厚生年金法所定の障害厚生年金および障害手当金（以下、
　　障害基礎年金、障害厚生年金および障害手当金の給付を併せて「障害給付」と
　　いう）の各裁定の請求をしたところ、処分行政庁から、平成24年２月28
　　日付けで、障害認定日および裁定請求日における原告の本件傷病による
　　障害の状態は国民年金法および厚生年金法所定の障害等級に該当する程
　　度のものではないことを理由として、障害認定日および事後重症による
　　障害給付をいずれも不支給とする旨の各決定を受けた。
　　　原告は、各決定について、主位的に、上記各決定のうち、障害認定日
　　による障害厚生年金を不支給とする旨の決定の取消しを、予備的に、上
　　記各決定のうち、事後重症による障害厚生年金を不支給とする旨の決定
　　の取消しを求めて提訴した。

【判決要旨】　裁判所は、原告の受診経過、就労状況等を詳細に検討した上、
　　原告の傷病は障害認定日時点で症状が固定していたものと認めるのを相
　　当とし、原告には、机上作業等下肢に負担が少なく、長距離の移動を伴
　　わない軽作業、中等度作業に労働が制限されていたものと認められるこ
　　とから、障害認定基準の障害等級に該当する程度のものであるとし、障
　　害認定日による障害厚生年金を不支給とした決定は違法であるとして、
　　原告の請求を認容した。主位的請求認容。

⑵　手続上の違法事由

　年金に関する行政処分に手続に法令違背があり、その違背の程度が大きく、
年金に関する法の要請する手続の公正が著しく害されるという場合等には、
その旨を主張して、処分の取消しを求めることができる。例えば、年金に関
する処分にも行政手続法８条の適用があるところ、処分通知書面に処分の具
体的な理由が記載されておらず、または記載に不備がある場合には、処分自

142 第Ⅱ部 第5章 年金

体も違法となるものとされている（最判平成23年6月7日民集65巻4号2081頁等）。

③ 書式例：遺族厚生年金不支給決定に対する審査請求

■ 申立書（審査請求書）の記載例

(1) 審査請求書の記載事項

ア 被保険者の資格、標準報酬または保険給付等に関して審査請求をするときは、審査請求書に次に掲げる事項を記載し、審査請求人または代理人が記名押印しなければならない（社保審2条1項）。

① 被保険者等の氏名、住所または居所、生年月日、基礎年金番号（障害基礎年金、遺族基礎年金または老齢福祉年金に関する審査請求の場合は、国民年金証書の記号および番号）

② 国民年金基金連合会の会員の資格に関して審査請求をする場合は、当該国民年金基金連合会の会員となるべき当該国民年金基金の名称および所在地

③ 被保険者の死亡に係る保険給付等に関して審査請求する場合は、保険給付等を受けるべき者の氏名、住所または居所、生年月日その死亡者との関係

④ 原処分をした保険者が全国健康保険協会、国民年金基金もしくは国民年金基金連合会または日本年金機構である場合（以下「健康保険組合等」という）は、その健康保険組合等の名称および所在地、その他の場合においては、原処分をした保険者の機関

⑤ 原処分があったことを知った日

⑥ 審査請求の趣旨および理由

⑦ 審査請求の年月日

⑧ 審査請求人の氏名および住所または居所

⑨ 代理人によって審査請求をする場合においては、代理人の氏名および住所または居所

⑩ 原処分をした保険者の教示の有無およびその内容

イ 文書で保険料、掛金その他の徴収金の賦課もしくは徴収または滞納の処分に関して審査請求をするときは、審査請求書に次に掲げる事項を記載し、審査請求人または代理人が記名押印しなければならない。

① 原処分を受けた者の氏名または名称および住所または居所
② 原処分をした保険者その他の者の名称および所在地
③ 原処分があったことを知った年月日
④ 審査請求の趣旨および理由
⑤ 審査請求の年月日
⑥ 審査請求人の氏名および住所または居所
⑦ 代理人によって審査請求をする場合においては、代理人の氏名および住所または居所
⑧ 原処分をした保険者の教示の有無およびその内容

(2) 審査請求の理由

審査請求の理由として、処分の違法事由や不当事由を記載することになる。

違法事由には、実体上の違法事由と手続法上の違法事由があるが、書式例では、実体上の違法事由の主張とその反論の例を紹介している（平成22年（厚）第853号、平成23年8月31日裁決を参考に作成した）

厚生労働省のウェブサイトでは裁決例を紹介しており参考になる[2]。

2 添付書類・証拠方法

代理人によって審査請求をする場合は、委任状を添付しなければならない（社保審施令2条3項）。

審査請求人または保険者以外の利害関係人は、証拠となるべき文書その他の物件を提出することができる（社保審10条の3）。必要な証拠類を審査請求書に添付して提出できるのであればそうすべきであろう。

2）http://www.mhlw.go.jp/topics/bukyoku/shinsa/syakai/04.html

審査請求書

平成29年1月○日

関東信越厚生局社会保険審査官　御中

審査請求人代理人　弁護士　○○○○　　㊞

〒○○○−○○○○
　東京都○○区○○
　審査請求人　○○○○

〒○○○−○○○○
　東京都○○区○○
　法律事務所（送達場所）
　電話　○○
　FAX　○○
　上記審査請求人代理人弁護士
（請求人との関係：弁護士）

〒○○○−○○○○
　東京都○○
　原処分者　厚生労働大臣　○○○○

審査請求の趣旨

　厚生労働大臣が平成28年11月○日付で、審査請求人に対して行った遺族厚生年金を支給しない旨の処分を取り消すとの決定を求める。

審査請求の理由

　第1　被保険者
　　住所　○○
　　氏名　X

生年月日　昭和○年○月○日

記号・番号　2111 − 978○○

第2　給付を受けるべき者

住所　○○

氏名　○○○○

生年月日　昭和○年○月○日

死亡者との続柄　妻

第3　原処分者

所在地　千代田区霞が関1 − ○○

名称　　厚生労働大臣　○○○○

第4　原処分があったことを知った日

平成28年11月○日

第5　審査請求の理由

別紙　不服申立ての理由のとおり。

第6　処分庁の教示の有無及びその内容

1　処分庁の教示の有無　あり

2　処分庁の教示の内容　本書に添付した決定通知書記載の教示文のとおり

第7　添付資料

1　処分決定通知書（写）　1通

2　甲号証写し　各1通

3　委任状　1通

（別紙）

不服申立ての理由

1　事案の概要

　本件は、被保険者が死亡し、被保険者の妻である審査請求人が遺族厚生年金の支給を求めたところ、厚生労働大臣が「審査請求人の収入は、配偶者の死亡当時850万円以上であり、かつおおむね5年以内に収入が下がる事が見込めないことから、配偶者に生計を維持されていたとはいえないため」という理由で遺族厚生年金を支給しない旨の処分（以下「原処分」という。）をしたため、審査請求人が収入が5年以内に下がる見込みがあることを理由に、原処分の取り消しを求める事案である。

2　当事者

(1)　被保険者

　被保険者X（以下「X」という。）は、整形外科医師であり、医療法人Aクリニックの理事長であった。

　Xは、昭和55年1月、審査請求人と結婚し、昭和63年1月、1子（Y、以下「Y」という。）をもうけた。

　Xは、平成28年9月20日、脳梗塞により死亡した。

　なお、Xは厚生年金保険の被保険者で、保険料納付済み期間と保険料免除期間とを合算した期間（以下「保険料納付済み期間等」という。）は○○月である。

(2)　審査請求人

　審査請求人は、Xの配偶者であり、X死亡当時、Xと同居し、Xと生計をともにしていた。

3　原処分

　平成28年10月○日、審査請求人は、厚生労働大臣に対し、保険料納付済み期間等が○○月あるXが平成28年9月20日死亡したため、亡Xの妻であるとして、遺族厚生年金の裁定を請求した。

　これに対し、厚生労働大臣は、平成28年11月○日付で、審査請求人に対し、「審査請求人の収入は、配偶者の死亡当時850万円以上であり、かつおおむね5年以内に収入が下がる事が見込めないことから、配偶者に生計を維持されていたとはいえないため」という理由で遺族厚生年金を支給しない旨の処分

（以下「原処分」という。）をした。

4　原処分の違法性

(1)　厚生年金保険の遺族厚生年金の受給要件

厚生年金保険の被保険者で保険料納付済期間等が25年以上ある者（以下「適格被保険者」という。）が死亡した場合、死亡した者の配偶者（以下「生存配偶者」という。）で、当該死亡の当時適格被保険者によって生計を維持した者には、遺族厚生年金が支給される。そして、適格被保険者によって生計を維持した生存配偶者とは、適格被保険者と生計を同じくしていた配偶者で年額850万円以上の収入を将来にわたって有するとみとめられる者以外の者とされている（厚生年金保険法42条2項、58条1項4号、59条1項、厚生年金保険法施行令3条の10及び「生計維持関係等の認定基準及び認定の取扱いについて」（平成23年3月23日年発0323第1号厚生労働省年金局長通知。以下「認定基準」という。））。

(2)　審査請求人が遺族厚生年金の受給要件を満たすこと

ア　X死亡当時の審査請求人の年収について

Xが亡くなった平成28年9月20日当時の審査請求人の収入は、総額900万円であった。収入の内訳は、給与収入840万円、不動産収入60万円であった。

そして、給与収入840万円は、亡Xが理事長を務める医療法人Aクリニックから支給されていたものである。審査請求人は、医療法人Aクリニックの理事に就任していた。

ただし、審査請求人は、医療や医療事務については全くの素人であり、実際には医療法人Aクリニックの運営には一切関与していなかった。亡Xの妻であるというだけで、理事に就任しそこから理事としての報酬を得ていた。

不動産収入に関しては、請求人名義の駐車場を医療法人Aクリニックに月額5万円で賃貸した賃料である。

イ　収入の変化

医療法人Aクリニックは、病院長であるXがただ1人の医師として診療行為を行ってきたクリニックだった。

平成28年9月20日、唯一の医師であるXが亡くなったことから、医療法人Aクリニックはたちまち患者の診療が行えなくなった。

審査請求人は、すぐにでも医療法人Aクリニックを閉院しようと考えたが、同市内には、医療法人Aクリニックの他に整形外科医院がB大学病院しかなく、医療法人Aクリニックに通院していた患者の多くから他の病院へ

の紹介転院の要望を受けたこともあり、すぐには閉院せずに、B大学病院に応援医師を派遣してもらい、週2回の臨時診療を行い、患者の転院先等の確保を行った。

なお、Xが亡くなった後、医療法人Aクリニックはいわば理事長不在となった。医療法人の理事長を欠いたまま、患者の診療を続けることは、医療法に抵触する恐れがあったため、理事長を新たに選任する必要があったが、理事長には、医師資格が必要だった。当時、請求人とXの長男であるYが医師資格をもっていたため、緊急に理事長に選任、就任させた。もっとも、Yは、C大学病院に勤務しており、形式的に名前を貸したに過ぎず、実際に医療法人Aクリニックで診療を行うことも、経営を行うこともなかった。

その後、おおかたの患者の転院先のめどがたち、平成28年12月○日に、保健医療機関休止届を提出し、現在、医療法人Aクリニックは休止状態となっている。

なお、審査請求人は、夫であるXの死亡により、理事を退任し、平成28年10月からは、非常勤理事となり、役員報酬は0円となった。また、不動産収入についても、賃借人である医療法人Aクリニックの経営が休止され、平成28年12月からは賃料の支払はなく、今後当面の間、賃料収入が入る見込みはない。仮に第三者に賃貸したとしても、最高で賃料は年額60万円程度である。なお、審査請求人は、X死亡後、平成28年12月からD歯科医院でパートを始めたが、パート収入は1ヶ月あたり約10万円であり、概算の年収で考えても、最高で金120万円である。

ウ　医療法人Aクリニック経営再開の目処がたっていないこと

医療法人Aクリニックは休止状態であり、再開の目処はたっていない。

長男Yは、現在、C大学病院に勤務しているが、勤務1年目であり、未だ専門領域について研修中の身である。通常、専門領域について独立できるだけの実務経験を養うのには最低でも7～8年はかかると言われている。

長男Yは今後も大学病院での勤務を熱望しており、少なくとも長男Yによる医療法人Aクリニックの経営再開の目途は全くたたない。

エ　請求人が遺族厚生年金の受給要件を満たすこと

Xは厚生年金保険料納付期間等が25年以上あり、適格被保険者である。X死亡当時、請求人が戸籍上の配偶者であり、Xと生計を同じくしていた。

X死亡当時、請求人の年収は900万円あったが、X死亡後、直ちに医療法人理事としての役員報酬は840万円から0円になった。医療法人Aクリニッ

クの再建の目途は全く立っておらず、請求人がＸ死亡当時の年収額を再び得ることなど想像だにできない状況である。

　以上のとおり、請求人の年収はＸ死亡当時は確かに850万円以上あったが、審査請求申立時の収入は、わずか月額10万円（推定でも年収120万円）ほどである。

　以上の収入状況の変化に鑑みれば、請求人ら将来にわたり基準額を超える収入を得る見込みはないのであり、請求人は、遺族厚生年金を受給することができる「遺族」（厚生年金保険法59条１項）にあたる。

5　結語

　以上のとおり、請求人は遺族厚生年金を「遺族」（厚生年金保険法59条１項）として受給する資格があるにもかかわらず、原処分は「遺族」として認めず、遺族厚生年金不支給の処分をしており、その処分は明らかに違法であるから、直ちに当該処分は取り消されるべきである。

証拠方法

1　平成28年度確定申告書

2　給与明細

3　保健医療機関休止届

4　全部事項証明書

5　陳述書（審査請求人）

6　陳述書（長男Ｙ）

以　上

平成○年（不）第○審査請求事件
審査請求人　○○○○
原処分者　厚生労働大臣　○○○○

弁　明　書

平成29年○月○日

関東社会保険審査官　殿
　　　　　　　　原処分者　厚生労働大臣　○○○○

請求の趣旨に対する弁明
　請求を棄却するとの決定を求める。

請求の理由に対する弁明
第1　請求の理由に対する認否
　1　請求の理由1～3について認める。
　2　請求の理由4(2)は否認ないし不知。
　3　請求の理由5は争う。

第2　処分者の反論
　1　厚生年金保険法における遺族厚生年金支給の要件
　厚生年金保険の被保険者が死亡したとき、その者の遺族に遺族厚生年金が支給されるが、その遺族がその者の配偶者である場合には、その者の死亡の当時、その者によって生計を維持した者であることを要し、かつ、年額850万円以上の収入を将来にわたって有すると認められる者以外でなければならないとされている（厚生年金保険法58条1項1号、第59条1項、4項、同法施行令3条の10及び認定基準）。
　本件の場合、亡Ｘがその死亡の当時厚生年金保険の被保険者であったこと並びに請求人が亡Ｘの妻であり、その死亡の当時亡Ｘと生計を一にしていた者であることは請求人と保険者との間において争いはない。本件の争点は、請求人が亡Ｘ死亡の当時年額850万円以上の収入を将来にわたって有すると

認められるもの以外の者であって、亡Xによりその生計を維持した者でない
と認められるか否かである。

そして、遺族厚生年金の受給権者に関する生計維持関係の認定にあたって
は、認定基準により取り扱われるところ、認定基準は、遺族厚生年金の受給
権者に係る生計維持関係の認定について、生計同一要件及び収入要件を満た
す場合に受給権者または死亡した被保険者若しくは被保険者であったものと
生計維持関係があるものと認定する（但し、これにより生計維持関係の認定
を行うことが実態と著しくかけ離れたものとなり、かつ、社会通念上妥当性
を欠くこととなる場合には、この限りではない。）としたうえ、収入要件に
ついては、「次のいずれかに該当する者は、厚生大臣の定める金額（年額850
万円）以上の収入を将来にわたって有すると認められる者以外の者に該当す
る者とする。」と定め、次の①から④までのいずれかに該当する者は、厚生
労働大臣の定める金額（850万円）以上の収入を将来にわたって有すると認
められる者に該当するものとするとしている。すなわち、①前年の収入（前
年の収入が確定しない場合にあっては、前々年の収入）が年額850万円未満
であること、②前年の所得（前年の所得が確定しない場合にあっては、前々
年の所得）が年額655.5万円未満であること、③一時的な所得があるときは、
これを除いた後、上記①または②に該当すること、④上記①、②または③に
該当しないが、定年退職等の事情により近い将来収入が年額850万円未満ま
たは所得が年額655.5万円未満となることが認められることを列挙している。

そして、遺族厚生年金の受給要件の有無は、保険事故発生時点で判断され
るべきものであることは当然である。

認定基準は、上記①及び②の要件に該当する者に提出を求める書類とし
て、「前年若しくは前々年の源泉徴収票若しくは課税証明書並びに当該事情
を証する書類等」を掲げており、収入要件についても、客観的証明資料によ
り判断すべきものとしていると解されるから、近い将来において定められた
金額未満になることが、定年退職の場合における就業規則等のような客観的
な証明資料によって確認されることが必要というべきである。また、認定基
準にいう「近い将来」について、保険者は、保険事故発生当時以降おおむね
5年以内とする取扱いをしているところである。

2　そこで、まず、亡Xの死亡の前年である平成27年の請求人の収入また
は所得について検討するに、一件記録によると、亡X死亡の前年である平成
27年における請求人の収入が850万円以上であったことが認められる。

また、亡X死亡の時点において、請求人が近い将来（亡X死亡時点からおおむね5年以内）に収入が年額850万円未満または所得が年額655.5万円未満となることが認められるかどうか検討する。すなわち、一件記録によれば、請求人の給与収入がなくなっていることが認められるが、これらが亡X死亡時点において、予見できたか否かということである。

3　この点、亡X死亡時点では、医療法人Aクリニックは一旦、理事長不在となるが、亡Xの長男が理事長に就任し、しばらくの間は他の医療機関から応援医師を招く等し、医療法人Aクリニックの診療を継続していたのであるから、亡X死亡時点において、医療法人Aクリニックの経営が立ちゆかなくなること、すなわち、請求人の給与収入が下がることを予見することなどできなかったはずである。

そして、医療法人Aクリニックは現在休止中であるが、廃業したわけでもなく、いつ診療が再開されてもおかしくない状態である。

4　以上から、原処分には何ら違法性はなく、請求人の審査請求には理由がない。

以　上

第6章

労災
——労働者災害補償保険法、労働保険審査官及び労働保険審査会法

〈ロードマップ〉

1 労災保険給付に関する処分に対する行政不服審査

　労働者災害補償保険法（労災保険法）は、二審制を採用している。すなわち、労災保険給付に対する処分に不服がある者は、労働者災害補償保険審査官に対して審査請求をし、さらにその決定に不服のある者は、労働保険審査会に対して再審査請求をすることができる（労保38条）。この不服申立てについては、行政不服審査法第2章および第4章の規定は適用されない（労保39条）。

2 保険給付に関する処分についての不服申立手続

　不服申立ての手続要件は、審査請求人適格の具備、審査請求の対象適格の具備、審査請求期間の遵守等である。労災保険給付を認められなかった者等、保険給付に関する処分により権利または法律上保護された利益を侵害される者は審査請求人適格を有する。審査請求は原則として処分を知った日の翌日から3か月以内にしなければならない。審査手続においては、平成26年6月の行政不服審査法の改正に合わせた整備法による労働保険審査官及び労働保険審査会法の改正により、標準審理期間や手続の計画的進行に関する規定が創設され、審理手続における口頭意見陳述や物件の閲覧・交付等の制度が整備されている。審査請求の理由としては、保険給付に関する処分の違法一般（処分の主体、内容、手続等に係る違法すなわち実体法上および手続法上の違法事由）を主張することになる。

3 書式例：労災保険給付に対する審査請求

　具体的な審査請求書および意見書の書式例を紹介する。

154　第Ⅱ部　第6章　労災

① 労災保険給付に関する処分に対する行政不服審査

■ 労災保険給付に関する処分と行政不服審査制度の概要

　労災保険法に基づく保険給付とは、主に労働者の業務上の負傷、疾病、障害または死亡（以下、「業務災害」という）に関する保険給付および労働者の通勤による負傷、疾病、障害または死亡（以下、「通勤災害」という）に関する保険給付をいう（労災7条1項1号・2号）。

　そして、労災保険法38条1項は、保険給付に関する決定に不服のある者は、労働者災害補償保険審査官に対して審査請求をし、さらにその決定に不服のある者は、労働保険審査会に対して再審査請求をすることができる旨の二審制を規定している。

　労働者災害補償保険審査官は、労働保険審査官及び労働保険審査会法（労保審査法）によって都道府県労働局ごとに設置される独任制の審査請求機関である（労保審2条の2、3条）。また、労働保険審査会は、厚生労働大臣の所轄のもとに設置される合議制の審査請求機関である（労保審25条）。労働保険審査会は9人の委員で組織され、委員は、人格が高潔で、労働問題に関する識見を有し、かつ、法律または労働保険に関する学識経験を有する者のうちから、厚生労働大臣により任命される（労保27条1項）。審理は通常3人による合議体で行うが、その合議体が、法令の解釈適用について、その意見が前に審査会のした裁決に反すると認めた場合等には委員の全員で合議体が構成される（労保33条）。

　労災保険給付に対する処分は、大量に行われ、それに対する不服申立ても多数に及ぶ一方で、業務災害や通勤災害等に対する迅速公平な処理が必要であり、審査にあたっては専門的、技術的知識が必要である。こうした要請を踏まえて、同処分に対する不服申立てについては前記の二審制が採用されている。

　保険給付の処分に対する審査請求および再審査請求の手続要件および審理手続については、労災保険法38条ならびに労働保険審査官及び労働保険審査会法に規定されており、行政不服審査法第2章および第4章の規定の適用は

排除されている（労災39条）。

② 行政不服審査法の改正に合わせた労災関係法令の改正

　労災保険法に基づく保険給付に関する処分に対する不服申立てについて、行政不服審査法第2章および第4章の規定の適用がないことは前述したが、平成26年6月の行政不服審査法の改正に合わせて、整備法により労災保険法および労働保険審査官及び労働保険審査会法の関係規定の改正が行われている。

　整備法による労働保険審査官及び労働保険審査会法の改正前は、審査請求期間については、原処分のあったことを知った日の翌日から起算して60日以内と定められていた（労保審8条1項）が、同改正により3か月に延長された。再審査請求期間についても、従前、審査請求に係る決定書の謄本が送達された日から60日以内と定められていたが、同改正により、2か月と改められている（労保審38条1項）。

　また、整備法による労災保険法の改正前は、労災保険法38条1項に規定する処分の取消しの訴えは、当該処分についての再審査請求に対する労働保険審査会の決定を経た後でなければ、提起することができなかった。つまり、被災者は、審査請求および再審査請求という2つの不服申立てをした後でなければ、訴訟提起をすることができない、いわゆる「不服申立ての二重前置」が採られていた。しかし、同改正に伴い、被災者は、審査請求に対する労働者災害補償保険審査官の決定を経た後は、労働保険審査会への再審査請求するかまたは訴訟提起するかを自由に選択することができるようになった。

　さらに、整備法による労働保険審査官及び労働保険審査会法の改正により、審理手続に関して、標準審理期間、手続の計画的進行に関する規定が創設され（労保審7条の2、16条の2第1項、50条）、審査請求人等に原処分をした行政庁に対する質問権が認められ（労保審13条の3第4項、45条5項）、審査請求人または参加人等に認められる証拠書類等の閲覧請求権の範囲が拡大され、写しの交付請求権も認められるようになる（労保審16条の3第1項、50条）など、口頭意見陳述や物件の閲覧・交付等の制度が整備された。

　行政不服審査法の改正に合わせた労災関係法令の改正により、審査請求期間が延長されて、不服申立制度が利用しやすいものとなった。また、審理手

〈保険給付に関する処分に係る不服審査制度の概念図〉

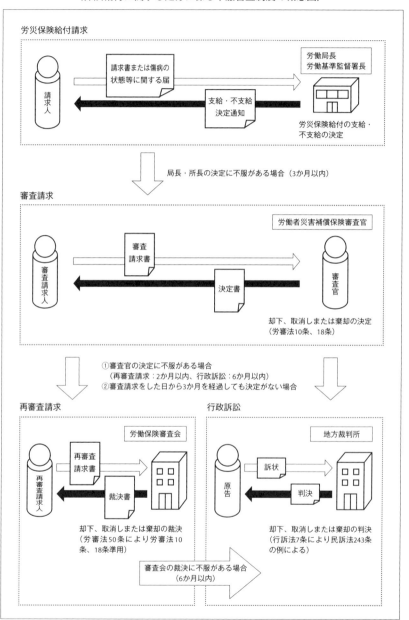

(厚生労働省労働基準局「労災保険審査請求事務取扱手引」(平成28年3月) から引用)

続の改正により審理の迅速化・手続保障の強化が図られた。さらに、「不服申立ての二重前置」から選択制（被災者が再審査請求か訴訟提起か選択可能）への制度の見直しにより、司法救済の遅れを回避できるようになった。なお、労災保険法で不服申立前置が残されたのは、大量に不服申立てが行われ、不服申立前置が裁判所の負担軽減にとって重要な役割を果たしているという考慮によるものとされている。

② 保険給付に関する処分についての不服申立手続

■ 審査請求の手続

(1) 審査請求人適格

処分について不服申立てができる者（以下、「審査請求人」という）は、保険給付に関する決定に不服がある者、すなわち保険給付に関し労働基準監督署長の違法または不当な処分により直接自己の権利または利益を侵害された者である（最判昭和53年3月14日民集32巻2号211頁、東京地判平成22年10月4日労判1025号89頁[1]）。

処分の通知を受けた者がこれにあたり、事業主、第三者行為災害の加害者その者を使用している者、療養の給付としての医療費の査定に不服のある医療機関は審査請求人にはなれない。

(2) 審査請求の対象

審査請求の対象は、労災保険給付に関する決定であり、直接、受給権者の権利に法律効果を及ぼす処分である。また、業務上外、給付基礎日額、傷病の治癒日などの認定や遺族年金の対象遺族の決定は、保険給付の決定の前提にすぎない要件事実の認定であり、審査請求の対象にならない。労災保険法29条に定める労働福祉事業の一環として行われる労災就学援護費、労災就労保育援護費、特別支給金等に関するものについては、保険給付に関する決定

1）東京地判平成22年10月4日労判1025号89頁は、「『保険給付に関する決定に不服のある者』は、取消訴訟の原告適格と同義に解される」と判示した。

がないので、同法に基づく審査請求の対象にはならない。これらの各種給付金等の支給に関する決定については、処分性があれば、行政不服審査法に基づき厚生労働大臣に対して審査請求することが可能であると考えられるが、各種給付金に関する決定に処分性があるかどうかについて争いがある。最判平成15年9月4日（判時1841号89頁）は、労災就学援護費の支給に関する決定は、抗告訴訟の対象となる行政処分に該当するとし、処分性を肯定している。

(3) 代理人

審査請求は、代理人によってすることができる（労保審9条の2第1項）。

代理人は、各自、審査請求人のために、当該審査請求に関する一切の行為をすることができる。ただし、審査請求の取下げは、特別の委任を受けた場合に限り、することができる（労保審9条の2第2項）。代理人に資格要件はなく、①審査請求人と代理人との関係および②代理人の職業を記載して委任状を提出する（労保審令4条4項、5条3項）。

(4) 審査請求をすべき行政庁

審査請求は、原処分（労災保険給付に関する決定）をした行政庁の所在地を管轄する都道府県労働局に置かれた労働者災害補償保険審査官に対して行う（労保審7条）。もっとも、審査請求は、審査請求人の住所を管轄する労働基準監督署長または原処分をした労働基準監督署長を経由してすることができる（労保審令3条）。

(5) 審査請求期間

労災保険給付に対する審査請求は、審査請求人が原処分のあったことを知った日の翌日から起算して3か月を経過したときは、することができない。ただし、正当な理由によりこの期間内に審査請求をすることができなかったことを疎明したときは、この限りでない（労保審8条1項）。

(6) 審査請求の方式

ア 審査請求書の提出

審査請求は、文書または口頭で行う（労保審9条）。

文書で請求するときは、審査請求書には、労保審法施行令4条1項、2項に基づき、ⓐ審査請求人の氏名および住所または居所（審査請求人が法人であるときは、その名称および住所ならびに代表者の氏名および住所または居所）、ⓑ代理人によって審査請求をするときは、代理人の氏名および住所または居所、ⓒ原処分を受けた者の氏名または名称および住所または居所、ⓓ原処分を受けた者が原処分に係る労働者以外の者であるときは、当該労働者の氏名、ⓔ原処分に係る労働者が給付原因の発生した当時使用されていた事業場の名称および所在地、ⓕ審査請求人が原処分に係る労働者以外の者であるときは、当該労働者との関係、ⓖ原処分をした行政庁の名称、ⓗ原処分のあったことを知った年月日、ⓘ審査請求の趣旨、ⓙ審査請求の理由、ⓚ原処分をした行政庁の教示の有無およびその内容、ⓛ審査請求の年月日を記載し、審査請求人（審査請求人が法人であるときは、代表者）または代理人が記名押印しなければならない。

イ　審査請求書の補正

審査請求が不適法であってその欠陥が補正することができるものであるときは、労働者災害補償保険審査官は、相当の期間を定めて、補正すべきことを命じなければならない。ただし、その不適法が軽微なものであるときは、この限りでない（労保審11条1項）。

労働者災害補償保険審査官は、審査請求人が前項の期間内に欠陥を補正しないときは、決定をもって、審査請求を却下することができる（労保審11条2項）。

(7)　関係者に対する通知

労働者災害補償保険審査官は、審査請求がされたときは、当該審査請求を却下する場合を除き、原処分をした行政庁（主に原処分をした労働基準監督署長である）、審査請求の結果について利害関係のある行政庁その他の第三者及び当該審査官の属する都道府県労働局につき労保審査法5条の規定により指名された者に通知しなければならない（労保審13条1項）。

この受理通知を受けた労働基準監督署長などは、労働者災害補償保険審査官に対して事件につき意見を述べることができる（労保審13条2項）。もっとも、後述のとおり，労働者災害補償保険審査官は，原処分をした労働基準監

督署長に対して、受理通知と同時に意見書の提出を求める運用を行っている。

(8) 審理手続

ア 計画的進行（意見聴取等[2]）

審査請求人および労保審法13条１項の規定により通知を受けた者ならびに労働者災害補償保険審査官は、簡易迅速かつ公正な審理の実現のため、審査請求の手続において、相互に協力するとともに、審査請求の手続の計画的な進行を図らなければならない（労保審13条の２）。

これを受け、労働者災害補償保険審査官は、審理にあたっては、審査請求人および原処分をした行政庁に説明を求めなければならない（労保審令11条）。労働者災害補償保険審査官は、原処分をした労働基準監督署長から提出された意見書を事前に審査請求人に提示し、審査請求人から審査請求の趣旨および理由等の意見を聴取し、原処分の処分理由など争点を明確にした上で審理を行う。

具体的には、労働者災害補償保険審査官は、原処分をした労働基準監督署長に対して、受理通知と同時に意見書の提出を求める。その後、労働者災害補償保険審査官は、審査請求人に対し、意見聴取をするための日程調整の事前連絡をした上で、意見聴取に先立って原処分をした労働基準監督署長から提出された意見書の写しを郵送する。審査請求人からの意見聴取の際には、労働者災害補償保険審査官は、原処分をした労働基準監督署長から提出された意見書の内容をわかりやすく説明した上で、審査請求人の意見を聴き取る。

イ 口頭意見陳述

労働者災害補償保険審査官は、審査請求人または労保審法13条１項の規定により通知を受けた利害関係者の申立てがあったときは、当該申立人に口頭で意見を述べる機会を与えなければならない（労保審13条の３第１項）。口頭意見陳述は、労働者災害補償保険審査官が期日および場所を指定し、審査請求人および同法13条１項の規定により通知を受けた者（同法５条の規定により指名された者を除く）を招集して行われる。口頭意見陳述の際、審査請求人等の口頭意見陳述の申立人は、労働者災害補償保険審査官の許可を得て、審査

２）厚生労働省労働基準局「労災保険審査請求事務取扱手引」（平成28年３月）参照。

請求に係る事件に関し、原処分をした行政庁に対して、質問をすることができる（労保審13条の3第4項）。

　ウ　証拠物件の提出

　審査請求人または同法13条1項の規定により通知を受けた者（原処分をした行政庁を除く）は、証拠となるべき文書その他の物件を提出することができる（労保審14条の3第1項）。原処分をした行政庁は、当該原処分の理由となる事実を証する文書その他の物件を提出することができる（労保審14条の3第2項）。

　エ　審理のための処分

　労働者災害補償保険審査官は、審理を行うため必要な限度において、審査請求人もしくは同法13条1項の規定により通知を受けた者の申立て（文書ま

〈審査請求の審査の流れ〉

審査官へ審査請求

審査官から審査請求の受理通知が送付されます。
審査官は監督署長に対し意見書の提出を依頼します。

審査官へ監督署長から意見書が提出されます。

審査官へ意見を述べるための日について、日程調整の連絡があります。

審査官から監督署長の意見書が送付されます。

審査官は審査請求人からの意見を聴き取ります。
この時、監督署の意見書に対する意見も聴き取ります。

審査請求の審理
審査官は必要に応じて
・事業場関係者からの聴取
・医師などに対する意見書依頼　　などを行います。

↓

審査官から審査結果が記載された決定書が送付されます。

（厚生労働省ウェブサイト（http://www.mhlw.go.jp/bunya/roudoukijun/other/101001a.html）から引用）

たは口頭）によりまたは職権で、以下の処分をすることができる（労保審15条
1項、労保審令13条1項）。

① 審査請求人または参考人の出頭を求めて審問し、またはこれらの者から意見もしくは報告を徴すること（審問）。

② 文書その他の物件の所有者、所持者もしくは保管者に対し、相当の期間を定めて、当該物件の提出を命じ、または提出物件を留め置くこと（物件提出命令）。

③ 鑑定人に鑑定させること（鑑定）。

④ 事件に関係のある事業所その他の場所に立ち入って、事業主、従業者その他の関係者に質問し、または帳簿、書類その他の物件を検査すること（立入検査）。

⑤ 労災保険法38条1項の規定による審査請求の場合において、同法47条の2に規定する者に対して労働者災害補償保険審査官の指定する医師の診断を受けるべきことを命ずること（受診命令）。

オ　審査請求人等による物件の閲覧等

審査請求人または同法13条1項の規定により通知を受けた者は、決定があるまでの間、労働者災害補償保険審査官に対し、同法14条の3によって提出された文書その他の物件または同法15条1項による審理のための処分より提出された文書その他の物件の閲覧または当該文書の写しもしくは当該電磁的記録に記録された事項を記載した書面の交付を求めることができる（労保審16条の3第1項）。労働者災害補償保険審査官は、閲覧をさせまたは交付をしようとするときは、当該閲覧または交付に係る文書その他の物件の提出人の意見を聴かなければならない（労保審16条2項）。

カ　参与

労働者災害補償保険審査官の審理においては、当事者以外に、厚生労働大臣が、都道府県府県労働局につき指名した関係労働者を代表する者および関係事業主を代表する者（指名されるのは各2人）が参与として関与する（労保審5条）。参与は、審査官が審査請求を受理したときは、その通知を受け（労保審13条1項）、当該事件につき、審査官に意見を陳述し（労保審13条2項）、証拠となるべき文書その他の物件を提出し（労保審14条の3第1項）、審理のための処分を申し立てることができる（労保審15条1項）。審査官は、参与の

述べた意見を尊重すべきものとされている（労保審令8条）。この制度が設けられたのは、審査官が労使代表の専門的知識を活用し、または、労使の実情・慣行等について意見を聴くことにより、公平・的確な審理を行うことができるという考慮に基づくものである。

(9) 決定

労働者災害補償保険審査官は、審理を終えたときは、遅滞なく、審査請求に係る原処分の全部もしくは一部を取り消す決定または審査請求の全部もしくは一部を棄却する決定をしなければならない（労保審18条）。決定は、文書によって行われ（労保審19条）、審査請求人に送達された時に、その効力を生ずる（労保審20条1項）。

2 再審査請求の手続

(1) 再審査請求人適格

再審査請求をすることができる者は、労働者災害補償保険審査官の決定に不服がある者である。原処分をした労働基準監督署長は含まれない。

(2) 再審査請求の対象

再審査請求の対象は、原処分たる保険給付に関する決定であり、労働者災害補償保険審査官の決定を対象とはしない（労保審38条3項参照）。労働保険審査制度は原処分庁の行った処分を中心に審査するのであって、労働者災害補償保険審査官の決定も原処分が違法または不当で取り消すべきかについて審査するからである。

(3) 代理人

再審査請求は、代理人によってすることができる（労保審9条の2第1項）。

(4) 再審査請求をすべき行政庁

再審査請求は、原処分をした労働基準監督署長を相手方として、労働保険審査会に対して行う（労保38条、労保審25条）。もっとも、再審査請求人の住

所を管轄する労働基準監督署長、原処分をした労働基準監督署長または審査請求に対する決定をした労働者災害補償保険審査官を経由してすることもできる（労保審令23条）。

(5) 再審査請求期間

再審査請求は、審査請求に対する決定書の謄本が送付された日の翌日から起算し2か月を経過したときは、することができない。ただし、正当な理由によりこの期間内に審査請求をすることができなかったことを疎明したときは、この限りでない（労保審38条1項・2項）。

(6) 再審査請求の方式

再審査請求は、文書で行わなければならない（労保審39条）。

再審査請求書には、労保審査法施行令24条に基づき、ⓐ再審査請求人の氏名および住所（再審査請求人が法人であるときは、その名称および住所ならびに代表者の氏名および住所または居所）、ⓑ代理人によって審査請求をするときは、代理人の氏名および住所、ⓒ原処分を受けた者の氏名または名称および住所または居所、ⓓ原処分をした行政庁の名称、ⓔ原処分のあったことを知った年月日、ⓕ決定をした労働者災害補償保険審査官の氏名、ⓖ決定書謄本の送付を受けた年月日、ⓗ再審査請求の趣旨、ⓘ再審査請求の理由、ⓙ決定をした労働者災害補償保険審査官の教示の有無およびその内容、ⓚ再審査請求の年月日を記載し、審査請求人（審査請求人が法人であるときは、代表者）または代理人が記名押印しなければならない。

(7) 関係者に対する通知

労働保険審査会は、再審査請求がされたときは、当該再審査請求を却下する場合を除き、原処分をした行政庁などに通知しなければならない（労保審40条）。原処分をした行政庁は、受理通知を受けたときは、遅滞なく、当該事件についての意見書を提出しなければならない（労保審令25条）。

労働保険審査会は、審理の期日および場所を定め、当事者に通知しなければならない（労保審42条）。

(8) 審理

ア 審理の原則公開等

審理は原則公開で行う（労保審43条）。当事者およびその代理人は、審理期日に出頭して意見を述べることができる（労保審45条1項）。意見陳述の際、再審査請求人等およびその代理人は、再審査請求に係る事件に関し、審査庁の許可を得て、原処分をした行政庁に対して、質問をすることができる（労保審45条5項）。

イ 審理のための処分

労働保険審査会は、審理を行うため必要な限度において、当事者の申立てによりまたは職権で、以下の処分をすることができる（労保審46条1項）。

① 当事者または参考人の出頭を求めて審問し、またはこれらの者から意見もしくは報告を徴すること（審問）。

② 文書その他の物件の所有者、所持者もしくは保管者に対し、相当の期間を定めて、当該物件の提出を命じ、または提出物件を留め置くこと（物件等立入命令）。

③ 鑑定人に鑑定させること（鑑定）。

④ 事件に関係のある事業所その他の場所に立ち入って、事業主、従業者その他の関係者に質問し、または帳簿、書類その他の物件を検査すること（立入検査）。

⑤ 必要な調査を官公署、学校その他の団体に嘱託すること（調査嘱託）。

⑥ 労災保険法38条の規定による再審査請求の場合において、同法47条の2に規定する者に対して労働保険審査会の指定する医師の診断を受けるべきことを命ずること（受診命令）。

ウ 再審査請求人等による物件の閲覧等

当事者または労保審法36条の規定により指名された者は、決定があるまでの間、労働保険審査会に対し、同法46条1項または同法50条において準用する同法14条の3第1項もしくは2項により提出された文書その他の物件の閲覧または当該文書の写しもしくは当該電磁的記録に記録された事項を記載した書面の交付を求めることができる（労保審50条、16条の3第1項）。労働保険審査会は、閲覧をさせまたは交付をしようとするときは、当該閲覧または交

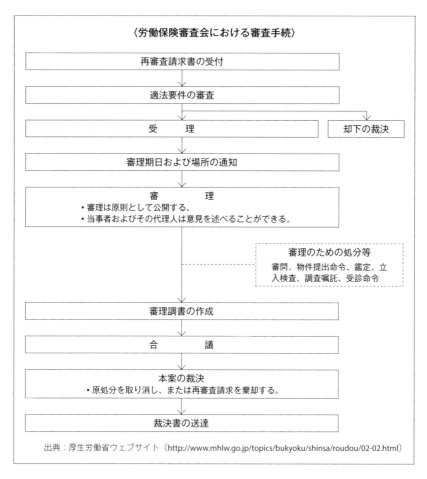

付に係る文書その他の物件の提出人の意見を聴かなければならない（労保審50条、16条の3第2項）。

　エ　参与

　労働保険審査会の審理においても、当事者以外に、厚生労働大臣が指名した関係労働者および関係事業主を代表する者（指名されるのは各6名）が参与として関与する（労保審36条）。参与は、再審査請求を受理したときは、その通知を受け（労保審40条）、当該事件に関し、審査会に意見を陳述し、または審査会意見書を提出し（労保審45条2項）、証拠となる文書その他の物件を提出し（労保審50条、14条の3第1項）、審理のための処分を申し立てることがで

きる（労保審46条）。参与は、原則として、審査会の参与に立ち会うものとされ（労保審令29条１項）、審査会は、参与の述べた意見を尊重すべきものとされている（労保審令29条４項）。参与制度が設けられた趣旨は、労働保険審査官の審理における場合と同様である。

(9)　裁決

労働保険審査会は、審理を終えたときは、遅滞なく、再審査請求に係る原処分の全部もしくは一部を取り消す裁決または再審査請求の全部もしくは一部を棄却する裁決をしなければならない（労保審50条、18条）。

3　審査請求の理由

(1)　適用事業・保険給付の種類・不服申立ての理由

労災保険法においては、労働者を使用する事業を適用事業とするものであり、原則として、労働者（労働基準法９条に規定する「労働者」）を一人でも使用する事業は適用事業とされる（労保３条１項）。

労災保険法に基づく保険給付に、業務災害に関する保険給付と通勤災害に関する保険給付がある（労保７条１項１号・２号）ことは、前述したとおりである。業務災害とは、労働者が業務を原因として被った負傷、疾病、障害または死亡をいい、また、通勤災害とは、労働者が通勤によって被った負傷、疾病、障害または死亡をいう。保険給付の種類としては、①傷病の療養のための療養補償、②療養のための休業中に従前の賃金の６割が支払われる休業補償、③療養の開始後１年６か月経過した日または同日後に、傷病が治っていないこと、かつ、障害の程度が傷病等級に該当することの要件を満たす場合に支払われる傷病補償年金、④傷病が治った（症状が固定した）場合に残った障害の程度に応じて支払われる障害補償、⑤労働者の死亡当時その収入によって生活していた遺族に支払われる遺族補償および葬祭料等がある。

審査請求書には、不服申立てをする理由、すなわち、労災保険給付に関する処分の実体法上の違法、手続上の違法およびその理由を審査請求書に記載する。実体法上の違法については、行政処分の根拠とされた理由を検討したうえ、当該行政処分がなぜおかしいのか事実上または法律上の問題点を明ら

かにして、実体法上の違法がある旨を説得的に記載し、それを裏付ける資料も添付する。

(2) 労災保険給付の支給要件と実体法上の違法事由

労災保険給付に関する処分については、労働者災害補償保険法に支給要件、支給対象、保険給付の内容等が規定さている。処分がこれらの規定に違反するのであれば、これらの規定に違反し、実体法上違法であると主張すべきことになる。

ア 業務災害に関する保険給付の支給要件

業務災害に関する保険給付は、労働者が労働保険に適用される事業場に雇用されて、事業主の支配下にあるときに、業務が原因となって発生した災害に対して行われるものである。したがって、各種の保険給付に共通する支給要件は、①業務遂行性（労働者が労働契約に基づいて事業主の支配下にある状態で起きた災害であること）と②業務起因性（業務と傷病等の間に一定の因果関係があること）である。トイレなどの生理的行為については、事業主の支配下での業務の付随する行為として取り扱われる。また、事業主の管理下を離れていても、労働契約に基づき事業主の命令を受けて仕事をしている場合は、事業主の支配下にあることになる。

業務との間に相当因果関係が認められる疾病については、労災保険給付の対象となる。業務上疾病とは、事業主の支配下にある状態において有害因子にされたことによって発症した疾病をいう。労働者が発症した疾病について、①労働の場に有害因子が存在していること，②健康被害を起こしうるほどの有害因子にさらされたこと、③発症の経過および病態が医学的にみて妥当であることの各要素が満たされた場合には、原則として、業務上疾病と認められる。

イ 通勤災害に関する保険給付の支給要件

通勤災害に関する保険給付は、労働者が通勤によって被った災害に対して行われるものである。ここにいう「通勤」とは、労働者が、就業に関し、①住居と就業の場所との間の往復、②厚生労働省令で定める就業の場所から他の就業の場所への移動、③第1号に掲げる往復に先行し、または後続する住居間の移動（厚生労働省令で定める要件に該当するものに限る。）移動を、合理的

な経路および方法により行うことをいい、業務の性質を有するものは除かれる（労保7条2項）。移動の経路を逸脱し、または中断した場合には、逸脱または中断の間およびその後の移動は「通勤」とはならないが、例外的に認められた行為で逸脱または中断した場合には、その後の移動は「通勤」となる（労保7条3項）。

「就業に関し」とは、その移動が業務と密接に関連をもって行われることをいい、また、「就業の場所」とは、業務を開始し、または終了する場所をいう。

ウ　その他の支給要件

労災保険給付を受けるためには、前記アまたはイの要件が満たされるほか、保険給付ごとに必要とされる要件を満たさなければならない。

エ　実体法上の違法事由

業務災害または通勤災害に対する保険給付の申請があった場合、処分庁は前記アからウまでの各支給要件に関して一定の事実を認定したうえ、その事実を前提に各支給要件が満たされているかどうかを判断し、各要件のうちいずれかが欠けているときには不支給処分をすることになる。その処分理由は、行政手続法8条の規定により請求者に提示されることになっている。これに対し、不支給処分を不服とする審査請求人は、処分の理由について検討したうえ、処分支給要件に関する法令の解釈適用に誤りがあること、あるいは、処分の前提となっている事実の認定または事実の評価に誤りがあることを指摘して、不支給処分が実体法上違法である旨を主張する。また、その主張の裏付けとなる資料を添付すべきである。

(3)　手続上の違法事由

労災保険給付に関する行政処分に手続に法令違背があり、その違背の程度が大きく、労働者災害補償保険法の要請する手続の公正が著しく害されるという場合等には、その旨を主張して、処分の取消しを求めることができる。例えば、労災保険給付に関する処分にも行政手続法8条の適用があるところ、処分通知書面に処分の具体的な理由が記載されておらず、または記載に不備がある場合には、処分自体も違法となるものとされている（最判平成23年6月7日民集65巻4号2081頁等）。

170 第Ⅱ部 第6章 労災

③ 書式例：労災保険給付に対する審査請求

■ 審査請求書の書式例

(1) 審査請求書

　審査請求を文書で請求するときは、審査請求書には、労保審法施行令4条1項に基づき、ⓐ審査請求人の氏名および住所または居所（審査請求人が法人であるときは、その名称および住所ならびに代表者の氏名および住所または居所）（書式例の「1」記載部分参照）、ⓑ代理人によって審査請求をするときは、代理人の氏名および住所または居所（同「2」記載部分参照）、ⓒ原処分を受けた者の氏名または名称および住所または居所（同「3」記載参照）、ⓓ原処分を受けた者が原処分に係る労働者以外の者であるときは、当該労働者の氏名（同「4」記載参照）、ⓔ原処分に係る労働者が給付原因の発生した当時使用されていた事業場の名称および所在地（同「5」記載参照）、ⓕ審査請求人が原処分に係る労働者以外の者であるときは、当該労働者との関係（同「6」記載参照）、ⓖ原処分をした行政庁の名称（同「7」記載参照）、ⓗ原処分のあったことを知った年月日（同「8」記載参照）、ⓘ審査請求の趣旨（同「9」記載参照）、ⓙ審査請求の理由（同「10」記載参照）、ⓚ原処分をした行政庁の教示の有無及びその内容（同「11」記載参照）、ⓛ審査請求の年月日を記載し、審査請求人（審査請求人が法人であるときは、代表者）または代理人が記名押印しなければならない。

　審査請求の理由として、実体法上の違法事由や手続上の違法事由を記載する必要がある。書式例では、障害等級認定の判断が違法である旨主張する場合をあげた。

　審査請求が不適法であってその欠陥を補正することができるものであるときは、審査官は、相当の期間を定めて、補正すべきことを命じなければならない。ただし、その不適法が軽微なものであるときは、この限りでない（労保審11条1項）。審査官は、審査請求人が労保審査法11条1項の期間内に欠陥を補正しないときは、決定をもって、審査請求を却下することができる（労保審11条2項）。

なお、厚生労働省ウェブサイトにある審査請求書の様式は、縦書きである
ところ[3]、上記必要的記載事項が具備されていれば審査請求書として取り扱
う運用である[4]。本書式例は、再審査請求書の様式[5]を併せて参考にして横
書きの審査請求書の書式例とした。

(2) 添付書類・証拠書類（証拠方法）

　審査請求は、原処分（労災保険給付に関する決定）をした行政庁の所在地を
管轄する都道府県労働局に置かれた労働者災害補償保険審査官に対して行う
（労保審7条）。もっとも、審査請求は、審査請求人の住所を管轄する労働基
準監督署長または原処分をした労働基準監督署長を経由してすることができ
る（労保審令3条）。

　審査請求人が代理人によって審査請求する場合には、①審査請求人と代理
人との関係および②代理人の職業を記載した委任状を添付する（労保審令4
条4項、5条3項）。

　審査請求書には、証拠として、書類、記録その他の適切な資料を添付する
ことができると解される。審査請求人は、原処分の違法性または不当性に係
る事実を立証する証拠が準備できていれば、審査請求書に添付して提出する
のが適当である。

労働保険審査請求書

1　審査請求人の
　┌住　　所　　　東京都新宿区■町1－2－3
　└氏　　名　　　X

　審査請求人が法人であるときは

3） 厚生労働省ウェブサイト「労災保険審査請求制度」http://www.mhlw.go.jp/stf/
seisakunitsuite/bunya/0000127192.html

4） 前掲注**2）**「労災保険審査請求事務取扱手引」参照。

5） 厚生労働省ウェブサイト「再審査請求書等の様式」http://www.mhlw.go.jp/topics/
bukyoku/shinsa/roudou/02-04.html　再審査請求書の様式は、こちらを参照されたい。

$$\left[\begin{array}{l}\text{住　　所}\\\text{名　　称}\\\text{代表者の住所}\\\text{代表者の氏名}\end{array}\right.$$

2　代理人によって審査請求するときは、代理人の

$$\left[\begin{array}{ll}\text{住　　所}&\text{東京都文京区●町 3 - 4 - 5}\\\text{氏　　名}&\text{Z}\end{array}\right.$$

3　原処分を受けた者の

$$\left[\begin{array}{ll}\text{住　　所}&\text{1と同じ}\\\text{氏名又は名称}&\text{1と同じ}\end{array}\right.$$

4　原処分を受けた者が原処分に係る労働者以外の者であるときは、当該労働者の氏名

5　原処分に係る労働者が給付原因発生当時使用されていた事業場の

$$\left[\begin{array}{ll}\text{所在地}&\text{東京都大田区▲町 2 - 3 - 4}\\\text{名　　称}&\text{株式会社A}\end{array}\right.$$

6　審査請求人が原処分に係る労働者以外の者であるときは、当該労働者との関係

7　原処分をした労働基準監督署長名
　　　　甲　　　　　　労働基準監督署長　　Y

8　原処分のあったことを知った年月日
　　　　平成30年○月○日

9　審査請求の趣旨
　　　　別紙の通り

10　審査請求の理由

別紙の通り

11 決定をした労働者災害補償保険審査官の教示の

　　┌有　無　　　　有り
　　└内　容　　　　この決定に不服があるときは、この決定書の謄本が
　　　　　　　　　　送付された日の翌日から起算して3月以内に労働災
　　　　　　　　　　害補償保険審査官に審査請求をすることができる。

12 証拠 （審理のための処分を必要とするときは、処分の
　　　　　内容並びにその処分を申し立てる趣旨及び理由）

　　　別紙の通り

13 法第8条第1項に規定する期間の経過後において審査請求をする場合に
　　おいては、同項ただし書に規定する正当な理由

　　以上のとおり審査請求をする。

　　　平成30年○月○日

　　　　　　　　　　　　　審査請求人氏名　　　　X代理人A　　　　　　㊞

　　　　　　　　　　　　（法人であるときは、名称及び代表者の氏名）
　　　　　　　　　　　　（代理人によるときは、代理人の氏名　　　　）

労働者災害補償保険審査官　　殿

（別紙）

第1　審査請求の趣旨及び理由
1　審査請求の趣旨
　　甲労働基準監督署長が審査請求人に対してなした労働者災害補償保険法
　による障害補償給付の支給に関する処分の取消しを求める。

2　事案の概要及び経過

174　第Ⅱ部　第6章　労災

　　審査請求人は、株式会社Aの金属部品の組立工として勤務している者で
ある。
　　審査請求人は、平成29年○月○日、同会社事務所内で脚立の上で梱包物
を積み下ろす作業中、バランスを崩し脚立とともに転倒し、後頭部からコン
クリートの床に落下した。
　　審査請求人は、負傷後一度帰宅したが、吐き気等の症状が出現したため、
K病院にて受診したところ、傷病名「後頭部打撲・挫創、頸椎捻挫」と診
断を受けた上、後頭部挫創を縫合、その後加療の結果、平成30年○月○日
で症状固定となった。
　　請求人は、症状固定後、障害が残存するとして、平成30年○月○日付け
で甲労働基準監督署長に障害補償給付の請求をした。
　　同監督署長は、請求人に残存する障害は、労災保険法施行規則別表第1
に定める障害等級第12級の12に該当するものと認め、平成30年○月○日付
けで同等級に応ずる障害補償給付を支給する旨の処分を行った。

3　審査請求の理由
(1)　等級認定の要件
　　　脊柱の障害の認定基準によれば、「画像所見上、せき椎圧迫骨折等又
　　はせき椎固定術が認められず、また、項背腰部軟部組織の器質的変化も
　　認められず、単に疼痛のために運動障害を残すものは、局部の神経症状
　　として等級を認定する」とされていることから、本件脊髄損傷による神
　　経系統の障害を伴う脊柱の障害については、神経系統の障害として総合
　　的に認定することとなる。
(2)　身体的所見
　　　主治医の診断書によると、神経症状について、「障害の状態」欄に「頸
　　部～肩にかけて痛い」が残存するとしている（甲1）。
　　　そして、審査請求人は、頭部からの落下事故で頸椎脊柱に強烈な外圧
　　がかかったことが原因で脊柱管狭窄症が発症し、握力は右6kg左11kgと
　　低下している上、箸は使えずスプーンで食事をしている。書字はかろう
　　じて可能であるが、細かい手先の作業は不可能である。また、階段の昇
　　降がやや不自由である。
(3)　MRI、CT等によって裏付けることのできる麻痺の範囲と程度
　　　頭部（頸椎）からの落下事故で頸椎脊柱に強烈な外圧がかかったこと

が原因で脊柱管狭窄症が発症し、あらゆる運動障害が生じて仕事にも私生活にも大きな障害が生じており、CT画像とMRI画像でも確認できている（甲2、甲3）。

(4) 認定されるべき等級

よって、神経系統の障害等級として「通常の労務に服することはできるが、せき髄症状のため、就労可能な職種の範囲が相当な程度に制限されるもの」にあたり、障害等級第9級の7の2に該当する。

4　結論

以上から、監督所長は、請求人に対してなした障害等級に応ずる障害補償給付を支給する旨の処分は違法であるから、取り消されるべきである。

第2　証拠の標目
1　甲1号証　　　診断書
2　甲2号証　　　MRI画像
3　甲3号証　　　CT画像

以　上

2　意見書の書式例

　労働者災害補償保険審査官は、審理にあたっては、審査請求人および原処分をした行政庁の説明を求めなければならない（労保審令11条）。労働者災害補償保険審査官は、原処分をした労働基準監督署長に対して、受理通知と同時に意見書の提出を求める。

　その後、労働者災害補償保険審査官は、審査請求人に対し、意見聴取をするための日程調整の事前連絡をした上で、意見聴取に先立って原処分をした労働基準監督署長から提出された意見書の写しを郵送する。

　労働者災害補償保険審査官は、審査請求人からの意見聴取の際には、原処分をした労働基準監督署長から提出された意見書の内容をわかりやすく説明した上で、審査請求人の意見を聴き取る。

　ここでは、原処分庁から提出される意見書の書式例を紹介する。

（別添1）

意 見 書

1 審査請求人等

（ふりがな）

(1) 審査請求人氏名　　　　X

生年月日	昭和○年○月○日	職種	金属部品の組立工
住所	東京都新宿区■町1-2-3	電話	03-○○○○-○○○○

(2) 所属事業場等

所属事業場等	名称	株式会社A	電話	03-○○○○-○○○○
	所在地	東京都大田区▲町2-3-4	労働保険番号	○○-○-○○○○○○○○○
	雇入れ年月日	平成○年○月○日		
	負傷又は発症年月日	平成29年○月○日		
	傷病の治ゆした年月日			
	再発年月日			

2 意見

本件審査請求を棄却されたい。

3 理由

(1) 事実

ア　災害事実の概要

(ア)　請求人の職歴

被災者は、平成○年○月、株式会社A（以下、「会社」という。）に採用され、同社の金属部品の工場において組立工として勤務している者である。

(イ)　災害発生状況

請求人は、平成29年○月○日午後○時ころ、会社の事務所内で脚立の上で梱包物を積み下ろす作業を行っていたところ、バランスを崩して脚立上から事務所内の床へ後頭部から落下した。翌日、K病院へ受診したところ「後頭部打撲・挫創、頸椎捻挫」と診断された。

請求人は、「後頭部打撲・挫創、頸椎捻挫」は業務上の事由による

ものであるとして、障害補償給付の請求をしたものである。

　イ　処分に至るまでの経過

①　負傷又は発症（再発）後の療養経過				
診療機関名	所在地	診療期間	傷病名	入院・通院の別
○○会 K病院	東京都新宿区○ 町2-3-4	平成29年○月○日～ 平成30年○月○日	後頭部打撲・挫 傷、頸部捻挫	通院

②　本審査請求に関連する保険給付に関する処分経過					
給付の種類	療養・休業等期間	日数	請求年月日	決定年月日	支給・不支給の別
障害保険給付	平成29年○月○日～ 平成30年○月○日	○○日	平成30年○月○日	平成30年○月○日	支給

③　療養期間等	
ア　療養期間	平成29年○月○日～平成30年○月○日
イ　休業期間	

　④　その他

　　　特になし

(2)　処分の理由

　ア　該当する判断基準等

　　　㋐　労働基準法施行規則別表第1の2の番号等

　　　　　一「業務上の負傷に起因する疾病」

　　　㋑　該当する認定基準等

　　　　　「せき髄損傷に併発した疾病の取扱いについて」（平成5年10月28日
　　　　　付け基発第616号）

　イ　判断

　　　（略）

(3)　証拠の項目

　　　別添2「証拠資料」に記載のとおり。

4　参考事項

　　特になし

以　上

第 7 章

地方公務員

〈ロードマップ〉

1 地方公務員に対する処分と行政不服審査

　一般職の地方公務員は、懲戒処分や分限処分等、その意に反する不利益な処分を受けた場合、人事委員会又は公平委員会に対してのみ審査請求（不服申立て）をすることができる（地公49条の2）。この不服申立てについては、行政不服審査法の改正による影響はほとんどないが、若干の変更点は、不服申立てが審査請求または異議申立ての2本立てから審査請求のみに一本化されたことや、審査請求期間の60日から3か月への延長である。

2 不利益処分に対する審査請求の手続要件・審理手続・理由

　地方公務員法49条の2に基づく審査請求の手続要件は、審査請求適格の具備、審査請求の対象適格の具備、審査請求期間の遵守等であるところ、特に、審査請求の対象を懲戒処分や分限処分等の不利益処分に限定している点や、処分を知った日の翌日から3か月以内等とされる審査請求期間に注意する必要がある。また、不利益処分については、その要件の認定や処分の選択等に行政庁の裁量が認められる場合が多く、その場合には、審査請求人が、審査請求の理由において、裁量権の範囲の逸脱またはその濫用があることを積極的に主張しなければならない。審査庁は、不利益処分が違法かどうかだけでない、その当・不当についても審査する権限を有するから、不利益処分の不当性についても適宜主張する必要がある。

3 書式例：分限処分に対する審査請求

　具体的な審査請求書の書式例と答弁書の書式例を紹介する。

1 地方公務員に対する処分と行政不服審査

1 地方公務員に対する処分と行政不服審査制度の概要

(1) 懲戒処分、分限処分等に対する審査請求制度

　地方公務員法49条の2第1項は、職員（一般職の地方公務員）が、懲戒処分や分限処分等、その意に反する不利益な処分を受けた場合、その職員は人事委員会または公平委員会に対してのみ行政不服審査法による不服申立てをすることができる旨規定している。本章では、この審査請求制度を中心に説明する。

(2) 地方公務員災害補償制度における不服申立て制度

　地方公務員の利用する不服申立て制度として、地方公務員法45条4項に基づき制定された法律である地方公務員災害補償法に基づく不服申立てがある。地方公務員災害補償法51条は、地方公務員等の公務上の災害（負傷・疾病・傷害または死亡）または通勤による災害に対する補償に関し地方公務員災害補償基金（以下「基金」という）がした決定に不服がある者は、地方公務員災害補償基金審査会（以下「審査会」という）に対して審査請求をすることができ、また、基金の従たる事務所の長が行う補償に関する決定に不服がある者は、地方公務員災害補償基金支部審査会（以下「支部審査会」という）に対し審査請求をし、その裁決に不服がある者は、さらに審査会に再審査請求をすることができる旨規定している（同条1項・2項）。これらの不服申立てについては、行政不服審査法が適用される（同条5項）。同制度は、地方公務員等の災害（負傷・疾病・傷害または死亡）により生じた損害が公務または通勤に起因するものであるか否かや、その損害の程度に関して迅速・公正を審査し、損害に関する補償の決定の適法性・妥当性を保障するためのものである。

　補償に関する決定の取消しの訴えは、当該決定についての審査請求に対する審査会または支部審査会の裁決を経た後でなければ提起できない旨規定され、審査請求前置主義が採用されている。新法、整備法成立以前の改正前の地方公務員災害補償法51条は、基金の従たる事務所がした補償金に関する決

180　第Ⅱ部　第7章　地方公務員

定については、再審査請求に対する審査会の裁決を経た後でなければ提起できないとし、二段階の審査請求前置が定められていたが、同改正により審査会（本部審査会）への再審査請求を経ることは必要とされなくなった（同改正法は、新法の施行日である平成28年4月1日に施行された）。

② 改正行政不服審査法と地方公務員法との関係

(1) 改正行政不服審査法と地方公務員法（不利益処分に対する審査請求）との関係

　地方公務員法49条の2第3項は、同条1項に規定される前記不利益処分に対する審査請求につき、行政不服審査法第2章の規定の適用を除外するものとしている。このこととの関係から、同審査請求については、その審査機関が人事委員会または公平委員会に限定されており[1]、審査対象も「懲戒その他その意に反すると」任命権者が「認める不利益な処分」（地公49条1項）に限られている（地公49条の2第1項・2項）。

　また、これら以外の審査手続に関しては、地方公務員法49条の3で審査請求期間について、50条で委員会による審査、審査の結果とるべき措置について、51条で委員会による審査手続に関する必要な事項を人事委員会規則または公平委員会規則で定めることについてそれぞれ規定されている。このように人事委員会・公平委員会ごとに手続が異なるものとされているため、それぞれのケースに応じて関係する人事委員会規則または公平委員会規則を確認する必要がある（ウェブサイトで確認できる場合も少なくない）。もっとも、多くの人事委員会・公平委員会では、「不利益処分についての不服申立てに関する規則（案）」（昭和26年7月26日地自乙発第278号別紙二、以下「規則案」という）を参考にして人事委員会規則・公平委員会規則を作成していることから、本章でも、この規則案に照らし、下記②以下で審査手続について説明することとする。

---

1) 地公49条の2第1項。同法7条は、都道府県および地方自治法252条の19第1項の指定都市には人事委員会、指定都市以外の市で人口15万人以上のものおよび特別区には人事委員会または公平委員会（以下、両者をまとめて「委員会」と略すことがある）を、人口15万人未満の市町村、地方公共団体の組合には公平委員会を置くとしている。

⑵　行政不服審査法の改正による影響

　前記不利益処分に対する審査請求に対する行政不服審査法の改正による影響は大きなものではない[2]が、次のような影響があるので注意が必要である。

　すなわち、行政不服申立てが審査請求・異議申立てから審査請求に一本化されたこと（法2条）から、これに合わせて地方公務員法上の不服申立ても「審査請求又は異議申立て」から「審査請求」に一本化されており（地公49条の2第1項等参照）、また、審査請求期間が原則として「処分があったことを知った日の翌日から起算して60日」から、同日から起算して「3月」に変更されている（法18条1項本文、地公49条の3前段参照）。

②　不利益処分に対する審査請求の手続要件・審理手続・理由

❶　審査請求の手続要件

⑴　審査請求権者、審査請求の対象

　不利益処分に対する審査請求をなしうる者は、「職員」（地公49条の2第1項）すなわち「一般職に属するすべての地方公務員」（地公4条1項）のうち、地方公務員法49条1項に規定する処分を受けた者である。

　ここで、まず、「一般職」とは「特別職に属する職以外の一切の職」（地公3条2項）であり、「特別職」とは地方公務員法3条3項各号に掲げられた職である。具体的には、一般行政職員、警察職員、消防職員および教職員が審査請求をすることができ、また、免職された場合のように、現在はこれらの職員ではない者も含まれる（昭和26年11月27日地自公発第522号、昭和35年3月2日自丁公発第35号）。

　また、地方公務員法49条1項に規定する処分を受けた者とは、「懲戒その他その意に反する」と任命権者が「認める不利益な処分」を受けた者をいうところ、懲戒処分（免職、停職、減給および戒告の各処分）や分限処分（免職、

2）例えば、審査機関および審査対象を限定する旨の地方公務員法49条の2第1項・2項の特則に影響はない。

休職、降任および降給の各処分）が不利益処分に該当することについては問題がない。さらに、実質的な降任にあたる配置換えや転任処分も、不利益処分にあたる。他方で、職員の同意の下に行われるなど職員の意思に反しない免職（依願免職）、休職等は、不利益処分に該当しないものといえるが、形式的には職員の同意の下に行われたものとされていても、例えば退職の意思表示が真正なものでない場合には、実質的にみればその意に反するものと認める不利益処分にあたるものとして、審査請求を行うことができるものと解されている（昭和27年12月23日自行公発第112号参照）。このように、地方公務員法49条1項の「認める」については、任命権者が職員の意に反するものと認めることにつき、客観的合理性があることが必要とされるものというべきである。

　転任処分も、それが客観的または実際的見地からみて勤務場所、勤務内容において不利益を伴うものは不利益処分にあたるといえるが、それが勤務場所、勤務内容において不利益を伴うものでない場合は、審査請求の利益を欠くと解される（最判昭和61年10月23日判時1219号127頁参照）。また、職員がした申請に対する不作為については、審査請求をすることはできず（地公49条の2第2項後段）、さらに訓告、厳重注意等も、文書でなされた場合であっても、一般的には「処分」にはあたらないもの（事実行為）と解されており、審査請求の対象とすることはできない。このことは、口頭による注意についても同様である。

(2)　代理人

　上記審査請求権者たる職員は、必要があるときは、代理人を選任することができ、代理人は、当事者のため審査請求に関する行為をすることができる（規則案3条参照）。審査請求に関する行為には、審査請求を行うこと自体も含まれると解されるが、審査請求の取下げについては、特別の委任を受けなければならない。

(3)　審査請求をすべき行政庁

　行政不服審査法4条は、審査請求は、法律（条例に基づく処分については、条例）に特別の定めがある場合を除くほか、同条各号に定める行政庁に対し

てするものとすると定めている。地方公務員法49条の2第1項は、特別な定めとして、職員が不利益処分を受けた場合、その職員は人事委員会または公平委員会に対してのみ行政不服審査法による不服申立てをすることができる旨規定している（ただし、法第2章の規定は適用されない（地公49条の2第3項））。

(4) 審査請求期間

不利益処分に対する審査請求は、処分があったことを知った日の翌日から起算して3月以内にしなければならず、処分があった日の翌日から起算して1年を経過したときは、することができないものとされている（地公49条の3）。

(5) 審理手続

不利益処分に対する審査請求についての審理の方法には、書面審理[3]と、口頭審理による審査[4]（以下「口頭審査」という）がある。職員は口頭審理の請求ができ、その請求があったときは、委員会は口頭審理を行わなければならず、口頭審理は、その職員から請求があったときは、公開して行わなければならないとされており（地公50条1項）、職員は、必要に応じて、手続が厳格な公開の口頭審理を選択することができる。

口頭審査の手続の流れは、概ね、後掲の図のとおりである（規則案5条〜12条等参照）。なお、このうち、口頭審理の後に追加的にさらなる答弁書や反論書が提出されることもある。

後掲の図のように、口頭審査手続は、審査請求書（正副各1通）を人事委員会または公平委員会に提出することで始まる（規則案5条）ところ、審査請求書には、規則案5条2項各号に基づき、次の9つの事項、すなわち、ⓐ処分を受けた者の氏名、住所および生年月日、ⓑ処分を受けた者の処分を受けた当時の職および所属部局、ⓒ処分を行った者の職および氏名、ⓓ処分の内容および処分を受けた年月日、ⓔ処分があったことを知った年月日、ⓕ処

3）規則案8条。非公開、口頭で意見を述べる機会を付与されるよう申し出ることなどは可能（規則案8条5項等）である。

4）規則案9条。審査請求人は「公開又は非公開の別」（規則案5条2項7号）を選択しうる。

分に対する不服の理由、⑧口頭審理を請求する場合は、その旨および公開または非公開の別、ⓗ地方公務員法49条1項または同条2項に規定する処分説明書の交付を受けた年月日（処分説明書が交付されなかったときは、その経緯）およびⓘ不服申立ての年月日を記載する必要がある。

　また、審査請求人は、審査請求書に証拠を添付することができる（規則案8条1項、9条7項参照）。人事委員会等は、審査請求がされたときは、その記載事項および添付書類（証拠等）ならびに処分の内容、審査請求人の資格、審査請求の期限等について調査し、審査請求を受理すべきかどうかを決定しなければならず、審査請求書に不備があり、これが補正されない場合、人事委員会等は審査請求を却下することができる（規則案6条1項～3項参照）。人事委員会等は、審査請求を受理すべきものと決定したときは、その旨を当事者に通知し、処分者に審査請求書の副本を送付しなければならず、審査請求を却下すべきものと決定したときは、その旨審査請求人に通知しなければならない（規則案6条4項参照）。

　人事委員会等は、書面審理を行う場合においてまたは口頭審理の準備のため、期限を定めて、審査請求人に対し証拠の提出を求めるとともに、期限を

〈口頭審理手続の流れ〉
①審査請求書の審査機関への提出、受理
　↓
②答弁書の提出
　↓
③反論書の提出
　↓
④答弁書(2)（再答弁書）の提出、反論書(2)（再反論書）の提出、答弁書(3)（再再答弁書）の提出……
　↓
⑤準備手続
　↓
⑥証人の喚問（尋問）
　↓
⑦口頭審理（複数回行われることもある）
　↓
⑧審査の終了
　↓
⑨判定、裁決書または決定書の作成、送達

2 不利益処分に対する審査請求の手続要件・審理手続・理由　**185**

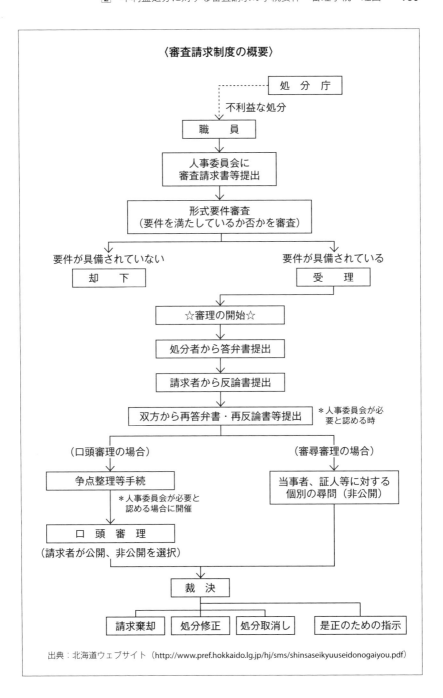

186 第Ⅱ部 第7章 地方公務員

定めて処分者から答弁書および証拠の提出を求めるものとするとされ、答弁書の提出がされたときは、審査請求人にその写を送付するものとし、必要と認めるときは、期限を定めて、反論書の提出を求めることができるとしている（規則案8条1項・2項、9条2項参照）。

❷ 審査請求の理由（違法事由・不当事由）

ここでは、懲戒処分、分限処分という典型的な不利益処分に関する違法事由・不当事由を紹介することとする。なお、不利益処分の理由については、基本的には職員に交付される処分説明書（地公49条1項）の記載から明らかにされることとなるから、審査請求人としては、この記載に照らし、以下に説明するような実体上・手続上の違法・不当事由を主張していくこととなる。

(1) 実体上の違法事由

懲戒処分に関し、地方公務員法29条1項1号〜3号は、職員につき、①地方公務員法等に違反した場合、②職務上の義務に違反し、または職務を怠った場合、③全体の奉仕者たるにふさわしくない非行のあった場合のいずれか（少なくとも1つ）に該当する場合には、その職員に対し、懲戒処分として戒告、減給、停職または免職の処分をすることができるものと規定している。

また、分限処分に関し、地方公務員法28条1項1号〜4号は、職員につき、①勤務実績がよくない場合、②心身の故障のため、職務の遂行に支障があり、またはこれに堪えない場合、③これらの場合のほか、その職に必要な適格性を欠く場合、④職制もしくは定数の改廃または予算の減少により廃職または過員を生じた場合のいずれか（少なくとも1つ）に該当する場合には、その職員に対し、その意に反して、降任処分または免職処分をなしうるものと規定している。そして、地方公務員法28条2項1号・2号は、職員につき、⑤心身の故障のため、長期の休養を要する場合、⑥刑事事件に関し起訴された場合のいずれか（少なくとも1つ）に該当する場合には、その職員に対し、その意に反して、休職処分をなしうるものと規定している。

これらの規定から、審査請求では、各不利益処分に応じて各要件（懲戒処分に係る上記要件①〜③、分限処分に係る上記要件①〜⑥）に該当する事実がそもそもないとの主張や、そのような事実があるとしてもその評価（各要件へ

のあてはめ）が誤っているとの主張をすることが考えられる。また、分限処分に関する①〜③の要件の認定判断に関しては、処分庁の要件裁量が認められる（争いはあるが、懲戒処分に関する③の要件の認定判断に関しても同様に解しうる）が、その裁量判断に裁量権の逸脱・濫用がある場合には、これを違法事由として主張することが考えられる[5]。さらに、懲戒処分および分限処分の処分要件が満たされる場合においても、処分をすべきか否か、処分をするとして可能な複数の処分のうちいずれを選択すべきかについて、処分行政庁の裁量（効果裁量）が認められるが、その裁量判断に裁量権の逸脱・濫用がある場合には、これを違法事由として主張することができる[6]。

　そして、裁量判断は、それが懲戒制度や分限制度の目的と関係のない目的や動機に基づきなされた場合（動機・目的の違法）、平等原則に反する場合（別異取扱いに合理性がない）場合や比例原則に反する場合[7]、判断の過程で考慮すべき事項を考慮せず（考慮不尽）、考慮すべきでない事項を考慮して判断された（他事考慮）場合、その判断が合理性をもつ判断として許容される限度を超えたものである場合（考慮事項に対する評価の明白な誤り等）には、裁量権の逸脱・濫用として違法となる[8]。

　また、懲戒処分または分限処分について、行政の内部基準として処分基準（行手12条1項）が定められており、当該懲戒処分等がその処分基準に従ってなされたという場合において、処分基準が合理性を欠くか、具体的事実の処分基準へのあてはめに誤りがあるか、あるいは当該事案において処分基準をそのまま適用すべきでない特段の事情があるときには、裁量権の逸脱・濫用があるということができると解されている。

5）分限処分の要件③に関する最判昭和48年9月14日民集27巻8号925頁参照。

6）最判昭和52年12月20日民集31巻7号1101頁、最判平成2年1月18日民集44巻1号1頁、最判平成24年1月16日判時2147号127頁・同139頁。

7）一定の行政目的を達する必要性と処分による不利益の内容との権衡の観点から当該処分を選択することの相当性を基礎付ける具体的な事情が認められるものとはいえない場合には、比例原則に反するものとされる。

8）前掲注5）・6）の各判例参照。なお、比例原則は、その定義（前掲平成24年1月16日参照）からすれば、基本的には効果裁量を制御するものであるといえる。

(2) 手続上の違法事由

　地方公務員法29条4項は、職員の懲戒の手続は、法律に特別の定めがある場合を除くほか、条例で定めなければならないものとしている。また、地方公務員法28条3項は、職員の意に反する降任、免職、休職および降給の手続は、法律に特別の定めがある場合を除くほか、条例で定めなければならないものとしている。そこで、そのような条例[9]における各規定の違反行為がみられる場合、例えば、具体的な理由がほとんど付記されておらず、理由付記の不備があるといえる場合[10]には、その点を手続上の違法事由として主張し、不利益処分の取消しを求めることができる。なお、上記分限処分の手続に係る条例（地公28条3項）については、昭和26年7月7日地自乙発第263号別表一で条例案が示されており、同条例案2条では、地方公務員法28条1項2号の規定に該当するものとして職員を降任し、もしくは免職する場合または同条2項1号の規定に該当するものとして職員を休職する場合には、医師2名を指定してあらかじめ診断を行わせなければならないものとされているが、これは「心身の故障」の要件の認定に関する重要な手続規定といえる。

(3) 不当事由

　違法事由が認められなくても、最も公益に適する裁量行為とはいえないとして委員会が認める場合には、委員会は当該処分を不当な不利益処分として、取り消すことができる。審査請求人の代理人等としては、特に効果裁量の判断において考慮されるべき事項について、専門技術的観点からの考慮が十分なされておらず、その結果、処分をなすことまたは処分の内容が最も公益に適したものとはなっていないことから、「不当」な処分（法1条1項）として取り消されるべきことを主張することが考えられる。

　実務的にはこのような不当性の審査はこれまでほとんどなされてこなかったところであり、判例・実務上、そして行政法学上も、定まった審査の基準

9）地方公共団体ごとに定められている職員の懲戒処分に関する手続及び効果に関する条例・職員の分限処分に関する手続及び効果に関する条例。

10）最判昭和38年5月31日民集17巻4号617頁、最判平成23年6月7日民集65巻4号2081頁等。

が（今日においても）あるわけではないが、委員会は処分の不当性に関しても審査権を有しているのであるから、上記不当の主張を付加しておくことが相当と思われる[11]。

③ 書式例：分限処分に対する審査請求

■ 審査請求書の書式例

(1) 審査請求書

　審査請求に関する手続に関しては、地方公務員法51条で人事委員会または公平委員会による審査手続に関する必要な事項を人事委員会規則または公平委員会規則で定めるとされていることから、関係する地方公共団体の人事委員会規則または公平委員会規則を確認する必要がある（ウェブサイトで確認できる場合もある）ところ、多くの人事委員会・公平委員会では、「不利益処分についての不服申立てに関する規則（案）」（昭和26年7月26日地自乙発第278号別紙二、以下「規則案」という）を参考にして人事委員会規則・公平委員会規則を作成している。

　規則案5条2項によれば、不利益処分についての審査請求書には、ⓐ処分を受けた者の氏名、住所および生年月日（書式例の「第1」部分参照）、ⓑ処分を受けた者の処分を受けた当時の職および所属部局（同「第2」部分参照）、ⓒ処分を行った者の職および氏名（同「第3」部分参照）、ⓓ処分の内容および処分を受けた年月日（同「第4」部分参照）、ⓔ処分があったことを知った年月日（同「第5」部分参照）、ⓕ処分に対する不服の理由（同「第6」部分参照）、ⓖ口頭審理を請求する場合は、その旨および公開または非公開の別（同「第7」部分参照）、ⓗ地方公務員法49条1項または同条2項に規定する処分説明書の交付を受けた年月日（処分説明書が交付されなかったときは、その経緯）（同「第8」部分参照）およびⓘ不服申立ての年月日（同「第9」部分参照）を記載

---

[11] 平裕介「行政不服審査法活用のための『不当』性の基準」（公法研究78号、2016年）239頁、平裕介「行政不服審査における不当裁決の類型と不当性審査基準」行政法研究28号（2019年）167頁を参照されたい。

しなければならないとされている。また、審査請求書には、審査請求人が押印すべきであり、審査請求人が代理人によって審査請求をする場合には、代理人が押印すべきである（規則案5条2項柱書、4条1項、法施行令4条2項参照）。

　不利益処分に対する不服の理由としては、不利益処分の違法事由（取消事由）を記載すべきことになる。違法事由の主張には、実体上の（実体的）違法事由と手続法上の（手続的）違法事由があるところ、書式例（審査請求書）では、基本的には実体上の違法事由（裁量権の逸脱・濫用）の主張とその反論の具体例を紹介している。また、本章の書式例では、不当事由の主張を独立させた項を設けたが（審査請求書の別紙「処分に対する不服の理由」4参照）、違法事由の主張と同じ項の中で不当事由の主張を記載する場合もある。

　規則案6条2項・3項によれば、人事委員会等は、審査請求書に不備があると認められるときは、原則として、相当な期間を定めて、審査請求人に補正させるものとするとされ、審査請求人がその期間内に補正をしなかったときは、審査請求を却下することができるとされている。

⑵　添付書類・証拠書類（証拠方法）

　規則案によれば、審査請求は、審査請求書正副各1通を、人事委員会等に提出してしなければならず（規則案5条1項）、審査請求書には、処分説明書の写し各1通を添付しなければならない（ただし、処分説明書が交付されなかったときは、この限りでない）とされている（法施行令4条3項、規則案5条3項）。

　審査請求人が代理人によって審査請求をする場合にあっては、代理人の資格を証する書面を添付しなければならない（規則案3条3項参照）。

　審査請求書には、証拠として、書類、記録その他適切な資料を添付することができる（規則案8条1項、9条7項参照）。審査請求人は、審査の期間中、証拠を適宜の時期に提出することができるものと解されるが、違法性に係る事実を立証する証拠について準備ができていれば、審査請求書にこれを添えて提出するのが相当であろう。

審査請求書

平成27年5月15日

Y市公平委員会　御中

　　　　　　　　　審査請求人代理人　弁護士　××××　㊞

〒×××-1234
X県Z市××一丁目2番3号
　　　　　　審査請求人　甲　野　太　郎
〒×××-5678
X県Y市××四丁目5番6号　××ビル5階
　××××法律事務所（送達場所）
　電話：×××－×××－×××××
　FAX：×××－×××－×××××
　上記代理人弁護士　××××

〒×××-9123
X県Y市××二丁目7番8号
　　　　　　　処　分　者　　Y市長　××××
　審査請求人は、地方公務員法49条の2の規定に基づき、下記のとおり審査請求をする。

記

審査請求の趣旨

　処分者が平成27年2月24日付けで審査請求人に対してした地方公務員法第28条第1項第2号の規定による分限免職処分を取り消す。
との裁決を求める。

審査請求の理由

第1　処分を受けた者
　　　氏名　　甲　野　太　郎
　　　住所　　X県Z市××一丁目2番3号

生年月日　　昭和41年4月8日

第2　処分を受けた者の処分を受けた当時の職及び所属部局
　　　Y市役所職員・総務部人事課所属

第3　処分者（処分を行った者）の職及び氏名
　　　Y市長　××　××

第4　処分の内容及び処分を受けた年月日
　　　1　処分の内容　地方公務員法28条1項2号に基づく免職処分
　　　2　処分年月日　平成27年2月24日

第5　処分があったことを知った年月日
　　　平成27年2月24日

第6　処分に対する不服の理由
　　　別紙のとおり

第7　審理方法
　　　公開の口頭審理

第8　処分説明書の交付を受けた年月日
　　　平成27年2月24日

第9　不服申立ての年月日
　　　平成27年5月15日

証拠方法

1　甲第1号証　　主治医 a 作成の診断書
2　甲第2号証　　医師 β 作成の診断書
3　甲第3号証　　厚労省通知
4　甲第4号証　　人事院通知

③ 書式例：分限処分に対する審査請求 **193**

添付書類

1	審査請求書副本	1通
2	処分説明書写し	2通
3	甲証拠写し	正副各1通
4	代理人選任届	1通
5	委任状	1通

（別紙）

処分に対する不服の理由

1 事案の概要
 (1) 当事者の経歴
　　当事者の経歴審査請求人は、平成元年3月に大学法学部を卒業した後、同年4月1日、Y市役所に入所し、以後、同日よりB課C係、平成3年4月1日よりD課E係、平成6年4月1日よりF課G係、平成8年10月1日よりH部I課、平成10年4月1日よりJ課K係、（中略）平成22年4月1日、総務部人事課付に配属となった。
 (2) 処分の内容
　　審査請求人は、平成22年12月から平成23年2月まで、また同年11月から平成24年2月まで、糖尿病性網膜症の手術や治療のため、それぞれ療養休暇を取得し、平成24年2月25日からは視覚障害のため休職し、その後、復職に向けた職業リハビリテーションに励んでいたが、この視覚障害により、地方公務員法（以下、「地公法」という。）28条1項2号の「心身の故障のため、職務の執行に支障があり、又はこれに堪えない場合」に該当するものとして、審査請求人は平成27年2月24日付けで分限免職処分（以下、「本件処分」という。）となった。
 (3) 事案の概要
　　本件は、上記のとおりY市役所に20年以上勤務してきた審査請求人が、視覚障害により、職務の遂行に支障があるとして、分限免職処分となったことに対し、主治医の診断書等に基づき審査請求人の能力を客観

的に評価すれば、審査請求人のなしうる業務は多くあり、職務の遂行が可能であるにもかかわらず、Y市長が必要な支援を十分に講じることなく、審査請求人の職務遂行能力に関する問題点の多い一方的な検証作業を行うことなどによって、職務の遂行に支障があるとしてなされた本件処分は、Y市長の裁量権を逸脱・濫用した処分であり、地方公務員法に違反し、障害者基本法や障害者の雇用の促進等に関する法律等の趣旨にも反する違法・不当なものであるから、Y市公平委員会に対して、本件処分の取り消しを求めるものである。

2　本件処分の違法性・不当性の判断についての基本的な考え方
(1)　分限免職処分の適否は諸般の考慮事項に照らして厳密・慎重に判断されなければならないこと

　　地公法の規定に基づく分限免職処分をする場合は、不利益の重大性及び処分の終局性から、「職務遂行の支障」の有無については極めて厳密かつ慎重に判断されなければならない。また、「職務」（地公法28条1項2号）は、当該地方公共団体の全ての職務を対象に検討し、かつ、職務の遂行方法や業務分担のあり方の見直し、物的人的支援のあり方の見直しなどを含め、被処分者の正当な能力に見合う代替業務はないか、あらゆる可能性を検討し尽くす必要があり、そうでない限りその処分は判断過程の合理性を欠き、ないし比例原則等に違反する結果、裁量権の逸脱又は濫用となるものとして取り消されるべきである（行政事件訴訟法30条、最二小判昭和48年9月14日民集27巻8号925頁参照）。

　　また仮に、分限免職処分についての裁量権の逸脱又は濫用の違法性が認められないとしても、裁量判断において重視すべき考慮事項について専門技術的な観点からの考慮が十分ではない場合等には、少なくとも「不当」な処分として、分限免職処分は取り消されるべきである。
(2)　中途視覚障害者に対する分限免職処分については十分な合理的配慮が要請されること

　　本件は、「心身の故障」が視覚障害という障害者雇用の問題に関連するものであることから、雇用確保について、より大きな責任が課せられているものと解されるべきで、障害者の雇用と就労に対する地方公共団体としての姿勢やあり方そのものが問われている問題でもあり、任命権者の裁量権の範囲はさらに大きく制約を受けることとなるのである。

厚生労働省（以下、「厚労省」という。）は、平成19年4月に各都道府県の労働局に対して出した通知（甲3）において、在職中に（中途の）視覚障害を受障した者についてはその雇用を継続させ、離職を防ぐことが最も重要であるとした上で、そのためには当該者を雇用する事業主の視覚障害に関する正しい理解と本人の雇用継続に向けた努力への支援、雇用継続の決定が不可欠であり、特に視覚障害者の職域が確実に拡大していることについて事業主の正しい理解を促進することが重要であることを指摘している。この通知にあるように、障害者が自らリハビリテーションにより職業能力の開発・向上に努力している場合には、事業主は必要な支援・合理的な配慮を行うことが求められているものであり、事業主が国や地方公共団体であればなおさらのことである。人事院も、平成19年1月に各省庁（都道府県等も含む。）の人事担当課長に対し、中途で視聴覚障害者となった職員の就労継続に必要な職業リハビリテーションを受講できる根拠となる通知（甲4）を出しているところである。

このように、中途視覚障害者に対する分限免職処分については十分な合理的配慮が要請されることから、同処分の裁量権の逸脱・濫用を基礎づけるところの考慮不尽（考慮ないし重視すべき事項に係る事由を十分に考慮・重視しないこと）や他事考慮（考慮してはならない事項を考慮ないし重視すること）、考慮事項に係る評価に合理性が（明らかに）欠けていること、あるいは、比例原則に違反するなどの判断に際して、上記合理的配慮の観点に照らした慎重な判定がなされる必要がある。

3 本件処分が裁量権の逸脱又は濫用による違法なものであること
(1) 処分が裁量権の範囲内にあるといえるためには、当該職員が現に就いている職に限らず、転職可能な他の職務を含めて適格性がないといえなければならず、さらに、障害者の有する能力を適正に評価し、適用な雇用の場を与えるという観点に立ってもなお、当該職員の有する能力で遂行し得る適当な職務が存在せず、免職処分がやむを得ないと認められなければならない。

しかるに、処分者の「検証」作業は、とても他の職員の支援、補助によって業務遂行を図ろうとする観点から行ったとは言い難い。処分者が本来なすべき判断は、障害を負う前の業務を遂行できるか、健常者と同

等の業務が遂行できるかではなく、当該障害者にできる業務は何があるのか、どのような環境設定をすれば当該業務に従事可能かということである。処分者にはまずそれらを客観的に評価し、能力に見合う業務を考え探し出して、提供する責務がある。その能力に見合う業務の有無を検討するに際しては、業務を1人で完遂できるかという視点に捉われることなく、他の職員と協力・協働することによって一定の職務を遂行することができるかという観点で検討されるべきであり、障害者としては、その能力に相応しい範囲の業務を遂行し、障害のためにどうしてもできない部分については雇用主側が適切な物的・人的支援を講じてこれを補うことによって障害者の能力を活用することが重要である。そのような観点・考え方を欠いた本件検証は、審査請求人を辞めさせるために行われたとさえみえるものであり、本件処分の当否を考えるに当たって考慮すべきものではない。ゆえに、他事考慮の違法がある。

⑵　本件では、主治医α及び医師βが、審査請求人につき、復職し、就労することが可能であるとの診断を行っている（甲1、甲2）。仮に、実際に復職してみなければ就労可能かどうかは分からないとの事情が想定されるとしても、そのような点は現実に復職させた上での判断にかかわるもので、復職自体を妨げる事由にはなり得ない。ゆえに、これらの点に考慮不尽の違法がある。

⑶　審査請求人は、平成26年5月11日から同年10月29日まで視覚リハビリテーションや職業訓練を受け、現在も、自宅で、毎週パソコン技能訓練を受けている。今後も、歩行訓練やパソコン訓練を受ける予定であり、職場復帰に対する意欲ないし意思は強固であるから、これらの点を十分に考慮・重視しない本件処分には考慮不尽の違法がある。

⑷　審査請求人が市役所内において対応可能な業務としては、電話応対、窓口応対、申請書などの文書受付、申請書などの文書の書類審査、許可書などの文案の作成、日常の業務管理、報告依頼に対する回答書案の作成、業務の連絡及び調整、業務に対する知識と資料のレファレンス業務、その他がある。上記業務を審査請求人が行うに当たり、市は本人の能力を正当に評価し、それに見合うふさわしい業務を行わせ、一人ではできない部分や足りない部分は、市が人的・物的に補い支えあって業務をするという分業の視点が不可欠である。

　例えば、運転免許証による本人確認について、白黒反転した写真によ

る大物の照合は困難を伴うが、一定の合理的配慮（画面の白黒反転、拡大鏡の使用など）がなされれば、審査請求人においても本人確認作業は可能である。しかも、障害者の業務遂行能力の漸次的な向上という点も考慮されなければならない。また、作成された文書等についてもミスがないか確認も、文書の読み上げソフトなど視覚障害者用の支援ソフトを用いるという合理的配慮さえなされれば本人においてもミスの確認は可能である。

　したがって、以上の点についても、考慮不尽の違法があるか、あるいは考慮事項に係る評価の合理性が明らかに欠けているというべきである。

(5)　本件処分は、審査請求人の身分を失わせることが妥当かという重大な人権問題であるにもかかわらず、業務の効率性の観点を過度に強調し、20年間以上も勤務した審査請求人の身分を奪うことの正当性を違法に基礎づけようとしているものといわざるをえないものであり、考慮不尽等の違法があるといえるか、ないしは過剰な処分をするものとして比例原則に違反するものである。

(6)　処分者は、審査請求人が事務処理に長時間を要することで、他の職員が業務を代行することや、勤務時間外に支援・補助するなどの支援が必要となるなどとするが、適切な職務について合理的配慮の上で、適切な分量の業務を他の職員にも命じさえすれば業務上の問題は生じないものであり、あるいは、文書の読み上げソフトといった視覚障害者用の支援ソフトを用いるなど、処分者には視覚障害者職員に対する合理的配慮が可能なはずである。しかし、このような合理的配慮はなされておらず、むしろ他の職員にとっての不必要な負担であるかのような態度を示しているものである。

　また、処分者は、審査請求人があらゆる事務作業を100パーセント完璧にできたか否かによって審査請求人の業務担当能力の有無を判断しようとしているものといえるが、ここにも視覚障害者に対する合理的配慮を行おうとする姿勢は見られない。

　そして、処分者、審査請求人という視覚障害の存在そのものが他の職員の業務に大きな支障をきたすとする考えに立っており、このような処分者の姿勢は、障害者はお荷物である旨公言するに等しく、障害者の社会参加を促すための障害者基本法、障害者の雇用の促進等に関する法

律等、障害者に関わる法令に通底する基本理念に著しく反するものである。

　したがって、以上の点についても、考慮不尽の違法があるか、あるいは考慮事項に係る評価の合理性が明らかに欠けているなどの違法がある。

(7)　以上のとおり、審査請求人は復職し就労する能力・意欲を有し、市には対応可能な業務も存在しているのに、処分者は、審査請求人の有する能力・意欲を正当に評価せず、主治医の診断書も無視し、障害を負う前の業務が遂行できるかどうかという視点のみにとらわれ、一方的な「検証」作業のみを根拠に審査請求人を分限免職にしたものであり、本件処分は裁量権の逸脱又は濫用による違法なものである。また、本件処分は、本来収集されるべき情報がほとんど収集されず、他に選び得る手段が存在するにもかかわらず、これを看過してなされている。

　したがって、多事考慮、考慮不尽の違法があるなど判断過程が不合理であり、比例原則にも違反する処分であることから、本件処分には、裁量権を逸脱・濫用した違法があるといわざるを得ない。本件処分は違法として取り消されるべきである。

4　本件処分は不当なものであること

　仮に本件処分が裁量権を逸脱又は濫用したものとして違法とまでいえないとしても、前記厚生労働省及び人事院の通知の趣旨等に照らせば、職員が障害者となった場合、市当局は、その専門的技術的知見に基づいて、できる限りその雇用を継続する方向で十分な考慮・検討を行うことが要請されるといわなければならない。

　この点に関し、前述したとおり、審査請求人の就労の意思は強く、2名の医師も審査請求人につき復職・就労が可能であるとの診断を行っているにもかかわらず、処分者は、業務の効率性を重視するあまり、審査請求人について他の業務への転換も視野に入れた復職の可能性について本来収集されるべき情報を収集せず、検討をおろそかにして本件処分を行ったものと言わざるを得ない。すなわち、処分者は、少なくとも平成23年2月中旬ころまではY市役所内における職場訓練をさせた上で検証作業を行うことができたにもかかわらず、これを怠って十分な準備期間を設けずに検証作業を開始し、同年1月中には、検証作業を一方的に打ち切った上で、本

件処分を行ったものである。また、処分者が医師等との緊密な連携・情報交換を行った形跡もみられない。

　したがって、本件処分は最も公益に適したものとはいえず、「不当な」（行政不服審査法1条1項）処分として取り消されるべきである。

5　以上のとおり、本件処分は裁量権を逸脱又は濫用したものとして違法であり、そうでないとしても、不当なものであるから、取り消されるべきである。

2　答弁書の書式例

　規則案によれば、人事委員会等は、期限を定めて、審査請求人に対し証拠の提出を求めるとともに、期限を定めて処分者から答弁書および証拠の提出を求めるものとされ、また、人事委員会等は、答弁書の提出がされたときは、審査請求人にその写しを送付するものとし、必要と認めるときは、期限を定めて、反論書の提出を求めることができるものとされている（規則案8条1項・2項参照）。処分者は、答弁書において、当該処分が適法・妥当であることを主張することになる（書式例の「第4」部分参照）。

平成27年（不）第1号審査請求事件
審査請求人　甲野　太郎
処　分　者　Y市長

答　弁　書

平成27年6月30日

Y市公平委員会　御中

処分者　Y市長　××××

〒×××-5678

X県Y市××七丁目8番9号　××ビル2階

××法律事務所

処分者代理人弁護士　××××　㊞

電話：×××－×××－×××××

FAX：×××－×××－×××××

〒×××-9123

X県Y市××二丁目7番8号

Y市総務部総務課

処分者指定代理人　××××　㊞

同　　　　　　　××××　㊞

第1　審査請求の趣旨に対する答弁

本件審査請求を棄却する

との裁決を求める。

第2　審査請求の理由に対する答弁

第1ないし第5、第8ないし第9については認める。第6の処分に対する不服の理由についての認否は次のとおりである。

第3　処分に対する不服の理由に対する答弁

1　「1　事案の概要」について

(1)　「(1)　当事者の経歴」及び「(2)　処分の内容」記載の事実は認める。

(2)　「(3)　事案の概要」記載の事実のうち、①審査請求人がY市役所に20年以上勤務してきたこと、②視覚障害により、職務の遂行に支障があるとして、分限免職処分となったことについては認めるが、その余については、否認ないし争う。

2　「2　本件処分の違法性・不当性の判断についての基本的な考え方」について

争う。処分者の主張は下記第4のとおりである。

3　「3　本件処分が裁量権の逸脱又は濫用による違法なものであること」について

(1)　「(1)」記載の事実等のうち、処分者の「検証」作業は、他の支援、補助によって業務遂行を図ろうとする観点から行なわれていない、あるい

は審査請求人を辞めさせるために行なわれたとする主張は否認する。

(2)　「(2)」記載の事実のうち、実際に復職してみなければ就労可能かどうか分からないとの医師の意見が、復職の妨げになるものでないとの主張は争う。

(3)　「(3)、(4)」記載の事実等のうち、審査請求人の職場復帰に対する意欲は強固なものであること、対応可能な業務は多いことについては否認する。

(4)　「(5)」ないし「(7)」記載の主張は否認ないし争う。

4　「本件処分は不当なものであること」について
　　争う。

第4　処分者の主張
　1　本件処分に至った経緯及び処分の適否の判断についての基本的な考え方

(1)　審査請求人は、平成元年4月1日付けで、Y市事務吏員に任命されたが、糖尿病網膜症等の疾病により、平成24年2月25日から休職となった。平成27年2月24日をもって、条例で定める休職期間3年を経過した。審査請求人は、疾病により、左目を失明し、右目は色の判断ができない状態である。文書読取りについては、白地に黒文字の通常文書は拡大しなければ読取りは困難であり、基本的に白黒反転した状態に転換して読み取っている。疾病は、現在も完治しておらず通院中である。処分者は、平成27年1月当時、審査請求人の前記疾病は完治していなかったものの、病状が安定しており、復職に対する意欲があったことから、Y市の業務に復職可能な能力を有するかについて慎重に検証し、審査、審議した結果、職務の遂行に支障があるとの結論に至り、地公法28条1項2号に該当するものとして本件処分を行ったものである。

(2)　障害者の雇用に関して、障害者基本法及び障害者の雇用の促進等に関する法律において、「その有する能力を正当に評価し、適当な雇用の場を与えるとともに適正な雇用管理を行うことにより、その雇用の安定に努めなければならない。」と規定されているが、地方自治法では公務能率の向上が強く求められている。そして、復職に当たっては、その職場における一定の能力が必要であることはいうまでもなく、本件処分が適

法であるか否かは、もっぱら地公法28条1項2号の解釈の問題であると考えられる。処分者は、分限事由がある場合において、分限処分を行うかどうか、行うときにいかなる処分を選ぶかは処分者の裁量に任されている。地公法28条1項第3号についてではあるが、処分が裁量権の行使を誤ったものとして違法となる場合を最高裁が示しており（最判昭和48年9月14日民集27巻3号925頁）、それは、分限処分が制度の目的、即ち公務の能率の維持、その適正な運用の確保と関係ない目的や動機に基づいてされた場合、処分事由の有無の判断が考慮すべき事項を考慮せず、考慮すべきでない事項を考慮してされた場合、及び処分事由の判断が合理性をもつ判断として許容される限度を超えている場合とされている。

このように、分限制度の趣旨・目的に照らし合理性をもつものとして、許容される限度を超えない限りは処分庁の裁量判断を尊重すべきとの趣旨とされているところ、本件処分は、慎重に病状・能力等を検証し、審査委員会（委員・副市長2名、教育長、部長2名、職員代表、産業医の7名）の審議を経て行ったものであり（乙1）、裁量権の範囲を逸脱・濫用した違法・不当なものではない。なお、休職期間については、条例で最大限3年と定められており、審査請求人は、3年間の療養を行っても市役所業務に復帰できるまでに回復しておらず、本件処分が適切と判断したものである。

2 本件処分の適法性・妥当性

(1) 処分者は、復職したと仮定した場合に、他の職員の支援、補助によって業務遂行可能な基礎的能力があるかを検証したものである。現業職・現場での業務を含む業務について復職困難であることは、審査請求人自身も認めているので検証項目としていない。視力を有する職員と同等の業務遂行ができない場合にどのような職務に従事できるかについては、他市の状況を参考にしながらY市の業務全般について検討したが、そのような担当可能業務は見当たらなかった。

なお、審査請求人には、以前から幾度となくどのような業務が遂行可能かについて尋ねていたが、市職員として20年以上のキャリアがあり、詳細は分からないにせよ、視覚障害となった現在、可能な業務がどのようなものがあるか判断できるだけの知識はあったにもかかわらず、一切の回答がなかった。検証期間中も、期日を指定し、どのような職務が可能か申し出るよう伝えたが、当日になっても回答はなく、やむを得ず具

体的な課や係について聞き取りしたときに、市民課の窓口と財政係との回答があった。申請の受け付けや交付がスムーズに行えるかとの問いには回答はなく、予算要求時の折衝、細かい数字の取扱いは大丈夫かとの問いにも回答がなかった。

(2) 障害を有することとなった職員の業務については、障害により遂行に支障がある業務の一部については、他の職員の支援や補助を受けて行うこととなるが、支援、補助を受けた結果、他の職員の平均的な労務と同等の労務を提供することができることが必要である。この場合、他の職員の支援、補助は、当該職員にも担当する職務があるわけであり、これらの職員の職務遂行に支障をきたすほどの支援、補助には一定の制約があると考えるべきである。業務処理速度についても、障害のない職員と同様の速度を求めるのは困難であろうが、一定の速度は求められるものである。

(3) 審査請求人の事務能力は、検証結果に基づき明らかにしたが、パソコンによる文書作成においては記載漏れが多く、また所要速度も他の職員と比較し、約3倍の時間を要すること、文書製本や書籍の活用、パンフレットの仕分け等についても作業時間が長く、ミスが多いこと、口頭説明では、必要な情報の記録に漏れが多いことなど、基礎的な事務能力が低く、他の職員の平均的な業務を行うには他の職員の多大な支援、補助を要すると判断されるものである。

　パソコン操作については、画面が白黒反転し、かつ文字が2倍以上に拡大できること、項目や入力した文字の読み上げが可能であることが必要だが、ABCシステム（Y市業務の基幹となるシステムであり、Y市役所では同システムを常時活用している）ではこれらの一部が対応せず、操作ができなかった。

　市民課で使用している住民情報システムについても、画面が白黒反転しないため、審査請求人の業務遂行は困難である。具体的に住民票請求についてみると、提出された住民票交付申請書が正確に記載されているか、請求者の身分証明として運転免許証等の提示を求めて申請者が本人であるかを確認し、パソコンで当該申請者を検索して住民票を作成し、これに誤りがないか確認した後、請求者に交付するという手順となる。審査請求人がこの業務を行うとすれば、まず申請書の確認のため拡大読取機で拡大及び白黒反転して記載内容を確認する必要があり、時間を要

することが予想される。次に、請求者が本人であるか免許証の写真を拡大及び白黒反転して同一人物か確認する必要があるが、白黒反転した写真による大物の照合は困難である。また、住民票の作成については、申請内容を入力して検索し、作成することが必要であるが、画面が白黒反転しないため住民情報が読み取れず作成は困難である。これらの業務は、納税証明や所得証明、国民健康保険、医療業務等についても同様である。

　これらの事務処理能力から、審査請求人が復職し業務を遂行するに当たっては、パソコンによる文書作成や書籍等の文書検索や確認、文書製本や仕分け作業などの事務処理に長時間を要し、業務時間内に担当業務を終わらせることができず、他の職員が業務を代行することや、勤務時間外に支援するなどの支援が必要となる。また、作成された文書等についてもミスがないか確認のための支援、補助も必要である。

⑷　審査請求人の病状、能力評価に当たって、眼科医の診断が重要であり、担当医のほか、他の眼科医2名を指定して診断を行った。このうち、R病院のδ医師は、職場復帰は不可能との診断であった（乙2）。また、担当医のQ大学病院α医師の診断については、診断書の提出があった後、直接同医師に面会し、病状等の確認を行った。事務作業は可能との診断は、一般的な事務として判断したもので、地方公共団体の業務に復職可能かどうかはわからないとの回答であった（乙3）。さらに、公立S総合病院のγ医師は、仕事復帰は可能との診断であった（乙4）が、面会による聞き取り調査では、地方公共団体の業務に復帰可能かどうかは実際に業務を行うなどにより判断されるとの回答であった（乙5）。これらの診断結果、聞き取り調査の結果を踏まえ、審査請求人のY市の業務に対する能力の検証を実施し、復職について判断することとした。なお、平成23年11月から平成26年2月までの担当医の診断は、いずれも就労不能だった（乙6の1〜9）。

　医師2名につき、職員の分限に関する手続及び効果に関する条例に基づき指定した。本条例では、任命権者が指定する医師2名の診断によることとされ、本人が任意に依頼した診断書によることはできないとされているが、主治医についても審査請求人の病状に詳しいことから、医師の診断として採用した。

　診断書にある「事務作業は可能」、「仕事復帰可能」が一般的な意味で

の「事務作業」、「仕事」を指すことは面会等により確認している。確認においては、市役所における事務内容は、病院に例えれば経理や総務の業務等に相当することを説明した上で、市役所業務に復職できるか否かについて診断を依頼したが、3名の医師とも判断がなされていない。本件処分の根拠である地公法28条1項2号は、免職できる場合として「心身の故障のため、職務の遂行に支障があり、又はこれに堪えない」と規定しており、ここにいう「職務」とは具体的にはY市職員として遂行する市役所業務であることは明白である。審査請求人は、通算180日の病気休暇の後、3年間に及び心身の故障のため休職しており、その間の診断書はいずれも「就労不能」だった。今回の職場復帰の是非という重大な判断を行うに当たって万全を期すことは当然であり、「事務作業は可能」、「仕事復帰可能」等の診断が、市役所業務の遂行が可能か否かということについて診断されたものか確認することは、任命権者の責務である。

(5) 可能な業務について、電話応対については、各課直通の電話を設置しており、担当職員を配置するほどの業務量がない。窓口応対、申請書などの文書受付については、具体的な職務が不明確だが、市民課市民係、納税課収納管理係を例にとれば、ここに訪れる市民の方へは、迅速かつ丁寧な対応をその場で行う必要がある。申請書の記載事項を確認して必要な証明書類等を作成・交付し、必要に応じて文書を示しながら内容の説明を行う必要があることを考慮すれば、審査請求人は、拡大読取機や音声ソフトの使用が不可欠で作業に時間を要すること、相手と同じ文書を見ながら説明や確認をすることが困難であることなどから、窓口に見えた住民の理解を得がたく、配置は適当ではない。申請書などの文書の書類審査、許可書などの文案の作成、日常の業務管理、報告依頼に対する回答書案の作成、業務の連絡及び調整については、業務を遂行する過程の一つの事務であり、業務内容を把握した上で行うものであることから、これらの事務のみを独立して担当することは困難である。業務に対する知識と資料のレファレンス業務、その他については、日常的に行う業務ではなく、担当業務として不適である。また、これらの業務の中で、可能な業務を寄せあわせて担当することも考えられるが、業務の一部のみを処理することは非効率的で正確性を欠き、現実的な対応ではない。

審査請求人の復職に当たっては、単に事務作業が可能であることをも

って復職の可否を判断するものではなく、Y市職員としての業務遂行に支障なく従事できるものであるかという観点から判断されるべきものであるため、実際に市役所業務に対する事務能力の検証を実施し、その結果をもとに補助や支援を受けることによって事務職に復帰可能な基礎的能力があるか、また事務職に復帰できない場合に、他の業種などへの配置転換等によって就業可能かを検討した結果、これもなくやむを得ず免職としたもので、適正な処分である。

(6) 小規模な地方自治体において、視覚障害を有し、一般事務の遂行が困難な場合に配置転換等により従事可能と考えられる業務として、①現業職、②各種印刷物の印刷・製本・仕分け等、③電話交換業務、④議会議事録作成業務、⑤文書作成業務などが対象と考えられるが、①については、車の運転ができないこと、調理・建設の作業が危険であること、②については、常時発生する業務でなく必要なときに担当職員が行えば足りること、③については、各課直通の電話を設置しており、担当職員を配置するほどの業務量がないこと、④については、経費削減及び迅速な作成のため民間委託していること、⑤については、業務内容を把握した上で担当者が作成することが適当であり、文書作成のみを業務とするには業務量が少ないことから、Y市役所において審査請求人が担当可能な業務は見当たらない。

　他の自治体では、相談業務を行っている例もあり、専門職や特定の業務に長く従事するなど業務に深く精通している場合は選択肢の一つとなりうるが、審査請求人にはそのような業務は見当たらない。

　処分者は、審査請求人の障害の程度、担当医師等の意見、検証、審査委員会の審議結果等（乙1）に基づき、Y市役所における業務が遂行できるかについて、配置転換等による業務を含めて慎重に検討した結果、降任や配置替えを行ったとしても、業務の遂行に支障があることは明らかであるので、地公法28条1項2号の「心身の故障のため、職務の遂行に支障があり、又はこれに堪えない場合」に該当し、分限免職処分を行ったものである。

(7) 障害者雇用を促進し、障害者の雇用の安定に努めなければならないことは地方公共団体の責務であるが、一方で地方公共団体は、公共の福祉を増進することを目的とする組織であり、その目的を効果的、能率的に達成する責務を有し、その事務を処理するに当たって準拠すべき指針と

して、地方自治法第2条14項では、「住民の福祉の増進に努めるとともに、最小の経費で最大の効果を挙げること」を要請している。つまり、地方公共団体の第一義的な目的である住民の福祉向上に努めると同時に、地方自治は、住民の責任とその負担によって運営されるものである以上、常に能率的かつ効果的に処理されなければならず、最小の経費で最大の効果を挙げることが強く求められている。地方公共団体の行政を能率的に遂行するためには、その要素である資金、財産及び職員がそれぞれ効率的に機能を発揮する必要があり、財政運営、財産管理及び人事管理が適切に行われることによって行政の能率化が図られるとされている。地公法における人事行政は、この人事管理であり、人事管理によって行政の能率を向上させる「公務能率の向上」が強く求められている。この適切な実施によって行政の民主化及び能率化が図られ、人事行政の上での住民の負託にこたえることができる。本件処分の根拠である地公法28条の分限制度は、この公務の能率の維持及びその適正な運営の確保の目的から、同条に定めるような処分権限を任命権者に認める規定を定めている。

審査請求人は、180日の病気休暇取得後、3年間休職し治療に専念してきたが、現在も完治しない状態が続いており通院治療中である。業務遂行能力の有無については、医師の診断を仰いだところ、Y市職員としての業務復帰については判断がなされなかったため、基礎的能力の有無を判断するための検証を行って把握に努めた。また、処分の公平性を確保するために審査委員会を設置し、委員に産業医のほか市の業務に精通した職員をもって構成し、市の業務全般を対象に審査請求人の病気の状態や能力等を考慮しながら慎重に検討を行った。本件処分は、障害者の雇用の安定に努めなければならない責務を考慮しつつも、審査請求人の病状、業務遂行能力等から、地公法28条1項2号に該当するものと判断し行ったもので、処分権者の人事に関する裁量権の範囲を逸脱・濫用した違法なものではなく、かつ妥当なものである。

3　よって、本件処分は適法かつ妥当なものであるから、審査請求人の本件請求は棄却されるべきである。

第8章

運転免許

〈ロードマップ〉

1 **道路交通法に基づく行政処分に対する行政不服申立てと改正行政不服審査法**

　道路交通法に基づく行政処分(免許の取消し・停止等の処分)に対する不服申立てについては、同法に特別の定めがあるほかは、行政不服審査法の規定が適用になり、平成26年6月の同法の改正の影響をそのまま受ける。道路交通法113条の3は、同法の規定に基づき警察官等が現場においてした処分については、審査請求をすることができないとし、不服申立てを制限している。

　なお、道路交通法上、交通反則通告制度（いわゆる反則キップによる反則金の納付制度）が存在するが、当該手続は刑事事件の代替手続であり、免許取消し・停止等の処分の事由があるとされている場合に、反則金を納付した場合であっても免許停止・取消処分を免れることにはならない。

2 **道路交通法に基づく行政処分に対する不服申立ての手続要件・審理手続・理由**

　不服申立ての手続要件は、審査請求人適格の具備、審査請求の対象適格の具備、審査請求期間の遵守等である。道路交通法上の行政処分により権利を侵害されまたは法律上の利益を侵害される者は審査請求適格を有する。審査請求は処分を知った日の翌日から3か月以内にしなければならない。審理手続については、平成26年6月の行政不服審査法の改正により、口頭意見陳述や物件の閲覧・交付等の制度が整備されている。審査請求の理由としては、免許取消し・停止等の処分の違法一般（処分の主体、内容、手続等に係る違法すなわち実体法上および手続法上の違法事由）、免許取消し・停止等の処分の不当を主張することになる。

3 **書式例：運転免許取消処分に対する審査請求**

　免許停止処分に対する審査請求書と弁明書の書式例を紹介する。

1 道路交通法に基づく行政処分に対する行政不服申立てと改正行政不服審査法

1 道路交通法に基づく行政処分に対する行政不服申立ての概要

(1) 行政処分に対する審査請求

　道路交通法（以下、本章では「道交法」と略すことがある。）に基づく行政処分に対する不服申立てについては、同法に特別の定めがあるほかは、行政不服審査法が適用される。道交法は、「この法律の規定に基づき警察官等が現場においてした処分については、審査請求をすることができない。」（道交113条の3）と規定しているから、この処分については不服申立てが制限される。道交法上の行政処分としては、免許の取消し・効力停止（道交103条1項）があるほか、禁止場所における通行許可申請・駐車許可申請に対し警察署長が行う不許可処分（道交8条1項、45条1項）、乗車・積載に係る制限外許可申請に対し警察署長が行う不許可処分（道交56条）、道路使用の許可申請に対し警察署長が行う不許可処分（道交77条）、免許申請に対し都道府県公安委員会が行う免許の拒否等の処分（道交90条）、都道府県公安委員会が行う「優良運転者」（いわゆるゴールド免許）以外に区分された運転免許証の交付（道交92条の2）等がある。

(2) 交通反則通告制度

　交通反則通告制度とは、自動車（重被牽引車を含む）または原動機付自転車を運転中の軽微な交通違反（「反則行為」）につき、反則行為の事実を警察官または交通巡視員により認められた者が、一定期日までに法律に定める反則金を納付することにより、反則行為に係る事件について、公訴の提起による刑事事件手続、または家庭裁判所の審判による少年保護手続を受けることがないようにする制度である。この制度は、自動車交通の増大に伴い、道交法違反事件の件数が飛躍的に増大し、これが検察庁・裁判所の活動を著しく圧迫するに至ったため、これらの機関の負担を軽減すべく創設されたもので、反則金が所定の期日までに納付されることを前提とするものである。反則行

為者が反則金を納付しない場合には、公訴を提起しまたは家事審判に付して、刑事手続あるいは少年保護手続を受けさせることができる。

判例は、「通告を受けた者が、その自由意思により、通告に係る反則金を納付し、これによる事案の終結の途を選んだときは……抗告訴訟によってその効果の覆滅を図ることはこれを許さず、右のような主張をしようとするのであれば、反則金を納付せず、後に公訴が提起されたときにこれによって開始された刑事手続の中でこれを争い、これについて裁判所の審判を求める途を選ぶべきである」として、反則金の通告は抗告訴訟の対象とならないとしている（最判昭和57年7月15日民集36巻6号1169頁）。この理は、行政不服申立てに及ぶものであり、反則通告に対しては不服申立てをすることができない。

交通反則通告制度はあくまでも反則行為の刑事事件等としての処理に関するものであり、反則金を納付したことが、反則行為を行った者に対する行政処分（免許の停止・取消し）の免責事由となるものではなく、反則行為による減点により免許の停止・取消しの処分を受けることがありうる。

(3) 改正行政不服審査法と道路交通法との関係

道路交通法に基づく行政処分（免許の停止・取消し等の処分）に対する不服申立てについては、同法に特別の定めがあるほかは、行政不服審査法の規定が適用になり、平成26年6月の同法の改正の影響をそのまま受ける。

平成26年6月の改正の概要は、本書第Ⅰ部のとおりであり、行政不服申立てが審査請求・異議申立てから審査請求だけに一本化されたこと、不服申立期間が「処分があったことを知った日の翌日から起算して3月」以内（法18条1項）とされ、60日から3か月に延長されたこと、また、審理手続において、審査請求人等、口頭意見陳述の申立人は、口頭意見陳述において処分庁等に対して質問を発することができるようになり（法31条1項）、審査請求人または参加人に認められる証拠書類等の閲覧請求権の範囲が拡大され、写しの交付請求権も認められるようになる（法38条1項）など、口頭意見陳述や物件の閲覧・交付等の制度が整備されたことを指摘することができる。

② 道路交通法に基づく行政処分に対する不服申立ての手続要件・審理手続・理由

■ 審査請求の要件

(1) 審査請求先、審査請求の方法

禁止場所における通行許可申請・駐車許可申請に対する不許可処分等、処分庁が警察署長の場合は都道府県公安委員会が、免許の停止・取消し等、処分庁が都道府県公安委員会の場合は同公安委員会が審査請求先（審査庁）となる（法4条1号・4号）[1]。もっとも、誰に対して審査請求をすべきであるか、処分時に処分庁から教示がある（法82条1項）。

審査請求の方法について、道路交通法は口頭で審査請求できる旨規定していないことから、原則として所定の事項を記載した審査請求書を提出しなければならない（法19条1項）。具体的な記載例は、下記③(1)の書式例を参照されたい。

(2) 審査請求人、代理人

審査請求をなしうる者は、「行政庁の処分に不服がある者」（法2条）であり、免許の申請に対する許否処分、免許の停止・取消しの処分に対する審査請求においては当該処分を受けた者がこれにあたる。運転免許が（道交法が適用される）道路において自動車等を運転する資格を特定個人に認めるものであることから、免許停止処分等を受けた者以外の第三者が免許停止処分等を不服として審査請求を行う場面は想定されていないものと考えられる。

禁止場所における通行許可申請・駐車許可申請に対し警察署長が行う不許可処分等の申請に対する処分についても、当該申請をし当該処分を受けた者が審査請求人適格を有することは明らかである。当該処分により不利益を受ける第三者が審査請求人適格を有するかは、その処分の根拠法規が当該第三者のその不利益を受けないという利益を個人の個別的利益としても保護して

1）「行政不服審査法及び行政不服審査法の施行に伴う関係法律の整備等に関する法律の施行等について（通達）」（平成28年2月12日警察庁丁総発第121号）。

いるかどうかによる。

なお、審査請求は代理人によってもすることができる（法12条2項）。代理人について、行政不服審査法は民事訴訟法54条1項のように代理人の資格について弁護士のみとする旨制限を設けておらず、人数の制限もない。

もっとも、法律で認められていない者（資格のない個人、司法書士、行政書士等）が、報酬を得る目的で、審査請求の手続を業として代理する場合には弁護士法上の非弁活動の禁止（弁護士法72条）に該当するので注意が必要となる。

(3) 審査請求の対象

審査請求の対象は、「行政庁の処分」たる免許停止処分等である。

なお、免許停止処分等とは直接関係がないが、「この法律の規定に基づき警察官等が現場においてした処分については、審査請求をすることができない」（道交113条の3）とされており、警察官等[2]が行う交通の規制（道交6条）、違法駐車に対する措置（道交51条1項）等については、その内容が継続的な性質を有しないことから審査請求による救済の実益がないものとして審査請求の対象外とされている。

(4) 審査請求期間

不利益処分に対する審査請求は、処分があったことを知った日の翌日から起算して3か月以内にしなければならず、処分があった日の翌日から起算して1年を経過したときも審査請求することができない（法18条1項・2項）。

(5) 審理手続

審理の方法には、書面審理と口頭審理による審査があるところ、行政不服審査法は原則として書面審理によるものとしており、①審査請求人が審査請求書を提出した後に、②処分庁が弁明書を提出し（法29条3項）、その後、③審査請求人が弁明書に対する反論書を提出、これに対する再度の弁明書を処分庁が提出、審査請求人がさらなる再反論書の提出……といったように書面

2） 警察官および道路交通法114条の4第1項の交通巡視員（道交6条1項）。

による主張反論が行われることとなる。

　これに加えて、審査請求人または参加人の申立てがあった場合には口頭で審査請求に係る事件に関する意見を述べる機会が与えられることとなっており（法31条1項）、行政不服審査法はこのような口頭意見陳述による口頭審理の補完も予定している。

　また、審査請求人、参加人、処分庁は、証拠書類または証拠物を提出することができ（法32条1項・2項）、これによって主張する事実を立証することとなる。なお、審理員が、証拠書類もしくは証拠物または書類その他の物件を提出すべき相当の期間を定めることがあり、その場合はその期間内に提出しなければならない（法32条3項）。

　審理員は、審査請求人もしくは参加人の申立てによりまたは職権で、書類その他の物権の所持人に対し、その物権の提出を求めることができるとされている（法33条）から、審査請求人は、積極的に審理員に対して行政庁が所有していると想定される書面等について提出要求の申立てをすることによって、審査手続中に効果的に証拠収集をすることができる。なお、審理員から書類その他の物件の提出要求があった場合には、審査請求人はこれに応じなければならない。審査請求人または参加人は、審理手続が終結するまでの間、提出書類等（聴聞手続に係る聴聞調書・報告書、弁明の機会の付与手続に係る弁明書、提出された証拠書類、審理員の物件提出要求により提出された書類その他の物件）の閲覧、交付請求をすることができる（法38条1項）。

② 審査請求の理由（違法事由・不当事由）

　すでに述べたとおり、道交法上の行政処分には、禁止場所における通行許可申請・駐車許可申請に対し警察署長が行う不許可処分（道交8条1項、45条1項）や免許申請に対し都道府県公安委員会が行う免許の拒否等の処分（道交90条）等の申請に対する処分と免許の停止・取消し（道交103条1項）の不利益処分がある。

　禁止場所における通行許可申請・駐車許可申請に対し警察署長が行う不許可処分等に対する審査請求においては、処分に裁量権の逸脱・濫用の違法があること、または裁量権の行使が不適切であり処分は不当であることを主張する。

裁量権の逸脱・濫用については、一般的に、本来の目的と関係のない目的や動機に基づいて処分がされた場合（動機・目的の違法）、平等原則違反の場合、行政目的を達する必要性と処分による不利益の内容との権衡の観点から当該処分を選択することの相当性を基礎付ける具体的な事情が認められるものとはいえない場合（比例原則違反）、事実の評価が明らかに合理性を欠くこと、判断の過程で考慮すべき事項を考慮せず（考慮不尽）、考慮すべきでない事項を考慮すること（他事考慮）等により、その処分が社会通念に照らし著しく妥当を欠くと認められる場合には、裁量権の逸脱または濫用として違法となると解されている。

また、処分を行うについて、行政の内部基準として審査基準・処分基準が定められている場合において、審査基準・処分基準が合理性を欠き、具体的事実の審査基準・処分基準への当てはめに誤りがあり、あるいは当該事案において審査基準・処分基準をそのまま適用すべきでない特段の事情があるときにも、裁量権の逸脱または濫用があるということができる。

免許申請に対し都道府県公安委員会が行う免許の拒否の処分に対する審査請求においては、運転免許試験に合格した者であり、免許拒否の事由が存在しないことを主張することになる。

免許の停止・取消しの不利益処分に対する審査請求においては、実体上の違法および手続上の違法を主張する。実体上の違法事由としては、処分の根拠となる事由が存在しないこと、処分事由が存在するとしても、処分が裁量権の逸脱・濫用として違法であること、その裁量権の行使が不適切で、処分が不当であることを主張することになる。

以下においては、免許の停止・取消し、免許取消しの場合の欠格期間の指定の処分（以下「免許の停止処分等」という。）に関する違法事由および不当事由を紹介する。なお、これらの不利益処分については、処分の際に交付される処分書（道交104条の3第1項）にその理由が明らかにされるから、審査請求人としては、この記載に照らし、具体的に主張を構成すべきことになる。

⑴　実体上の違法事由

ア　免許停止・免許取消しの要件

免許の停止（厳密には免許の効力の停止）および免許の取消しの要件は、道

路交通法103条 1 項各号に記載されており、①幻覚の症状を伴う精神病、認知症等の病気にかかったとき（道交103条 1 項 1 号・1 号の 2 、道交令38条の 2 第 1 項～ 4 項）、②目が見えないその他自動車の安全な運転に支障を及ぼすおそれがある身体の障害が生じたとき（道交103条 1 項 2 号）、③アルコール、麻薬、大麻、あへんまたは覚せい剤を使用したとき（道交103条 1 項 3 号）、④適性検査の受検命令に違反したとき（道交103条 1 項 4 号）、⑤自動車等の運転に関しこの法律もしくはこの法律に基づく命令の規定またはこの法律の規定に基づく処分に違反したとき（道交103条 1 項 5 号）、⑥酒酔い運転等の違反を助ける行為をしたとき（道交103条 1 項 6 号）、⑦道路以外の場所で人を死傷させたとき（道交103条 1 項 7 号）、⑧その他自動車を運転することが著しく道路における交通の危険を生じさせるおそれがあるとき（道交103条 1 項 8 号）が要件となっている。

　なかでも、⑤自動車等の運転に関しこの法律もしくはこの法律に基づく命令の規定またはこの法律の規定に基づく処分に違反したとき（道交103条 1 項 5 号）の要件については、「政令で定める基準」として点数制度を設けており（道交令38条）、一定の基準点に達したときに免許停止処分等がされることとなる（表 1 ）。

　また、免許取消しについては、①自動車等の運転により故意で人を死傷させ、または建造物を損壊させたとき、②危険運転致死傷罪[3]にあたる行為をしたとき、③酒酔い運転[4]または麻薬等運転[5]をしたとき、④救護義務違反行為をしたとき[6]、⑤故意または危険運転致死傷罪にあたる行為によって道路以外の場所で人を死傷させたときにも免許を取り消すことができるとされている（道交103条 2 項）。

イ　点数制度

　点数制度とは、道交法違反行為や交通事故にあらかじめ一定の点数を付し、過去 3 年間の累計点数（合計点数）が一定の基準点に達したときに行政処分（免許の拒否、保留、取消し、停止）を行う制度をいう。当該制度は、過去の違

---

3 ）自動車の運転により人を死傷させる行為等の処罰に関する法律 2 条～ 4 条。
4 ）道交117条の 2 第 1 号。
5 ）道交117条の 2 第 3 号。
6 ）道交117条 1 項、72条。

216　第Ⅱ部　第8章　運転免許

反行為を処罰する目的ではなく、違反行為から推認される将来の危険性に応じて行政処分を行うことを目的としている。

　点数制度における点数の計算は、原則として[7]、過去3年間の交通違反や交通事故にかかる基礎点数および付加点数を合算した累計点数で評価する。ここでいう基礎点数とは違反行為に付される点数であり、付加点数とは違反行為によって交通事故を起こした場合等[8]に付される点数である。

　点数制度上の「違反行為」は一般違反行為と特定違反行為の2つに分類されており（道交令33条の2第3項本文）、運転殺人、危険運転致死傷等悪質な行為を特定違反行為とし（道交令33の2第2項1号、道交令別表第2の2の表の上欄）、特定違反行為以外の違反行為を一般違法行為としている（道交令33条の2第1項1号、道交令別表第2の1の表の上欄）。次表のとおり一般違反行為を前提とするか特定違反行為を前提とするか、過去3年以内に行政処分の前歴があるか否かによって基準となる点数が異なる。

　例えば、不注意により赤信号を無視して歩行者に追突し、治療期間30日以上3か月未満の傷害を負わせる事故を起こした場合（処分の前歴がないことが前提）、基礎点数として信号無視の2点（表3）、付加点数として9点（表5）の合計11点となり、60日の免許停止処分に該当する（表1、表7）。さらに負傷者を救護しないで逃げた場合は、救護義務違反（ひき逃げ）として35点が加算され（表4）合計46点となり、取消処分に該当する（表2）。

ウ　点数制度を前提とした違法事由の主張

　一時停止違反や赤信号無視等の違反行為を行っていないにもかかわらず当該行為を行ったとして免許停止処分等を受けた場合、当該違反行為の存在自体を争うことによって免許停止処分等の適法性を争うことができるが、前述したとおり、免許停止処分等は点数制度に基づいて行われるため、免許停止処分等の基準点に達しない場合には免許停止処分等をする根拠がなくなる。

7）例外として、無事故・無違反が1年以上あるときはその期間前の違反行為は累計しない、2年以上無違反の者が軽微な違反行為をし、その後3月以上無違反で経過したときは、その軽微な違反行為にかかる点数は合算しない等の点数計算の例外がある（道交令33条の2第3項各号）。

8）付加点数には、交通事故に付されるものと交通事故を起こしたにもかかわらず措置義務違反をした場合（いわゆる「あて逃げ」）に付されるものがある（道交令別表第2の3、同別表備考1項2号ロ）。

②　道路交通法に基づく行政処分に対する不服申立ての手続要件・審理手続・理由　　**217**

表1　一般違反行為を理由として処分される場合の累積点数と欠格期間[9]

	前歴なし	前歴1回	前歴2回	前歴3回以上
停止・留保	6点〜14点	4点〜9点	2点〜4点	2点または3点
欠格期間[10] 1年（3年）	15点〜24点	10点〜19点	5点〜14点	4点〜9点
欠格期間 2年（4年）	25点〜34点	20点〜29点	15点〜24点	10点〜19点
欠格期間 3年（5年）	35点〜39点	30点〜34点	25点〜29点	20点〜24点
欠格期間 4年（5年）	40点〜44点	35点〜39点	30点〜34点	25点〜29点
欠格期間 5年	45点以上	40点以上	35点以上	30点以上

※免許取消履歴保有者であり、欠格期間中または欠格期間が満了してから5年を経過する日までの間に違反行為をして免許を取り消された場合の欠格期間は（　）内の年数となる

表2　特定違反行為を理由として処分される場合の累積点数と欠格期間[11]

	前歴なし	前歴1回	前歴2回	前歴3回以上
欠格期間 3年（5年）	35点〜39点	－	－	－
欠格期間 4年（6年）	40点〜44点	35点〜39点	－	－
欠格期間 5年（7年）	45点〜49点	40点〜44点	35点〜39点	－
欠格期間 6年（8年）	50点〜54点	45点〜49点	40点〜44点	35点〜39点
欠格期間 7年（9年）	55点〜59点	50点〜54点	45点〜49点	40点〜44点
欠格期間 8年（10年）	60点〜64点	55点〜59点	50点〜54点	45点〜49点
欠格期間 9年（10年）	65点〜69点	60点〜64点	55点〜59点	50点〜54点
欠格期間 10年	70点以上	65点以上	60点以上	55点以上

9）　道交令別表第3の1。

10）　公安委員会が免許を取り消したときに指定する被処分者が免許を受けることができない期間（道交103条7項）。

11）　道交令別表第3の2。

218　第Ⅱ部　第8章　運転免許

表3　主たる一般違反行為の基礎点数[12]

一般違反行為の種別	基礎点数	一般違反行為の種別	基礎点数
無免許運転	25点	放置駐車違反（駐停車禁止場所）	3点
酒気帯び運転（0.25mg以上）	25点	放置停車違反（駐車禁止場所） 駐停車違反（駐停車禁止場所）	2点
酒気帯び運転（0.25mg未満）かつ速度超過50km/h以上	19点	駐停車違反（駐車禁止場所）	1点
酒気帯び運転（0.25mg未満）かつ 速度超過30（高速道路40）km/h以上50km/h未満	16点	信号無視	2点
酒気帯び運転（0.25mg未満）かつ 速度超過25km/h以上50（高速道路40）km/h未満	15点	指定場所一時不停止	2点
酒気帯び運転（0.25mg未満）かつ速度超過25km/h未満	14点	安全運転義務違反	2点
酒気帯び運転（0.25mg未満）	13点	携帯電話使用（交通の危険）	2点
速度超過30（高速道路40）km/h以上50km/h未満	6点	携帯電話使用（保持）	1点
速度超過25km/h以上50（高速道路40）km/h未満	3点	通行帯違反	1点
速度超過20km/h以上25km/h未満	2点	進路変更禁止違反	1点
速度超過20km/h未満	1点	無灯火	1点

表4　特定違反行為の基礎点数[13]

特定違反行為の種別	点数
運転殺人等、危険運転致死等	62点
運転傷害等（治療期間3月以上または後遺障害） 危険運転致傷等（治療期間3月以上または後遺障害）	55点
運転傷害等（治療期間30日以上） 危険運転致傷等（治療期間30日以上）	51点
運転傷害等（治療期間15日以上） 危険運転致傷等（治療期間15日以上）	48点
運転傷害等（治療期間15日未満または建造物損壊） 危険運転致傷等（治療期間15日未満）	45点
酒酔い運転、麻薬等運転、救護義務違反	35点

表5　違反行為に付する付加点数（交通事故の場合）[14]

交通事故の種別	専ら違反行為者の不注意で交通事故を発生させた場合の点数	左欄以外の場合の点数
人の死亡に係る交通事故	20点	13点
傷害事故（治療期間が3月以上または後遺障害発生）	13点	9点
傷害事故（治療期間が30日以上3月未満）	9点	6点
傷害事故（治療期間が15日以上30日未満）	6点	4点
傷害事故（治療期間が15日未満または建造物の損壊）	3点	2点

12）道交令別表第2の1。

13）道交令別表第2の2。

② 道路交通法に基づく行政処分に対する不服申立ての手続要件・審理手続・理由 **219**

表6 交通事故後の行為による点数[15]

行為の種別	点数
人身事故の場合 救護措置義務違反（ひき逃げ）	35点（基礎点数）
物損事故の場合 危険防止等措置義務違反（あて逃げ）	5点（付加点数）

表7 運転免許の効力の停止の基準[16]

前歴の回数	累積点数	期間
前歴なし	6点、7点、8点	30日
	9点、10点、11点	60日
	12点、13点、14点	90日
前歴1回	4点、5点	60日
	6点、7点	90日
	8点、9点	120日
前歴2回	2点	90日
	3点	120日
	4点	150日
前歴3回	2点	120日
	3点	150日
前歴4回以上	2点	150日
	3点	180日

そのため、違反行為の存在を争うほかに、点数加算の原因となる他の要素を争うことによって、点数加算を防ぎ、免許停止処分等の基準点に達していないことを主張することが考えられる。具体的には、事故後の救護義務違反行為等（表6）が存在しないこと、被害者の治療期間の認定が不当であること（道交令別表第1の2、表4）、「専ら当該違反行為をした者の不注意によって発生したものである場合」（道交令別表第1の2、表4）に該当しないことを争うことによって点数の加算を防ぐことが考えられる。

なおこの点、治療期間について、交通事故で被害者に傷害を負わせ、その治療期間について診断書どおりに治療期間3か月以上の傷害を負わせたと認定された事案において、被害者の治療期間は診断書に記載された3か月を下

---

14) 道交令別表第2の3。

15) 道交令別表第2の3、同別表備考1項2号ロ。

16) 平成25年11月13日警察庁丙運発第40号。

220 第Ⅱ部 第 8 章 運転免許

回る可能性が相当程度あったとして治療期間を 3 か月と認定したことが違法
であり、その結果付加点数を踏まえても免許取消処分の基準点に達しないこ
とから免許取消処分を取り消すとした裁判例がある（仙台地判平成24年 1 月23
日平成22年（行ウ）第 1 号・裁判所ウェブサイト）。また、「交通事故が専ら当該
違反行為をした者の不注意によって発生したものである場合」の意義につい
て、通達[17]は「当該違反行為をした者の不注意以外に交通事故の原因となる
べき事由がないとき、又は他に交通事故の原因となるべき理由がある場合に
おいて、その原因が当該交通事故の未然防止及び被害の拡大の抑止に影響を
与える程度のものでないとき」をいうものとしている。また、信号機等の交
通整理の行われていない交差点で自動車が自転車横断帯に接する横断歩道を
横断中の自転車に衝突して被害者を負傷させた事案において、当該事故が専
ら原告の不注意によって発生したものか否かが主たる争点となり、この点に
ついて、通行の優先関係、道交法上負うべき自転車横断帯等における自転車
の安全を確保する義務（道交38条 1 項）、交差点安全進行義務（道交36条 4 項）
を指摘し、原告の衝突回避可能性を検討し、その結果、被害者が原告車に気
が付かずその動静に注意しないまま横断歩道上を横断しようとしたことは被
害者の不注意と評価すべきではなく、本件事故は専ら原告の不注意によって
発生したと判示した判例がある（最判平成18年 7 月21日判例時報1946号37頁）。
同判決は、信号機等により交通整理の行われていない交差点を南から北に直
進しようとした加害者の運転する自動車が、同交差点の北側出口付近の自転
車横断帯の北側に接する横断歩道上を東から西に横断中の被害者の運転する
自転車に衝突して被害者を負傷させたという事案において、上記自動車の進
行してきた道路は交差点手前で道路標識等により一時停止すべきことが指定
されていたこと、上記自転車が自転車横断帯の北側表示線の中心からわずか
に約0.8メートル離れた所を横断していたこと、上記自動車が進行してきた
方向から上記自転車の進行してくる方向への見通しを妨げるものは特になか
ったことなど判示の事実関係の下では、道交法施行令（平成16年政令第390号
による改正前のもの）別表第 1 の 2 の表の適用に関し、被害者が上記自動車に
気が付かずその動静に注意しないまま横断歩道上を横断しようとしたことを

17）「点数制度による行政処分事務に関する事務処理要領について」の改正について（平
　成28年 6 月17日警察庁丙運発第11号）。

その不注意と評価すべきでなく、上記事故は、専ら加害者が自転車横断帯等における自転車の安全を確保する義務および交差点安全進行義務を怠るという不注意によって発生したものというべきであるとしている。

エ 裁量判断にかかる違法事由の主張

道交法103条1項、2項は、各項各号の基準に従って免許の停止・取消しの処分を行い、また、同条7項、8項は、上記各規定により免許の取消しをしたときは、当該処分を受けた者が免許を受けることができない欠格期間を指定するものとしており、公安委員会がその権限を行使して免許の停止・取消しの処分を行うか否かの判断は、原則として同条1項各号または同条2項各号の基準に従って、また、免許の取消しの処分を行う場合に欠格期間をどのように定めるかの判断は、原則として道交法施行令の基準に従って行われるべきものである。しかし、免許停止処分等は、自動車の運転を一定期間禁止し、再度免許取得手続をさせ、免許取消し後の再度の免許取得を一定期間できなくするという重大な制約を運転者に課すものであるから、違反行為の態様、違反行為を行うに至る経緯、動機、違反者の違反の認識の有無、程度等の個別具体的な事情により、道交法および道交法施行令の基準どおりの処分を行うことが被処分者の道路交通上の危険性の度合いに照らして著しく重きに失すると認められる場合（比例原則違反）等には、裁量権の逸脱または濫用として違法になることもありうると解される（さいたま地判平成25年9月25日平成24年（行ウ）第23号・裁判所ウェブサイト）。免許の停止・取消しの処分について、裁量権の逸脱・濫用があると考えられる場合には、その旨を主張しておく。

また、免許停止処分等については、行政の内部基準として処分量定基準が定められており、処分量定基準[18]が合理性を欠き、具体的事実の処分基準への当てはめに誤りがあり、あるいは当該事案において処分基準をそのまま適用すべきでない特段の事情があるときにも、裁量権の逸脱または濫用があるということができる。

なお、歩道を横切る状態で停車していた原動機付自転車に自転車が追突する交通事故が発生し、事故後の適切な救護措置を行わなかったことによる点

18）「運転免許の効力の停止等の処分量定基準の改正について（通達）」（平成25年11月13日警察庁丙運発第40号）。

数加算により運転免許取消処分を受けた事案において、本件事故の責任は自転車運転者のみにあって原告の道路交通上の危険性は著しく小さく、また違反の態様においても危険運転致傷や酒酔い運転と同程度の悪質性を認めることは到底できないことから特段の事情があり、免許取消処分は道路交通上の危険性の度合いに照らして著しく重きに失するといえ裁量権の濫用（比例原則違反）として違法であるとして免許取消処分の取消しを認めた裁判例（前掲さいたま地判平成25年9月25日）がある。

(2) 手続上の違法事由

　道交法に特別の定めがない限り行政手続法が適用になるが、道交法113条の2は、同法103条1項または4項の規定による免許の停止・取消し（同条1項5号に係るものに限る。）、同条2項または4項の規定による免許の取消し（同条2項1号から4号までのいずれかに係るものに限る。）等の不利益処分については、処分基準の公表（行手12条）および不利益処分の理由提示（行手14条）を除き、行政手続法第3章の規定を適用しないと規定している。

　道交法は104条以下で、①同法103条1項5号の規定による免許の90日以上の停止・免許の取消し、同条2項1号から4号までのいずれかの規定による免許の取消し等の場合における公開による意見聴取の手続、②103条1項または4項の規定による免許の90日以上の停止（同条1項5号に係る場合を除く。）の場合の聴聞の特例、③上記②の聴聞、道交法103条1項もしくは4項の規定による免許の取消し（同条1項各号（5号を除く。）に係るものに限る。）、同条2項もしくは4項の規定による免許の取消し（同条2項5号に係るものに限る。）に係る聴聞の特例、④免許の停止処分等に係る書面の交付等の手続を定めている。

　免許の停止処分等の手続に法令違背があり、その違背の程度が大きく、道交法の要請する手続の公正が著しく害されるという場合、あるいは、処分手続に法令違背があり、その法令違背が処分の結果に影響を及ぼしている蓋然性があるという場合には、その旨を主張して、免許停止・取消しの処分の取消しを求めることができる。例えば、一般的に、交付された処分通知書面に処分の具体的な理由が記載されておらず、または記載に不備がある場合（理由付記の不備の場合）には処分自体も違法となるものとされており（最判平成

23年6月7日民集65巻4号2081頁等）、処分書（104条の3第1項）に「安全運転義務違反」等概括的な記載しかなく具体的な理由が記載されていない場合には当該不備を手続上の違法事由として主張することが考えられる。

(3) 不当事由

道交法上の処分を行うについて、行政庁に裁量が認められている場合、行政庁の裁量権の行使が違法といえない場合でも、その行使が不適切であり不当と認められるときには、審査庁は処分を取り消すことができるとされている。裁量権の行使が不適切と考えられるときは、その旨（不当事由）を主張しておくとよい[19]。

③ 書式例：運転免許取消処分に対する審査請求

(1) 審査請求書の書式例

ア 審査請求書

行政不服審査法は、他の法律に口頭ですることができる旨の定めがある場合を除き、審査請求は審査請求書を提出してしなければならないとしている（法19条1項）。この点、道交法は審査請求手続について特段の定めがないため、行政不服審査法の定める方法により審査請求書を提出することになる。

したがって、審査請求書には、①審査請求人の氏名または名称および住所または居所（代理人によって審査請求をする場合には代理人の氏名および住所または居所）、②審査請求に係る処分の内容、③審査請求に係る処分があったことを知った年月日（当該処分について再調査の請求についての決定を経たときは当該決定年月日）、④審査請求の趣旨および理由、⑤処分庁の教示の有無およびその内容、⑥審査請求の年月日を記載しなければならない（法19条2項各号、4項）。また、審査請求書は、審査請求人（代理人によって審査請求をする場合には代理人）が押印しなければならない（法施行令4条2項）。

---

[19] 平裕介「行政不服審査法活用のための『不当』性の基準」公法研究78号（2016年）239頁、平裕介「行政不服審査における不当裁決の類型と不当性審査基準」行政法研究28号（2019年）167頁参照。

なお、都道府県警察署ウェブサイトに審査請求書の記載例を公表している警察署もある。

イ　添付書類

　審査請求人は、審査請求の趣旨および理由を立証するために証拠書類または証拠物の写しを審査請求書に添付して提出するのが通例である（法32条1項）。

　なお、代理人によって審査請求をする場合にあっては代理人の資格を証する書面（委任状）を添付しなければならない（法施行令4条3項）。

審査請求書

平成○年○月○日

Y県公安委員会　御中

　　　　　　　　　　　　　審査請求人代理人
　　　　　　　　　　　　　弁　護　士　×　×　×　×　㊞

　　　　　〒×××-1234　Y県Z市××一丁目2番3号
　　　　　　　　　　　審査請求人　　×　×　×　×

　　　　　〒×××-5678　Y県Z市××四丁目5番6号
　　　　　　　　　　　××××ビル7階
　　　　　　　　　　　××××法律事務所（送達場所）
　　　　　　　　　　　電話：×××－×××－×××××
　　　　　　　　　　　FAX：×××－×××－×××××
　　　　　　　　　　　審査請求人代理人
　　　　　　　　　　　　弁　護　士　　×　×　×　×

　　　　　〒×××-9123　Y県Z市××七丁目8番9号
　　　　　　　　　　　処　分　庁　　Y県公安委員会

　次のとおり審査請求をします。

1 審査請求に係る処分の内容

　Y県公安員会が平成28年12月13日付けで審査請求人に対してした道路交通法103条に基づく運転免許取消処分

2 審査請求に係る処分があったことを知った年月日

　平成28年12月13日

3 審査請求の趣旨及び理由

（1）趣旨

　「1記載の処分を取り消す」との裁決を求める。

（2）理由

　別紙記載のとおり

4 処分庁の教示の有無及びその内容

　「この処分に不服があるときは、行政不服審査法の規定に基づき、この処分があったことを知った日の翌日から起算して3か月以内に、Y県公安委員会に審査請求をすることができます。」との教示があった。

証　拠　方　法

1　甲1号証　　実況見分調書（平成27年7月8日付け）

2　甲2号証　　実況見分調書（平成27年11月29日付け）

3　甲3号証　　捜査報告書　（平成27年10月5日付け）

4　甲4号証　　医師 a 作成の診断書（平成27年7月8日付け）

5　甲5号証　　医師 a 作成の診断書（平成27年7月23日付け）

添付書類

1　審査請求書副本　　　1通

2　甲証拠写し　　　　　2通

3　委任状　　　　　　　1通

226　第Ⅱ部　第8章　運転免許

（別紙）

審査請求の理由

1　事案の概要

　審査請求人は、普通貨物自動車（以下「本件自動車」という）を運転し、いわゆるP通を西進し、Y県Z市A区B町C番地D先の交差点（以下「本件交差点」という）に進入した。審査請求人は、交差点出口（西側）の横断歩道（以下「本件横断歩道」という。）の手前まで進んだところで、本件横断歩道上を南から北に向かって自転車で横断中のVに気づいて急ブレーキをかけたが間に合わず、Vに衝突した。その結果、Vは右第5中手骨骨折、胸部・右手打撲、頸椎捻挫等の傷害を負った（以下この事故を「本件事故」という）。

　Y県公安委員会（以下「処分庁」という）は、審査請求人が信号無視をした上、専らその不注意により、Vに治療期間3か月以上を要する傷害を負わせる人身事故を発生させ、当該違反行為に係る累積点数が15点に達したとして、審査請求人に対して免許取消処分をした（以下「本件処分」という）。

2　本件事故について審査請求人に過失がないこと

(1)　Vが赤信号で横断を開始したこと

　本件交差点における審査請求人対面信号の周期は、青色52秒、黄色3秒、赤色25秒であり、V対面信号の周期は、青色17秒、青色点滅8秒、赤色55秒であり、双方の信号が赤色となるいわゆる全赤は、それぞれの赤色時間のうち3秒である。

　本件事故の直後に行われた実況見分（以下「第1回実況見分」という）の指示説明（甲1）のとおり、審査請求人は別紙図面の③の地点で対面信号が青色であるのを確認してそのまま時速45kmで進行したところ、④点でVが〈ア〉点からスピードを落とさずに本件交差点を横断しようとしているのに気づき、急ブレーキをかけたが、審査請求人が⑤点に達したときに〈ア〉点から1.3m進んだ〈×〉点にいるVと衝突した。とすると、審査請求人が③点から⑤点までの37mを進行するのに要した時間は、急ブレーキをかけたことも考慮すれば、2.98秒ないし3.07秒となる。

　仮に、審査請求人が信号確認した直後に対面信号が黄色に変わったとし

ても、審査請求人対面信号の黄色の時間が3秒、全赤の時間が3秒であることから、審査請求人がVと衝突したのは、Vに対面する信号が赤色であるときであり、Vは対面する信号が赤色の時点で横断を開始したことになる。

なお、平成27年11月29日に再度行われた実況見分（以下「第2回実況見分」という、甲2）では、同実況見分調書記載②の地点にて審査請求人が対面していた信号が青色から黄色に変わったことを確認した旨記載されているが、この供述は、本件事故から4か月以上が経過した後に、警察官から、本件被害者が対面する歩行者用信号が青色に変わった後に横断を開始したことを前提とする理詰めの誘導を受けた結果されたものであって、その信用性は乏しい。

(2) Vの供述が信用できないこと

この点、Vは警察官の事情聴取に対し、対面する信号が青色に変わった後に横断を開始した旨供述している（甲3）。しかし、Vは、本件事故直後に、審査請求人や保険代理店の従業員に対し、信号の色が何色であったのかは覚えていないと説明していた。また、警察官の事情聴取があったのは、本件事故から約3か月後であり、自分が横断を開始した際の信号の色を覚えているのは不自然である。

したがって、Vの供述は信用できない。

(3) 小括

Vは対面する信号が青色になる前に横断を開始したものであり、審査請求人は、本件被害者との衝突という結果を回避することは不可能であったから、審査請求人に過失がない。仮に、審査請求人の過失が認められるとしても、Vにも赤色信号に従わずに横断を開始したという過失があるから、本件事故は、専ら審査請求人の不注意によって発生したものとはいえない。

3　Vの治療期間

(1) Vの受傷についての診断と処分庁における治療期間の認定

Vは、本件事故当日にH病院（以下「本件病院」という）整形外科を受診し、a医師によって、「頸椎捻挫、胸部・右手打撲」により「受傷日より約3週間の加療を要する見込みである。」と診断された（甲4）。そして、Vは、16日後の同月23日に本件病院を訪問し受診したところ、a医師によって、「右第5中手骨骨折、胸部・右手打撲、頸椎捻挫」により「上記病

名にて今後約 3 か月間の加療を要する見込みである。」と診断された（甲5）。

そして、処分庁は、甲 5 の診断書に基づいて、Vの治療期間について、本件事故日からの診断日までの16日間に、同診断に係る「約 3 か月間」の日数を加えた106日間をVの治療期間と認定した。

(2) Vの治療期間を106日間と認定することが違法であること

しかし、右中手骨骨折は、骨折一般に比べても骨癒合が早く、通常の診断、治療によれば約 3 週間で治癒に至るものである。α医師は、明白な骨折線が写っているレントゲン写真を 2 回にわたり見逃し、本来であれば骨折を疑って精密検査等をしてギプスによる固定処置をすべきであるにもかかわらず、弾性包帯を巻いたのみで経過観察としたため、Vの骨折部分に転位（骨折により骨折端が相互にずれ合い、屈曲することをいう）が生じ、治療期間が約106日間もの長期間となった。未だ転位が生じていない本件事故当日時点でギプス固定をしていればその後約 3 週間で治癒していたことは明らかである。

したがって、本件事故における被害者の治療期間は少なくとも30日未満であったといえる。

ところが、処分庁は、未だ本件事故から30日を経過していない段階において、α医師に治療状況を確認しないまま、今後約 3 か月間の加療を要する「見込み」とした甲 5 の診断書のみを根拠に本件処分に及んだものであるから、本件処分には、治療期間の認定を誤った違法がある。

4 比例原則違反による違法

免許取消処分は、将来における道路交通の危険を防止するという行政目的のために行われる処分であるが、自動車の運転を一定期間禁止し、再度免許取得手続をさせるという重大な制約を運転者に課すものであるから、違反行為の態様、違反行為を行うに至る経緯、動機、違反者の違反の認識の有無、程度等の個別具体的な事情によっては、道交法及び道交法令の基準通りの処分を行うことが被処分者の道路交通上の危険性の度合いに照らして著しく重きに失すると認められる場合（比例原則違反）には、裁量権の逸脱又は濫用として違法になることもある。

本件においては、本件事故当時の天候は雨であったことからVは、片手で傘を差して片手運転をし、かつ赤信号を無視して本件交差点に進入したものである。審査請求人がVに気がついた時点で衝突を回避することはV

が減速をしない限り無理を強いるものであり、本件事故の主たる原因はV
にある。したがって、審査請求人の運転の道路交通上の危険性は著しく小
さく、また、違反の態様についても免許取消事由となる危険運転致傷や酒
酔い運転と同程度の悪質性を認めることはできない。

　　したがって、審査請求人に対する本件処分は、道路交通上の危険性の度
合いに照らして著しく重きに失するといえ、裁量権の逸脱又は濫用（比例
原則違反）として違法である。

5　結語

　　道路交通法上の前歴がない審査請求人に対して免許取消処分をするために
は累積点数として15点となっていることが必要である（道路交通法施行令別
表第 3 の 1 の表）。

　　しかし、本件事故について、審査請求人に過失はなく、少なくとも専ら原
告の不注意によって発生したものではないこと、治療期間は 3 か月以上では
なく30日未満であったことから、道路交通法施行令別表第 2 の 3 の表によれ
ば、本件における付加点数は 4 点であり、累積点数は15点に達しないため、
本件処分は違法である。

　　仮に、累計点数が15点であるとしても、審査請求人に対する本件処分は、
道路交通上の危険性の度合いに照らして著しく重きに失するため裁量権の逸
脱又は濫用（比例原則違反）として違法あるいは少なくとも不当である。

以　　上

（別紙図面略）

(2)　弁明書の書式例

ア　弁明書

　処分庁等は、審理員の定める相当期間内に弁明書を審理員に提出しなくて
はならない（法29条 2 項）。処分についての審査請求に対する弁明書の必要的
記載事項は、①処分の内容および②処分の理由である（法29条 3 項 1 号）。も
っとも、審査請求書に処分が違法または不法であることの具体的理由が記載
されている場合は処分が違法でないことの根拠となる事実（審査請求人の主
張に対する反論）、処分について審査基準や処分基準を公にしている場合は当

230　第Ⅱ部　第8章　運転免許

該基準の適用関係を具体的に記載することが必要となる。

イ　添付書類

　処分庁等は、当該処分の理由となる事実を証する書類その他の物件を提出する（法32条2項）。また審理員から、証拠書類等について提出を求められた場合には、提出期限までに提出しなくてはならない（法32条3項）。

弁　明　書

審査員○○○○殿

平成○年○月○日

処分庁　Y県公安委員会
委　員　長　　×　×　×　×　㊞

　審査請求人が平成○年○月○日に提起した道路交通法103条に基づく運転免許取消処分に対する審査請求に関し、次のとおり弁明します。

第1　審査請求の趣旨に対する弁明
　　　本件審査請求を棄却する
　　との裁決を求める。

第2　審査請求の理由に対する認否
　1　「1　事案の概要」に対して
　　　認める。
　2　「2　本件事故について審査請求人に過失がないこと」に対して
　　　否認し、Ｖの供述が信用できないとの主張を争う。
　3　「3　Ｖの治療期間」に対して
　　　同項(1)は認めるが、同項(2)は否認し、争う。
　4　「4　比例原則違反による違法」に対して
　　　否認し、争う。
　5　「5　結語」に対して
　　　道路交通法上の前歴がない者に対して免許取消処分をするためには累積点数として15点となっていることが必要であることは認めるが、その

余は否認し、争う。

第3　処分庁の主張

1　Vは対面する信号が青色に変わってから横断を開始していること

　　審査請求人は第2回実況見分において、第1回実況見分の際の指示説明とは異なり、対面信号が青色から黄色に変わったことを確認した地点があることを説明しており、第2回実況見分の際の指示説明に従えば、対面する信号が青色に変わってから横断を開始した旨のVの供述と矛盾しない。

　　そして、Vは、警察官から事情聴取を受けた際、「歩行者用の信号が青になったのははっきり覚えています。」「青に変わると同時に早足で横断歩道を渡り始めたと思います。」と明確に供述しており、その供述は信用することができる。また、審査請求人は、Vが本件事故直後に審査請求人や保険代理店の従業員に対し、信号の色が何色であったのかは覚えていないと説明していたなどと主張するが、当該供述について何ら証拠を示していない。

2　Vの治療期間について

　　審査請求人は、a医師が、本件事故当日にVに生じていた右中手骨の骨折線を見逃した旨主張するが、a医師は、本件事故当日も被害者の右中手骨骨折を疑ったからこそ、X線画像を撮影しているのであって、その疑いをもとに、打撲や捻挫の可能性も考慮して、ギプス固定まではせずに弾性包帯を巻いて経過観察を行うこと自体は、医療水準に合致した適切な判断である。そして、一般的な骨折では、骨硬化まで2、3か月、機能回復に更に1、2か月要するとされているので、Vにつき加療約3か月と判断したa医師の診断に誤りはない。また、a医師は、本件事故当日の診断時には、Vのレントゲン写真を本件病院の整形外科医全員で確認した上で、骨折の有無を慎重に判断しており、その後も症状に応じた適切な処置を講じているので、a医師の誤診によって被害者の治療期間が長引いたということはない。

　　処分庁は、傷害の程度については医師の診断書記載の全治又は治療日数を基に認定するとの基準に照らして、Vが提出したa医師の診断書を精査し、医師が真正に作成したものであること及び診断書に記載された症状と治療期間に齟齬のないことを確認して本件処分を行っているので

あるから、処分庁がした治療期間の認定に違法はない。

3　比例原則違反でないこと

　審査請求人は本件事故の主たる原因が片手運転をし、かつ赤信号を無視して本件交差点に進入したVにあると主張する。しかし、そもそもその前提が誤っており、本件において審査請求人は対面する信号が青色から黄色に変わったことを認めながら速度を落とすことなく、本件交差点に進入している（甲1）。対面の信号が黄色の場合には停止位置をこえて進行してはならないこととされており（道路交通法施行令2条）、審査請求人は当該規定に違反し、運転を行っている。

　したがって、審査請求人において道路交通法上危険な行為をしており、審査請求人の運転の道路交通上の危険性は小さいとはいえず、本件処分が著しく重きに失するとはいえない。

4　以上より、本件処分は適法かつ妥当であり、本件審査請求は棄却されるべきである。

以　上

第9章

出入国管理・難民認定

〈ロードマップ〉

1 外国人の出入国等に関する行政不服申立制度と改正行政不服審査法

　出入国管理及び難民認定法（入管法）は、①外国人の上陸手続、②退去強制手続、③難民認定手続の不服申立制度を規定している。「外国人の出入国又は帰化に関する処分」は行政不服審査法の適用除外とされており、①外国人の上陸手続、②退去強制手続における不服申立てには行政不服審査法が適用されない。他方、③難民認定手続における審査請求は、入管法61条の2の9第1項に基づいて行うべきである。その手続のうち入管法に特則が定められていない部分については、行政不服審査法が適用される。当該審査請求において関与が予定されている難民審査参与員は改正行政不服審査法によって新設された「審理員」とみなされ、専門的かつ公平な意見が手続に反映されるような制度設計となっている。なお、在留および出国の管理に関する処分については、行政不服申立ての制度がない。

2 退去強制手続に係る処分等に対する行政不服申立ての手続要件・審理手続・理由

　①外国人の上陸手続および②退去強制手続に関し入管法が規定する行政不服申立てとして、同法11条1項の異議の申出（外国人が同法7条1項に規定する上陸のための条件に適合していないとの特別審理官の認定に対するもの）、同法48条1項の特別審理官に対する口頭審理の請求（容疑者が退去強制対象者に該当するとの入国審査官の認定に対するもの）および同法49条1項の異議の申出（入国審査官の上記認定に誤りがないとする特別審理官の判定に対するもの）がある。各異議申出の手続要件は、異議申出適格の具備、異議申出対象適格の具備、異議申出期間の具備等であるが、異議申出期間が特別審理官の認定または判定の通知を受けてから3日以内と極めて短い時間設定であることに注意が必要である。異議申出の理由としては、上記認定または判定が事実に相違することを主張すべきことになる。また、同法50条は、法務大臣は、同法49条1項の異議の申出に理由がないと認める場合でも、同項各号のいずれかに該当するときは、容疑者の在留を特別に許可することができると規定しているから、同項各号に規定する事由があるときは、その旨を主張

しておくべきである。同項4号の「法務大臣が特別に在留を許可すべき事情がある」と主張する場合には、当該主張に際して在留特別許可に係るガイドライン（平成18年10月・平成21年7月改訂法務省入国管理局）に規定されている考慮要素を摘示することが望ましい。

　難民認定に係る処分に対する行政不服申立てについては、入管法61条の2の9第1項に基づき審査請求をすべきであるが、同法に特別の定めがない限り、行政不服審査法が適用になる。審査請求の手続要件は、審査請求人適格の具備、審査請求対象適格の具備、審査請求期間の遵守である。難民認定に係る処分を受け、権利又は法律上の利益を侵害される者は審査請求適格を有する。審査請求は、処分の通知を受けた日から7日以内とされる審査請求期間にしなければならない。審理手続は、行政不服審査法11条2項に規定する審理員とみなされる難民参与員が担当して行う。審理手続については、平成26年6月の行政不服審査法の改正により、口頭意見陳述や物件の閲覧・交付等の制度が整備されている。審理請求の理由としては、難民不認定処分等の違法一般（処分の主体、内容、手続等に係る違法すなわち実体法上および手続法上の違法事由）、難民不認定処分等の不当を主張することになる。

3　書式例：異議申出書
　入管法49条1項に基づく異議申出に係る異議申出書の書式例を紹介する。

1　外国人の出入国等に関する行政不服申立制度と改正行政不服審査法

1　入管法上の行政不服審査制度の概要

　入管法は、日本人の出国および帰国に加えて、日本国籍を有しない者（以下「外国人」という。入管2条2号と同じ）の上陸手続、在留資格、退去強制手続、難民認定等について規定しており、同法における不服申立制度としては、①外国人の上陸に関する異議申出制度（入管11条1項）、②退去強制手続における不服申立て（入管49条1項等）、③難民認定手続における審査請求制度（入管61条の2の9第1項）がある。

(1) 外国人の上陸に関する異議申出

　外国人の上陸手続とは、法務大臣により感染症感染者、犯罪者等の入管法7条1項各号該当性を審査し、日本国に上陸することが望ましくないと認められる外国人の入国を拒否する手続である。

　外国人は日本国に上陸しようとする際に入国審査官に対し上陸の申請をして上陸のための審査を受けなければならない（入管6条2項）。そして、入国審査官による審査（入管7条1項）により上陸のための条件に適合していないと認定されたときは、特別審理官による口頭審理（入管10条1項）を行うこととなり、当該口頭審理にて日本国に上陸することが適当でないと認められる場合には、特別審理官から理由を付してその旨を通知される（入管10条10項、入管規則9条1項）。

　当該認定通知を受けた外国人は、通知を受けた日から3日以内に異議申出書を主任審査官に提出することにより、法務大臣に対し異議を申し出ることができる（入管11条1項、入管規則11条）。

　以上のように、上陸に際しては、上陸審査、口頭審理という2段階の手続保障を経た上で出される上陸拒否通知に対して異議申出ができることとなっている。

　なお外国人の上陸審査手続（異議申出に至る手続）における一連の流れは次頁の図のとおりである。

(2) 退去強制手続における不服申立て

ア　退去強制対象者該当判定通知に対する異議申出

　退去強制手続とは、不法入国、不法滞在等の退去強制事由（入管24条1項各号）に該当する外国人について、日本国からの退去を強制する手続である。

　強制退去手続は外国人の出頭申告または摘発を契機として、入国警備官による違反調査（入管27条）から始まり、入国審査官による審査（入管45条）を経て、容疑者が退去強制対象者に該当すると認定した場合には、対象者にその旨の通知をすることとなっている（入管47条3項）。当該認定通知を受けた容疑者は認定通知を受けた日から3日以内に、口頭で特別審理官に対し口頭審理の請求をすることができ（入管48条1項）、容疑者およびその代理人は、

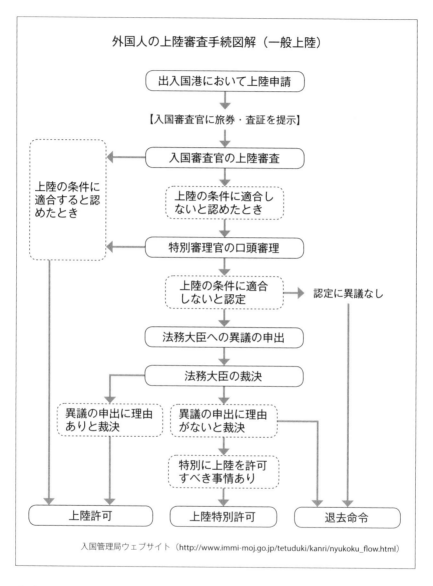

当該口頭審理手続にて証拠を提出、証人尋問等を求めることによって退去強制対象者該当性を争うことができる。しかし、口頭審理にて特別審理官が退去強制対象者該当認定に誤りがないと判定したときはその旨を通知される（入管48条8項）。

1 外国人の出入国等に関する行政不服申立制度と改正行政不服審査法 **237**

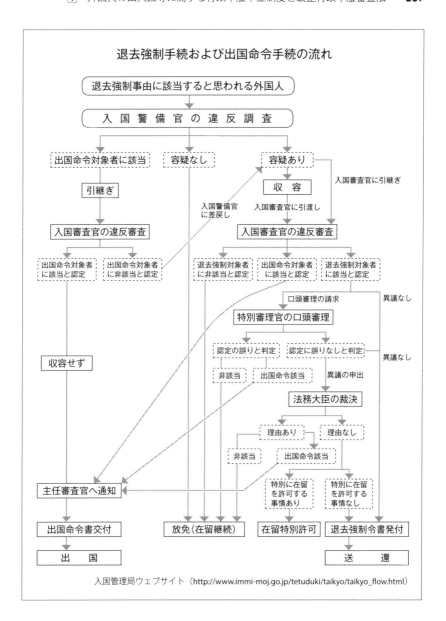

当該判定通知を受けた容疑者は、判定通知を受けた日から3日以内に、異議申出書を主任審査官に提出することによって異議を申し出ることができる（入管49条1項）。

以上のように退去強制手続においては、入国警備官による違反調査、入国審査官による違反審理、特別審理官による口頭審理という3段階の手続保障を経た上で出される特別審理官の退去強制事由に該当する旨の判定通知に対して異議申出ができることとなっている。

なお退去強制手続（退去強制処分に対する異議申出を含む）における一連の流れは前頁の図のとおりである。

イ　異議申出と在留特別許可

在留特別許可とは、退去強制事由に該当するために本来は退去強制される外国人に対し、法務大臣が特別に在留を許可すべき事情があると判断した場合に与える在留許可のことをいう（入管50条1項）。在留特別許可は、退去強制対象者に該当すると認定された者の異議申出に対する法務大臣の裁決の特例であり、異議申出に理由がないと認められた場合の救済方法として機能する。

入管法49条1項により異議申出をする場合には、異議申出に理由がないとされる場合に備えて、併せて在留特別許可を求めることが通例である。また、異議申出につき退去強制事由に該当することは認めるものの、日本国における在留を希望して在留特別許可を求めるべく異議申出をすることも多くある。

ウ　退去強制手続に伴う身柄拘束からの解放

入国審査官の違反調査の結果、容疑者が退去強制事由に該当すると疑うに足りる相当の理由がある場合には、入国審査官は、収容令書によりその者を収容することができる（入管39条1項）。これにより、退去強制事由があると疑われる者は、原則30日（入管41条1項）、やむをえない事由があると認めるときは延長30日の合計60日間、身柄を入国者収容所等の収容施設に拘束されることがある。

この身柄拘束に対しては、仮放免許可を得ることによって収容を停止し、身柄拘束を解くことができる（入管54条）。仮放免許可を得るためには、被収容者またはその代理人等が仮放免許可申請書および必要書類を提出することにより仮放免の請求をしなければならない（入管規則49条1項）。

なお、仮放免される場合には、300万円を超えない範囲の保証金の納付、

住居および行動範囲の制限、呼出しに対する出頭義務等の条件を付されることがある（入管54条2項）。

(3) 難民認定手続における審査請求

難民認定手続とは、国籍国等から迫害を受けるおそれがあるなど難民該当性を審理し、難民該当性が認められる場合にはその者に定住者の在留資格の取得を許可する等の手続である。

難民認定を求める外国人は、法務大臣あての難民認定申請書を地方入国管理局に提出する（入管61条の2第1項、入管規則55条1項）。これに対して、法務大臣は、難民認定をするときは難民認定証明書を交付するが、難民認定をしないときは当該外国人に対してその旨を通知する（入管61条の2第2項）。

難民認定をしない旨の通知を受けた外国人は、通知を受けてから7日以内に、法務大臣に対して審査請求書を提出することによって、審査請求することができる（入管61条の2の9第1項・2項）。

法務大臣は、審査請求に対する裁決に際して難民審査参与員の意見を聴かなければならず（入管61条の2の9第3項）、裁決をする場合には、当該裁決に付する理由に難民審査参与員の意見の要旨を明らかにしなければならない（同4項）。難民審査参与員は、人格が高潔であって、審査請求に関し公正な判断をすることができ、かつ、法律または国際情勢に関する学識経験を有する者の中から法務大臣により任命される者であり（入管61条の2の10第2項）、行政不服審査法上の「審理員」として審査請求に係る審理手続を行う（入管61条の2の9第5項、行政法9条）。難民審査参与員は、職権によって、書類その他物件の所持人に対しその物件の提出を求めること（法33条）、同様に参考人の陳述、鑑定を求めること（法34条）、口頭意見陳述において審理関係人（審査請求者、参加人および処分庁等）に質問をすること（法36条）などができ、最終的には意見書を作成し、審査庁に提出する（法42条1項、2項）。

このように難民不認定に対する審査請求は、難民審査参与員が中立公正の立場で調査等を行い、意見を集約してこれを法務大臣に提出することとなっている。当該意見に法的拘束力はないものの、法務大臣は当該意見を尊重して裁決を行うことから、審査請求に際して中立性が担保された裁決がされるよう手続的保証が図られている。

2 行政不服審査法と入管法との関係

⑴ 行政不服審査法と入管法（不利益処分に対する不服申立て）との関係

　行政不服審査法は、「外国人の出入国又は帰化に関する処分」には同法の審査請求の規定を適用しない旨規定している（法7条1項10号）。

　上記規定にいう　「外国人の出入国」には、外国人の日本国への入国または出国のみでなく、外国人の在留管理も含まれるものと解されている[1]。在留管理を含む外国人の出入国に関する処分が行政不服審査法において適用除外とされている根拠は、外国人の出入国に関する処分が基本的には国家主権に基づいて国家が決定すべきことにある。

　その代わりに、前記**1**にて解説したとおり、上陸手続では入国審査官による調査、特別審査官による口頭審理を経た上での異議申出の手続、強制退去手続においては入国警備員による違反調査、入国審査官による審査、特別審査官による口頭審理を経た上での異議申出の手続が用意されている。

　他方、難民認定に関する処分に対する不服申立てについては、入管法に特則がない限り、行政不服審査法の適用がある（入管61条2の9第2項等）。そして、難民認定手続に際して関与が予定されている難民審査参与員が平成26年6月改正の行政不服審査法で新設された「審理員」とみなされる（入管61条の2の9第5項、法11条2項）。

⑵ 行政不服審査法の改正による影響

　もともと行政不服審査法の適用除外とされ独自の手続を規定している①外国人の上陸に関する異議申出制度および②退去強制手続に関する不服申立制度に関して、平成26年6月の行政不服審査法の改正の影響はない。

　他方、③難民認定に関する処分については、入管法61条の2の9第1項に基づき、審査請求を行うべきであるが、審査請求手続のうち入管法に特則がない部分については、行政不服審査法の適用がある。難民認定に関する処分については、従前は法務大臣に対する異議申立てができるとされていたが、上記改正により異議申立制度が廃止されたことから、同処分に関しては、法

---

1) 小早川光郎=高橋滋編著『条解 行政不服審査法』（弘文堂、2016年）59頁〔磯部哲〕。

務大臣に対し審査請求ができるものと改められた（入管61条の2の9第1項）。法務大臣に対する審査請求は、同条の規定に基づく不服申立てを行うことになるが、審理手続等、入管法に特別の規定がない部分については、行政不服審査法の適用がある。同法の上記改正により、同法に基づく審査請求の請求期間は60日から3か月に延長されたが、入管法は、難民認定に関する処分に対する不服申立ては、通知を受けた日から7日以内にしなければならないとし（入管61条の2の9第2項）、審査請求期間を大幅に短縮している。これは、難民認定に関する処分の当否は早期に決着をつける必要があること、難民であるか否かは本人が最もよくこれを知りうる立場にあることなどによるものとされている。

審理手続についてみると、難民審査参与員が「審理員」（入管61条の2の9第5項、法11条2項、9条1項）とみなされ、新設された審理員制度に基づき難民審査参与員が審査請求における審理手続を行うことになったことはすでに述べた。そのほか、審査請求人等、口頭意見陳述の申立人は、口頭意見陳述において処分庁等に対して質問を発することができるようになり（法31条1項）、審査請求人または参加人に認められる証拠書類等の閲覧請求権の範囲が拡大され、写しの交付請求権も認められるようになったことを指摘することができる（法38条1項）。

② 退去強制手続に係る処分等に対する行政不服申立ての手続要件・審理手続・理由

ここでは入管法の不服申立て制度のうち、②退去強制対象者該当判定通知に対する異議申出（在留特別許可を含む）について、異議申出要件・異議申出理由（違法事由・不当事由）を紹介する。

１　異議申出の要件

(1)　異議申出権者、異議申出の対象

入国審査官において容疑者が退去強制対象者（入管法24条各号のいずれかに

該当し、かつ、出国命令対象者（同法24条2号の4、4号ロまたは6号から7号までのいずれかに該当し、かつ同法24条の3の各号のいずれにも該当する外国人）と認定した場合、入国審査官からその通知を受けた容疑者は、その認定に異議があるときは、特別審理官に口頭審理の請求をすることができ（入管48条1項）、また、特別審理官が入国審査官の上記認定に誤りがないと判定した場合、その判定に異議がある容疑者は、法務大臣に対し異議を申し出ることができる（入管49条1項）。

異議申出をすることができる者は、特別審理から入国審査官の上記認定に誤りがないとの判定について通知を受けた容疑者である。なお、容疑者が入国審査官の認定に対して特別審査官に口頭審理の請求をしない場合には、主任審査官から入管法51条1項の規定による退去強制令書が発付されることになる（入管47条5項）。異議申出の審理の対象は、入国審査官の上記認定に誤りがない旨の特別審理官の判定（入管49条1項）である。

⑵　代理人

入管法は、在留資格認定証明書の受領（入管7条の2第2項）、特別審理官による口頭審理（入管10条3項、48条5項）、在留資格取消しにかかる意見聴取（入管22条の2第4項）、仮放免（入管54条1項）、難民認定にかかる審査請求（入管規則12条1項）に関して代理人の規定を置いているが、入管法49条1項の異議申出に関して代理人の規定はない。

入管法49条1項の異議申出と同様に不利益処分に対する不服申立てである難民認定にかかる審査請求について代理人関与の規定をしておきながら、入管法49条1項の異議申出について代理人関与の規定をしていないことから、入管法は意図的に代理人関与の規定をしていないものと推測され、異議申出を代理人によってすることは想定していないものと考えられる。

もっとも、本異議申出手続において、弁護士等の法律専門家に異議申出書の作成を依頼し、当該書面を異議申出人名義で提出することによって、実質的に弁護士等法律専門家の専門的知見に基づく適切な主張をすることが可能となるものと考えられる。

② 退去強制手続に係る処分等に対する行政不服申立ての手続要件・審理手続・理由　**243**

⑶　異議申出をすべき行政庁（申出先）

　異議申出書の提出先は主任審査官であるが、書面の名宛人となるのは法務大臣である（入管49条１項）。なお、入管法69条の２および同法施行規則61条の２の規定により、同法49条３項および51条の１項・２項に規定する法務大臣の権限（異議の申出に理由があるかどうかを裁決する権限および在留特別許可に係る権限）は、同法施行規則により入国管理局長に委任されているので、実際には、書面の名宛人は、地方入国管理局長となる。以下の記載においても、同法の規定に従い法務大臣の権限として記載している部分は、実際には、法務大臣から権限の委任を受けた入国管理局長が行っている。

⑷　異議申出期間

　異議申出期間は判定通知を受けた日から３日以内である（入管49条１項）。きわめて期間が短いため、入国警備官による違反調査（入管27条）や入国審査官による審査（入管45条）の段階から準備を進めることが肝要となる。

⑸　審理手続

　異議申出書の提出を受けた主任審査官は、入管法45条２項の審査に関する調書、同法48条４項の口頭審理に関する調書その他の関係書類を法務大臣に提出することとなっている（入管49条２項）。

　もっとも、主任審査官から書類の提出を受けた法務大臣は、容疑者を取り調べたり、異議申出書に対して反論することは予定されておらず、入国警備官の違反調査、入国審査官の違反審査、特別審理官の口頭審理の一連の手続で作成された調書等の証拠を調べて裁決することになる（入管49条３項）。

　なお、法務大臣は裁決の結果を主任審査官に通知することとなっており（入管49条３項）、退去強制事由のいずれにも該当しないとして異議の申出に理由があるとする裁決がされたときは、主任審査官は直ちにその者を放免することになる（入管49条４項）。また、主任審査官は、同法55条の３第１項の規定により出国命令を発出している場合にも、直ちにその者を放免することになっている（入管49条５項）。他方、異議の申出に理由がない旨の裁決がされたときは、主任審査官は同法51条の規定による退去強制令書を発付するこ

244　第Ⅱ部　第9章　出入国管理・難民認定

とになる（入管49条6項）。

❷　異議申出の理由（違法事由・不当事由）

　退去強制対象者該当の理由については、容疑者に交付される入国審査官作成の退去強制対象者に該当する旨の認定に係る理由書（入管47条3項、入管規則37条1項）、特別審理官作成の判定書（入管48条8項、入管規則41条1項）により明らかにされるから、異議申出人は、この記載等に照らして、実体上の違法事由・手続上の違法事由を主張することになる。また、入管法50条1項は、法務大臣は、同法49条1項の異議の申出に理由がないと認める場合でも、同項各号のいずれかに該当するときは、容疑者の在留を特別に許可することができると規定しているから、同項各号に規定する事由があるときは、その旨を主張しておくべきである。異議申出期間が判定書による通知を受けてから3日以内と短いため、実質的にはそれ以前の段階から準備を進めることが必要になる。

(1)　実体上の違法事由

ア　入管法が定める実体上の異議申出事由

　容疑者は、異議申出の理由として、容疑者が退去強制対象者（入管法24条各号のいずれかに該当し、かつ、出入国命令対象者に該当しない外国人）に該当する旨の入国審査官の認定が事実に相違しており、したがって、同認定に誤りがない旨の特別審理官の判定が誤りであること主張すべきことになる。この主張に当たっては、「法令の適用に誤りがあってその誤りが判定に影響を及ぼすことが明らかであること」（入管規則42条2号）、「事実の誤認があってその誤認が判定に影響を及ぼすことが明らかであること」（同条3号）を指摘すべきである。ここで「法令の適用に誤り」とは、審理および口頭審理を通じて明らかになった（認定された）事実を退去強制事由または出国対象者該当事由にあてはめることに誤りがあること、あるいは、退去強制事由または出国命令対象者該当事由の解釈に誤りがあることをいう。また、「事実の誤認」とは、退去強制事由を裏付ける証拠の取捨に誤りがあること、心証形成が経験上の法則および倫理上の法則に従って行われていないことをいう。

　入管法施行規則42条4号は、「退去強制が著しく不当であること」を理由

として異議の申出をすることを認めている。しかし、異議の申出に理由があるか否かの判断は、容疑者が退去強制対象者に該当するか否かに限定して判断されるべきものであり、退去強制が著しく不当であるとする事情は、法務大臣が容疑者に在留特別許可をするかどうかの判断にあたって斟酌されるにとどまるものと解される。

イ　退去強制事由

退去強制事由は、入管法24条に規定されており、その内容は、①不法入国者、同幇助（入管24条1号、4号ル）、②不法上陸、同幇助（入管24条2号、4号ル）、③在留資格の取消し（入管24条2号の2、2号の3）、④不法残留（入管24条2号の4、4号ロ6号〜8号）、⑤偽変造虚偽文書行使等（入管24条3号）、⑥公衆等脅迫目的の犯罪行為等（入管24条3号の2）、⑦国際約束（入管24条3号の3）、⑧不法就労等助長、同教唆、同幇助（入管24条3号の4）、⑨専従資格外活動（入管24条4号イ）、⑩人身取引等、同教唆、同幇助（入管24条4号ハ）、⑪刑法等法令違反処罰（入管24条4号ニ〜リ・4号の2）、⑫売春関係業務従事（入管24条4号ヌ）、⑬暴力主義的破壊活動（入管24条4号オ〜カ）、⑭日本国の利益・公安侵害（入管24条4号ヨ）、⑮国際競技等関連不法行為（入管24条4号の3）、⑯仮上陸条件違反（入管24条5号）、⑰退去命令違反（入管24条5号の2）、⑱出国命令取消し（入管24条9号）、⑲難民認定取消し（入管24条10号）である。

また、入管特例法により「特別永住者」としての在留資格が与えられる者については、退去強制事由について、①内乱罪・外患誘致罪による処罰（ただし執行猶予のときは退去強制事由とならない。入管特例22条1項1号）、②外国国章損壊罪等による処罰（入管特例22条1項2号）、③外国元首等に対する犯罪行為による処罰（入管特例22条1項3号）、④刑法違反かつ法務大臣による日本国の重大な利益侵害認定（入管特例22条1項4号）に限定する旨の特例がある（入管特例22条1項柱書）。

これらの規定から、異議申出では、各要件に該当する事実がそもそもないとの主張（事実誤認の主張）や、そのような事実があるとしてもその評価（各要件へのあてはめ）が誤っているとの主張（法令の適用の誤りの主張）をすることが考えられる。

ウ　出国命令対象者該当事由

出国命令の対象になる者については、入管法24条の3が規定しており、同

法24条 2 号の 4 、 4 号ロまたは 6 号から 7 号までのいずれかに該当する外国人で、同法24条の 3 各号のいずれに該当するもの、すなわち、速やかに本邦から出国する意思をもって自ら入国管理官署に出頭したこと（ 1 号）、同法24条 3 号から 3 号の 5 まで、 4 号ハからヨまで、第 8 号または 9 号のいずれにも該当しないこと（ 2 号）、本邦に入った後に、刑法第 2 編第12章等の罪により懲役または禁錮に処せられたものでないこと（ 3 号）、過去に本邦から退去を強制されたことまたは同法55条の規定による出国命令により出国したことがないこと（ 4 号）、速やかに本邦から出国することが確実と見込まれること（ 5 号）のいずれにも該当するものである。

⑵　手続上の違法事由

　容疑者は、手続上の違法事由としては、「審査手続に法令の違反があってその違反が判定に影響を及ぼすことが明らかであること」（入管規則42条 1 号）を主張すべきことになる。ここでいう「審査手続に法令の違反」があるとは、入国審査官または特別審査官の審理または口頭審理において遵守すべき法令に従わなかったことをいい、口頭審理に際して代理人の出頭を拒否したような場合（入管10条 3 項）、判定書に具体的な理由がほとんど付記されておらず理由付記の不備があるといえる場合（入管48条 8 項、入管規則41条 2 項）等には手続上の違法事由に該当しうる。

⑶　在留特別許可の職権発動にかかる主張

　入管法50条 1 項各号のいずれかに該当する事由があるときは、その旨を主張しておくべきことはすでに述べたとおりである。同条各号の中でも同項 4 号は、「その他法務大臣が特別に許可すべき事情があると認めるとき」には在留特別許可をすることができるとしており、在留特別許可が認められる一般的な事由を定めた規定として重要である。同項 4 号に基づき在留特別許可をするか否かの判断は、法務大臣等の極めて広範な裁量にゆだねられており、法務大臣等は、わが国の国益を保持し出入国管理の公正を図る観点から、その外国人の在留状況、特別に在留を求める理由の当否のみならず、国内の政治・経済・社会の諸事情、国際情勢、外交関係、国際礼譲等の諸般の事情を総合的に勘案してその許否を判断する裁量を与えられていると解されている。

② 退去強制手続に係る処分等に対する行政不服申立ての手続要件・審理手続・理由　　247

　法務省入国管理局は「在留特別許可に係るガイドライン」（平成18年10月、平成21年7月改訂。以下「本ガイドライン」という。）を策定・公表し、在留特別許可に係る基本的な考え方と許否判断に係る考慮要素を示している。本ガイドラインによれば、その許否の判断に当たっては、個々の事案ごとに、容疑者が在留を希望する理由、家族状況、素行、内外の諸情勢、人道的な配慮の必要性、さらにはわが国における不法滞在者に与える影響等、諸般の事情を総合的に勘案して行われるとし、その場合に考慮される積極的要素として、①当該外国人が日本人の子であること、②当該外国人が日本人との間に出生した実子を扶養していること、③当該外国人が日本人と婚姻が法的に成立していること、④当該外国人が、本邦の初等・中等教育機関に在学し相当期間本邦に在住している実子と同居して監護および養育していること、⑤当該外国人が難病等により本邦での治療を必要としていることまたは治療を要する親族を看護することなどをあげている。他方、消極的要素として、①重大犯罪等により刑に処せられたことがあること、②出入国管理行政の根幹にかかわる違反または反社会性の高い違反をしていること、③不正に入国したこと、④過去に退去強制手続を受けたことがあること、⑤その他の刑罰法令違反またはこれに準ずる素行不良が認められることなどをあげている。

　そこで、異議申出に際しては、容疑者が在留を希望する理由、家族状況、素行、内外の諸情勢、人道的な配慮の必要性を具体的に記載するとともに、本ガイドラインの示す積極要素に該当する事情ないしそれに準ずる事情が存在すること、消極要素が存在しないことなどを指摘して、容疑者に対し在留特別許可をすべき事情があることを主張すべきである。なお、本ガイドラインは、在留特別許可の許否判断について、上記の積極要素および消極要素として掲げている各事項について、それぞれ個別に評価し、考慮すべき程度を勘案した上、積極要素として考慮すべき事情が明らかに消極要素として考慮すべき事情を上回る場合には、在留特別許可の方向で検討すると述べている。また、単に、積極要素が一つ存在するからといって在留特別許可の方向で検討されるというものではなく、逆に、消極要素が一つ存在するから一切在留特別許可が検討されないというものでもないと述べており、上記の主張をするにあたっては、この点に留意しておく必要がある。

248　第Ⅱ部　第9章　出入国管理・難民認定

⑷　改正入管法（平成30年法律第102号）に関して

　平成30年12月8日、第197回国会（臨時会）において「出入国管理及び難民認定法及び法務省設置法の一部を改正する法律」が成立し、同月14日に公布された（平成30年法律第102号）。この改正法は、在留資格「特定技能1号」「特定技能2号」の創設、出入国在留管理庁の設置等を内容とするものであり、その一部を除き、施行日は、平成31年4月1日である。なお、同年3月15日には、関係政省令等が公布された。

　本書は、上記法律施行前の時点における出入国管理及び難民認定法や外国人の出入国等に関する行政不服申立制度に関して解説したものであるが、同制度に関する書式（後掲）については大きな変更点はないため、上記法律施行後の事案においても基本的には同書式の内容を流用することが可能である。

③　書式例：特別審理官の判定に対する異議申出書

⑴　異議申出書

　異議申出の方法は、異議申出書を主任審査官に提出することと定められており（入管49条1項）、異議申出書の様式は入管規則別記60号様式によると定められている（入管規則42条柱書）。

　そのため、別記60号様式に従って、①異議申出人の氏名、性別、生年月日、国籍・地域、居住地、②異議申出に係る判定の年月日、判定を行った入国審理官局、③不服の事由を記載し、異議申出人が署名しなければならない。

⑵　添付書類

　添付書類に関しては、不服の理由に応じて、不服の理由を示す資料を1通提出しなければならない（入管規則42条各号）。

　また、異議申出書の提出以後は証拠書類を提出する機会がないことから（②**1**⑸参照）、存在する証拠書類についてはすべて異議申立書に添付して提出すべきである。

③　書式例：特別審理官の判定に対する異議申出書　**249**

(3)　異議申出書の書式例[※1]

平成29年○○月○○日

異議申出書

法務大臣　　殿

　異議申出人は、平成27年11月○○日付け法務省名古屋入国管理局特別審理官の判定に異議がありますので、出入国管理及び難民認定法49条1項の規定に基づき、下記のとおり異議を申し出ます。

　1　氏　　　　名　　　　A　　（女）
　2　生 年 月 日　　　　昭和44年（1969年）○○月○○日
　3　国籍・地域　　　　ペルー共和国
　4　居　住　地　　　　〒×××－1234　X県Z市××一丁目2番3号

不服の事由[※2]

別紙「不服の事由」に記載するとおりです。

申出人　（署名）＿＿＿＿＿＿＿＿＿＿＿＿＿＿＿＿＿＿＿

※1　本書式例は、異議申出人が、退去強制事由に該当する旨の認定を争わず、在留特別許可が認められるべきことを不服の事由として主張する事案に関するものである。退去強制事由に該当する旨の認定を争う場合には、当該認定について実体上および手続上の違法を主張すべきことになる。

※2　別紙方式とした理由は、児玉晃一ほか編『コンメンタール出入国管理及び難民認定法2012』（現代人文社、2012年）342頁より。

250 第Ⅱ部 第9章 出入国管理・難民認定

（別紙）

不服の事由

1 事案の概要

(1) 異議申出人の本国における生活状況及び前回の本邦入国と在留状況等

ア 異議申出人は、昭和44年（1969年）○○月○○日、ペルーにおいて、ペルー人の両親の間に、3人きょうだいの第3子（姉1人、兄1人）として出生した。異議申出人は、ペルー国内で高校を卒業後、専門学校に進み、昭和63年（1988年）3月頃専門学校を卒業して以降、旅行会社の従業員等として稼働した。異議申出人は、平成2年（1990年）○月○○日、ペルー国内において、婚姻関係にないペルー人男性との間に長女をもうけた。異議申出人は、23歳で本邦に入国するまではペルーで生活しており、母国語であるスペイン語の会話及び読み書きについて特に不自由はない。

イ 異議申出人は、日本で稼働して本国に送金をしようと考え、長女の世話を親族に頼み、平成5年5月1日、在留資格を「短期滞在」、在留期間を「90日」とする上陸許可を受けて本邦に上陸し、その後、在留期間の更新又は変更を受けることなく、在留期限である同年7月30日を超えて本邦に不法に残留し（前回滞在）、自動車部品工場で就労し、これによって得た収入の一部を本国の親族に送金していた。

ウ 異議申出人は、前回滞在中の平成8年○月○日に、本邦で、長女の父親とは別の婚姻関係にないペルー人男性との間に長男をもうけた。長男は早産で、生まれながらに病弱であり、異議申出人は、長男と共に入管に出頭し、平成9月○日、出入国管理及び難民認定法（以下「入管法」という。）24条4号ロ（不法残留）に該当する者として退去強制（前回退去強制）となり、長男と共にペルーに帰国した。

(2) 異議申出人の今次の本邦入国とBと知り合うまでの在留状況

ア 異議申出人の長男は、背骨に障害があり、その病院代や介護費用がかさんだ。異議申出人は、長女の父からも長男の父からも支援を受けられない本国での苦しい生活の中で、生まれながらに病弱で障害のある長男の介護等の費用を工面してその命を救うために、日本で稼働して本国に送金しようと考え、長女及び長男の世話を親族に頼み、平成14年○月頃、他人名義旅券を使用して本邦に不法入国した。

イ　異議申出人は、入国後、自動車部品工場等で不法就労し、月額約20万円の収入を得て、その一部を本国の親族に送金していた。そして、平成17年〇月頃、異議申出人は、Z市内のディスコで、当時「定住者」の在留資格で本邦に在留していたBと知り合った。

(3)　Bの入国と異議申出人と知り合うまでの在留状況

ア　Bは、昭和42年（1967年）〇月〇〇日、ペルーにおいて、ペルー人の両親の間に、9人きょうだい（姉2人、兄4人、弟2人）の第7子として出生し、ペルーの中学校を卒業後、建築関係の仕事をしていた。

Bは、平成16年（2004年）〇月〇〇日に、ペルーで、ペルー人の前妻と婚姻した。Bには、前妻との婚姻前に交際していた女性との間に2人の子（息子1人、娘1人）がある。

イ　Bは、子らの養育費を稼ぐために、平成16年〇〇月〇〇日、前妻と共に本邦に入国した。Bは、日系三世（祖父が日本人）であり、「定住者」の在留資格と「3年」の在留期間を付与された（Bは、その後、4回の更新許可を経て、平成27年7月〇日に在留資格変更許可を受け、現在は「永住者」の在留資格で本邦に在留している。）。

Bと前妻は来日当初は同居していたが、不和になり、来日後約3か月で前妻がBと暮らしていた家を理由を告げず一方的に出てBと別居したため、別居状態となった。Bは、前妻が自分を置いて家を出て行き、戻るよう働きかけても戻らないことから、前妻との婚姻関係は終わったと考えて前妻との共同生活の回復をあきらめた。

(4)　異議申出人とBの交際、同居から婚姻に至る経緯

ア　異議申出人とBは、平成17年〇月頃、Z市内のディスコで知り合い、知り合ってすぐに交際を始め、同年〇月頃から、当時のBの自宅において同居を開始した。異議申出人は、Bと同居後に勤務先を退職し、いわゆる専業主婦となった。

イ　異議申出人は、同居後、Bに対し、過去に不法残留したことがあったことや、他人名義旅券を行使して不法入国したことを打ち明けた。Bは、来日後、派遣会社を通じて自動車部品工場等で継続的に働く多忙な日々を送っており、異議申出人による家事等の全面的な支援が欠かせない状況であるうえ、社会生活や言葉の面でも、自分より日本語ができる異議申出人を非常に頼りにしており、書類の作成についても、異議申出人に頼ることが多い。

異議申出人は、日本語の読み書きには多少の困難を伴う（ひらがなとカタカナ、簡単な漢字につき、少し読めるが、書くことはできない。）ものの、簡単な日常会話は可能であり、日々、日本語の勉強を続けている。

異議申出人とBとの共同生活は、同居を開始した当初から極めて円満に推移し、異議申出人は、Bの了解を得たうえで、毎月、Bの収入の一部から本国にいる両者の親族に対する送金を続けている。その合計額は同居開始後約10年間で約970万円であった。

ウ　異議申出人とBは、互いにかけがえのない存在になっており、正式に婚姻したいと考えたが、Bと別居していた前妻（Bと別居後、他の男性との間の子を妊娠し、Bに連絡なくペルーに帰国していた。）との離婚手続が金銭面等の理由で難航し、予想外の時間がかかったため、なかなか婚姻することができなかった。異議申出人は、Bと話し合って、婚姻が成立し次第名古屋入管に出頭申告しようと決意していた。

Bと前妻との離婚は、平成27年3月○日にようやく成立した。そこで、異議申出人とBは、平成27年5月○日に愛知県豊川市役所に婚姻届を提出して婚姻し、同月○○日に在名古屋ペルー領事館でペルーの婚姻登録を行った。Bは、平成27年7月○日、永住許可を受けた。

(5)　異議申出人に対する退去強制手続の開始とその後の経緯等

異議申出人は、平成27年5月○○日、名古屋入管において、自らの不法入国の事実につき出頭申告をした。名古屋入管入国警備官は、平成27年11月○日、異議申出人に対し、名古屋入管主任審査官が発付した収容令書を執行し、異議申出人を名古屋入管収容場に収容するとともに、同日、異議申出人を名古屋入管入国審査官に引き渡した。名古屋入管入国審査官は、平成27年11月○日及び同月○○日、異議申出人に対する審査を実施した結果、同日、異議申出人が入管法24条1号（不法入国）に該当する旨認定し、これを異議申出人に通知した。これに対し、異議申出人は、同日、口頭審理の請求をした。名古屋入管特別審理官は、平成27年11月○○日、口頭審理を実施した結果、上記認定には誤りがない旨判定し、これを異議申出人に通知した。

(6)　異議申出人の現在の家族の状況等

異議申出人とBとの間に子はなく、本国ペルーには、異議申出人の長女、長男及び異議申出人の両親並びに異議申出人の姉、兄が在住している。異議申出人は、長男の面倒を見てくれている母をはじめとする親族と、インターネット電話で頻繁に連絡を取っており、夫Bのことも紹介している。

⑺　Bの現在の家族関係等

　Bには、本国ペルーに、母ときょうだいが在住しているほか、ペルーで出生した2人の子がある（なお、Bと前妻との間には子はない。）。Bの兄のうち1人は日本で暮らしており、異議申出人とも面識がある。Bは、他の家族にも、異議申出人のことを報告している。

　Bは、異議申出人なしには生活できない状況であり、自分を物心両面で献身的に支えてくれる異議申出人に感謝し、永住許可を受けた日本で、このまま異議申出人と共に婚姻共同生活を続けることを強く希望しており、今後、異議申出人の長男を呼び寄せてその介護等をし、また、2人の子らも日本に呼び寄せたいと願っている。

2　異議申出人の不服の理由は次のとおりである。

　⑴　異議申出人に退去強制事由があるとしても、そのことを理由とする退去強制は著しく不当（出入国管理及び難民認定法施行規則42条4号）である。異議申出人については、以下に述べるとおり、入管法50条1項4号に定める「その他法務大臣が特別に在留を許可すべき事情があると認めるとき」に該当するとして、在留特別許可が認められるべきである。

　法務省入国管理局は「在留特別許可に係るガイドライン」（平成18年10月作成・平成21年7月改訂。以下「本件ガイドライン」という。）を作成公表しており、同ガイドラインには、在留特別許可の許否の判断は、個々の事案ごとに、在留を希望する理由、家族状況、素行、内外の諸情勢、人道的な配慮の必要性、更には我が国における不法滞在者に与える影響等、諸般の事情を総合的に勘案して行うこととし、その際、考慮すべき事項を積極要素と消極要素に分けて掲記しており、また、許否の判断について、「上記の積極要素及び消極要素として掲げている各事項について、それぞれ個別に評価し、考慮すべき程度を勘案した上、積極要素として考慮すべき事情が明らかに消極要素として考慮すべき事情を上回る場合には、在留特別許可の方向で検討することとなる」としている。法務大臣及びその権限の委任を受けた地方入国管理局長は、本件ガイドラインの趣旨に従い適正に裁量権を行使しなければならない。

　⑵　考慮されるべき事情

　　ア　異議申出人は、平成17年○月からBと同居して夫婦同然の生活を送り、平成27年5月○日にはBと婚姻しており、Bが異議申出人の不法入国

の事実を知ったのは、同居を開始した後であることを考慮すると、異議申出人とBとの間の婚姻関係は、安定かつ成熟したものというべきである。

イ　異議申出人は、不法入国の点を除けば、約13年間も善良な市民生活を送っており、日本語を習得しているなどの点において、本邦への定着性が認められる。

ウ　異議申出人が本邦に不法入国した動機は、障害を有する長男の介護、療養に要する費用を得るためというやむを得ないものであった。また、異議申出人は、本国にいる親族に送金をしているものの、Bと同居後はいわゆる専業主婦となり、Bの収入から送金を行っていたものであり、不法就労によって得た収入から送金を行っていたものではない。

エ　異議申出人は、日本に永住することを希望しているBと、このまま日本で婚姻共同生活を続け、夫の生活をサポートしたいと強く願っている。

異議申出人の長女はペルーで婚姻し、子も誕生して家族で暮らしており、ペルーを離れる気はないが、生まれながらに病弱な異議申出人の長男（現在19歳）は、背骨に障害があって歩行に困難が伴うため仕事をすることができないところ、異議申出人の母が高齢になり、その世話が難しくなってきている。異議申出人は、長男を日本に引き取って世話をし、日本で治療を受けさせたいと考えている。異議申出人は、ペルー国内に財産を有していないうえ、ペルー国内にいる異議申出人の母は高齢であり、長女は家庭を持っているため、異議申出人の帰る場所はない。

オ　Bは、日系3世で、平成16年に来日して以降、日本で真面目に働いて、現在は永住者の在留資格を有しており、今後も異議申出人と共に日本に永住し、障害を有する異議申出人の長男を引き取り、Bの子らも日本に呼び寄せたいと強く希望している。Bは、平成16年に本邦に入国後、11年間に1度もペルーに帰国しておらず、今後、ペルーで生活することは現実的ではない。

カ　異議申出人とBは、互いにかけがえのない存在となっており、異議申出人が退去強制となってペルーに送還されてしまい、異議申出人の献身的なサポートが得られなくなった場合、現在のBの仕事中心の生活は根底から覆り、成り立たなくなってしまう可能性が非常に高い。

(3)　(2)記載の事情からすれば、本件ガイドラインの積極的要素である「1(3)当該外国人が、日本人又は特別永住者と婚姻が法的に成立している場合であって、次のいずれにも該当すること」、「2(5)当該外国人が、本邦での滞在

期間が長期間に及び、本邦への定着性が認められること」、「2（6）その他
人道的配慮を必要とするなど特別な事情があること」に該当する事情がある
ことは明らかであり、他方、異議申出人には、消極要素である「1（1）重
大犯罪等により刑に処せられたことがあること」、「1（2）出入国管理行政
の根幹にかかわる違反又は反社会性の高い違反をしていること」に該当する
事実はない。異議申出人には消極要素である「2（2）過去に退去強制手続
を受けたことがあること」に該当する事情が認められるものの、両方の考慮
事情を勘案した場合、積極要素として考慮すべき事情が明らかに消極要素と
して考慮すべき事情を上回るというべきである。

添付資料

1　異議申出人と夫Bとの婚姻届
2　異議申出人の夫Bの陳述書

.

■判例索引■

大阪地判昭和35年12月23日	*123*
最判昭和38年 5 月31日	*188*
最判昭和39年10月29日	*5, 120*
最判昭和48年 9 月14日	*187*
最判昭和52年12月20日	*187*
最判昭和53年 3 月14日	*6, 53, 157*
最判昭和57年 7 月15日	*210*
東京高判昭和57年11月 8 日	*54*
最判昭和58年 4 月14日	*132*
最判昭和59年10月26日	*6*
最判昭和60年 7 月16日	*60*
東京高判昭和60年 9 月26日	*54*
最判昭和61年10月23日	*182*
最判平成 2 年 1 月18日	*187*
最判平成 4 年12月10日	*39*
最判平成 5 年 9 月10日	*78*
最判平成 9 年 1 月28日	*77*
最判平成11年10月26日	*78*
最判平成14年 1 月17日	*54*
最判平成14年 1 月22日	*53*
最判平成14年10月24日	*74*
最判平成15年 9 月 4 日	*158*
最判平成17年 4 月21日	*132*
横浜地判平成17年10月19日	*81*
横浜地判平成17年11月30日	*60*
最判平成17年12月 7 日	*77*
最判平成18年 7 月21日	*220*
名古屋地判平成19年 9 月19日	*60*
さいたま地判平成19年12月26日	*61*
東京高判平成21年 1 月14日	*61*
最決平成21年 1 月15日	*24*
東京地判平成22年10月 4 日	*157*

国税不服審判所裁決平成22年12月 1 日 ······································ 98
最判平成23年 6 月 7 日······························62, 82, 142, 169, 188, 222
東京地判平成23年 9 月30日 ··· 61
最判平成24年 1 月16日·· 187
東京地判平成24年 1 月18日 ··· 77, 81
仙台地判平成24年 1 月23日 ·· 220
東京地判平成24年10月 5 日 ··· 77, 81
東京高判平成24年12月12日 ·· 62
名古屋地判平成25年 5 月23日 ·· 139
さいたま地判平成25年 9 月25日 ··· 221
東京高判平成27年 4 月16日 ·· 136
大阪地判平成27年10月 2 日 ·· 136
最判平成27年12月14日·· 78
東京地判平成28年 1 月21日 ·· 140
東京地判平成28年 6 月10日 ·· 138
大阪地判平成28年10月 5 日 ·· 138
東京地判平成28年11月29日 ·· 60
岐阜地判平成29年 4 月28日 ·· 134

■事項索引■

＜あ行＞

異議申立て・・・・・・・・・・・・・・・・・・・2, 3
異議申出・・・・・・・235, 238, 240, 243, 244
意見書・・・・・・・・・・・・・・・・・・・14, 160
意見陳述・・・・・・・・・・・・・・・・・・・・・15
一般違反行為・・・・・・・・・・・・・・・・・・216
一般概括主義・・・・・・・・・・・・・・・・・・・・5
一般職・・・・・・・・・・・・・・・・・・・・・・181
違法事由・・・・・・・・・・・・・・・・・・・・4, 19
インカメラ審理・・・・・・・・・・・・・24, 35
ヴォーン・インデックス・・・・・・・・・24
押印・・・・・・・・・・・・・・・・・・・・・・・・9

＜か行＞

外国人の上陸・・・・・・・・・・・・・・・・・235
開発許可・・・・・・・・・・・・・・・・・72, 73
開発行為・・・・・・・・・・・・・・・・・・・・72
開発審査会・・・・・・・・・・・・・・・・・・・73
仮放免・・・・・・・・・・・・・・・・・・・・・238
鑑定・・・・・・・・・・・・・・・・・・・・・・16
管理人・・・・・・・・・・・・・・・・・・・・・・9
棄却裁決・・・・・・・・・・・・・・・・・・・・19
基準点・・・・・・・・・・・・・・・・・・・・・216
基礎点数・・・・・・・・・・・・・・・・・・・・216
却下・・・・・・・・・・・・・・・・・・・・10, 18
却下裁決・・・・・・・・・・・・・・・・・・・・19
救護義務・・・・・・・・・・・・・・・・・・・・216
教示・・・・・・・・・・・・・・・・・・・・・8, 20
行政裁量・・・・・・・・・・・・・・・・・・・・37
行政不服審査会・・・・・・・・・・・・・17, 32
行政文書・・・・・・・・・・・・・・・・・・・・23

行政文書の開示請求権・・・・・・・・・・・23
業務起因性・・・・・・・・・・・・・・・・・・168
業務災害・・・・・・・・・・・・・・・・154, 167
業務遂行性・・・・・・・・・・・・・・・・・・168
グローマー拒否・・・・・・・・・・・・・27, 38
決定・・・・・・・・・・・・・・・・・・・・・163
検証・・・・・・・・・・・・・・・・・・・・・・16
建築確認・・・・・・・・・・・・・・・・・54, 60
建築審査会・・・・・・・・・・・・・・・・52, 53
公安委員会・・・・・・・・・・・・・・・・・・211
効果裁量・・・・・・・・・・・・・・・・・・・187
合計点数・・・・・・・・・・・・・・・・・・・215
更正処分・・・・・・・・・・・・・・・・・・・・92
厚生年金・・・・・・・・・・・・・・・・・・・121
交通反則通告制度・・・・・・・・・・・・・209
口頭意見陳述・・・・・・・・・・・・・・・・・15
公平委員会・・・・・・・・・179, 180, 183
考慮不尽・・・・・・・・・38, 61, 187, 214
国税審判官・・・・・・・・・・・・・・・・・・93
国税不服審判所・・・・・・・・・・・・93, 96
国税不服審判所長・・・・・・・・・・93, 95
国民年金・・・・・・・・・・・・・・・・・・・121
個人情報保護三法・・・・・・・・・・・・・・31
個人情報保護条例・・・・・・・・・・31, 32
固定資産評価審査委員会・・・・・・・・・94

＜さ行＞

裁決・・・・・・・・・・・・・・・・・・・・・・19
裁決書・・・・・・・・・・・・・・・・・・・・・20
裁決の拘束力・・・・・・・・・・・・・・・・・20
再審査請求・・・・・・・・・・・・・・・3, 4, 20
再審査請求期間・・・・・・・・・・・・・・・20

再調査の請求 ……… 3, 4, 92, 95, 96
在留特別許可 ………………238
在留特別許可に係るガイドライン
　………………………247
裁量権の逸脱・濫用
　……… 38, 61, 187, 214, 221
裁量的開示 ………………38
参加人 …………………10
参考人 …………………16
参与 ……………… 129, 162, 166
資格を証する書面 …………9
事件記録 …………………17
事実婚 ……………………134
事情裁決 …………………19
執行不停止原則 ……………10
実体上の違法事由 …………8
質問応答記録書 ……………103
質問検査 …………………101
指定確認検査機関 ……… 52, 54
指定構造計算適合性判定機関… 52, 54
諮問 ………………………17
諮問機関 …………………17
諮問書 ……………………48
諮問庁 ………………… 35, 48
社会保険審査会 …… 121, 122, 127
社会保険審査官 …… 121, 122, 123
重婚的内縁 ……… 126, 130, 134, 136
受診命令 …………… 162, 165
主任審査官 ……… 235, 238, 243
主文 ………………………19
証拠書類 …………………9, 15
証拠物 ……………………9, 15
情報公開・個人情報保護審査会
　…………… 24, 30, 32, 48
情報公開条例 ………… 26, 32
職権証拠調べ ………… 16, 57

職権探知 …………………57
処分 ………………………5
処分基準 …………………187
処分性 ……………………5
処分説明書 ………… 184, 186
処分庁 ……………………13
書面審理 ………………15, 18
審査関係人 ………………18
審査請求 …………………3
審査請求期間 ……………7
審査請求書 ………………7
審査請求適格 ……………6
審査請求人 ………………8, 9
審査請求の趣旨 …………8
審査請求の取下げ ………12
審査請求の理由 …………8
審査請求録取書 …………13
審査庁 ……………………3
人事委員会 ……… 179, 180, 183
審理員 ……………………13
審理員意見書 ……………17
審理員名簿 ………………13
審理関係人 ………………14
正当な理由 ………………7, 9
正本 ………………………9
是正措置命令 ……………61
総代 ………………………8, 9
送達 ………………………20
争点の確認表 ……………102
相当の期間……… 6, 10, 13, 14, 16
存否応答拒否 …………… 27, 38

＜た行＞

退去強制 ……………… 234, 235
退去強制事由 ……………245
第三者の利益 ……………16

代表者 ・・・・・・・・・・・・・・・・・・・・・・・・ 8, 9
代理人 ・・・・・・・・・・・・・・・・・・・ 8, 9, 10
大量請求 ・・・・・・・・・・・・・・・・・・・・・・ 36
他事考慮 ・・・・・・・・・・・ 38, 61, 187, 214
地方公共団体に置かれる機関 ・・・・・ 18
地方公務員災害補償基金 ・・・・・・・・ 179
地方公務員災害補償基金審査会・・・ 179
懲戒処分 ・・・・・・・・・・・・・・・・・ 179, 181
聴聞調書 ・・・・・・・・・・・・・・・・・・・・・・ 13
治療期間 ・・・・・・・・・・・・・・・・・・・・・ 216
陳述 ・・・・・・・・・・・・・・・・・・・・・・・・・・ 9
陳述人 ・・・・・・・・・・・・・・・・・・・・・・・・ 9
通勤災害 ・・・・・・・・・・・・・・・ 154, 167
提出書類等の閲覧・写し等の
　　交付請求権 ・・・・・・・・・・・・・・・ 16
手続上の違法事由 ・・・・・・・・・・・・・・ 8
点数制度 ・・・・・・・・・・・・・・・・・・・・・ 215
添付書類 ・・・・・・・・・・・・・・・・・・・・・・ 9
動機・目的の違法 ・・・・ 38, 61, 187, 214
答申 ・・・・・・・・・・・・・・・・・・・・・・・・・ 19
答申書 ・・・・・・・・・・・・・・・・・・・・・・・ 19
答弁書 ・・・・・・・・・・・・・・・・・・ 99, 199
特定違反行為 ・・・・・・・・・・・・・・・・・ 216
特定秘密 ・・・・・・・・・・・・・・・・・・・・・・ 27
特定歴史公文書 ・・・・・・・・・・・・・・・・ 26
特別職 ・・・・・・・・・・・・・・・・・・・・・・・ 181
特別審理官・・・・・・・ 235, 240, 244
都道府県公安委員会 ・・・・・・・・・・・ 211
取消裁決 ・・・・・・・・・・・・・・・・・・・・・ 19

<な行>

難民審査参与員 ・・・・・・・・・・・ 239, 240
難民認定 ・・・・・・・・・・・・・・・・・・・・・ 239
入国審査官・・・・・・・ 235, 238, 240, 244
認定通知 ・・・・・・・・・・・・・・・・・・・・・ 235
認容裁決 ・・・・・・・・・・・・・・・・・・・・・ 19

<は行>

判定通知 ・・・・・・・・・・・・・・・・・・・・・ 238
反論書 ・・・・・・・・・・・・・・・・・・・・・・・ 14
標準処理期間 ・・・・・・・・・・・・・・・・・ 12
平等原則 ・・・・・・・・・・ 38, 61, 187, 214
比例原則 ・・・・・・・・・・・・ 61, 214, 222
不開示事由 ・・・・・・・・・・・・・・・・ 27, 36
不開示情報 ・・・・・・・・・・・・・・・・・・・ 36
付加点数 ・・・・・・・・・・・・・・・・・・・・・ 216
不作為 ・・・・・・・・・・・・・・・・・・・・・・・・ 5
附属機関 ・・・・・・・・・・・・・・・・・・・・・ 32
物件 ・・・・・・・・・・・・・・・・・・・・・・・・・ 15
物件の提出要求 ・・・・・・・・・・・・・・・ 16
不当 ・・・・・・・・・・・・・・・・・・・・・・・・ 2, 8
不当事由 ・・・・・・・・・・・・・・・・・・・・ 4, 19
不服申立て ・・・・・・・・・・・・・・・・・・・・ 3
不服申立前置 ・・・・・・・・・・・・・・・・・・ 2
不服申立適格 ・・・・・・・・・・・・・・・・・・ 6
部分開示 ・・・・・・・・・・・・・・・・・・・・・ 37
不利益処分 ・・・・・・・・・・・・・・・・・・ 182
分限処分 ・・・・・・・・・・・・・・・ 179, 181
変更裁決 ・・・・・・・・・・・・・・・・・・・・・ 19
弁明書 ・・・・・・・・・・・・・・・・・・・・・・・ 13
報告書 ・・・・・・・・・・・・・・・・・・・・・・・ 13
法務大臣の裁決 ・・・・・・・・・・・・・・・ 238
補佐人 ・・・・・・・・・・・・・・・・・・・・・・・ 15
保証金 ・・・・・・・・・・・・・・・・・・・・・・・ 238
補正 ・・・・・・・・・・・・・・・・・・・・・・・・・ 10
保有個人情報の開示請求権 ・・・・・・・ 28
保有個人情報の訂正請求権 ・・・・・・・ 29
保有個人情報の利用停止請求権・・・・ 29

<ま行>

みなし棄却規定 ・・・・・・・・・・・・・・・ 126
免許の停止・取消し ・・・・・・・・・・・ 211

＜や行＞

要件裁量 ·················· 37, 38, 187

＜ら行＞

利害関係人 ······················ 10
理由説明書 ··················· 35, 48
理由付記 ········· 39, 61, 82, 188, 222
累計点数 ···················· 215, 216
労働者災害補償保険審査官
　　············· 154, 155, 158
労働保険審査会 ········ 154, 155, 163

■編者紹介──

青柳　馨（あおやぎ・かおる）

元東京高等裁判所部総括判事・日本大学大学院法務研究科客員教授（元日本大学大学院法務研究科教授）、弁護士（田中綜合法律事務所・客員弁護士）

＊主な著書（近著）
- 『論点体系　判例行政法　1』（共編著）（第一法規、2017 年）
- 『論点体系　判例行政法　2』（共編著）（第一法規、2017 年）
- 『論点体系　判例行政法　3』（共編著）（第一法規、2016 年）
- 『設題解説　憲法(二)』（監修）（法曹会、2015 年）

▶執筆担当：第Ⅰ部（平裕介との共同執筆）

■著者紹介──

阿部　造一（あべ・こういち）

弁護士（小川・大川法律事務所）、新宿区建築審査会委員

▶執筆担当　第Ⅱ部第 2 章・第 6 章

大川　康徳（おおかわ・やすのり）

弁護士（小川・大川法律事務所）、杉並区都市計画審議会委員、日本大学大学院法務研究科非常勤講師（法曹倫理）

＊主な著書論文
- 新日本法規出版・東京弁護士会法友全期会編『遺言書作成・遺言執行実務マニュアル』（執筆分担）

▶執筆担当：第Ⅱ部第 3 章

小山　浩（おやま・ひろし）

弁護士（森・濱田松本法律事務所）、元東京国税局調査第一部国際調査審理官

＊主な著書論文
- 『「取引」の実態からみる　税務調査のポイント Q&A』（第一法規、2018 年）
- 森・濱田松本法律事務所編『税務・法務を統合した M&A 戦略』（中央経済社、2015 年、執筆分担）
- 「法人税における財産評価の今日的問題─組織再編に関連して」『租税法における財産評価の今日的理論問題』（公益財団法人日本税務研究センター、2016 年）

▶執筆担当：第Ⅱ部第 4 章

平　裕介（たいら・ゆうすけ）

日本大学法学部助教（行政法専攻）、弁護士（鈴木三郎法律事務所）、国立市行政不服審査会委員、東京都建築審査会専門調査員、港区建築審査会専門調査員

＊主な著書論文
- 「行政不服審査活用のための『不当』性の基準」公法研究78号（2016年）239 ～ 248頁
- 「地方公務員に対する分限免職処分の『不当』性審査基準に関する一考察」日本大学法科大学院法務研究14号（2017年）115 ～ 138頁
- 「行政不服審査における不当裁決の類型と不当性審査基準」行政法研究（2019年）167 ～ 199頁

▶執筆担当：第Ⅰ部（青柳馨との共同執筆）、第Ⅱ部第1章・第7章

鶴岡　拓真（つるおか・たくま）

弁護士（篠崎・進士法律事務所）

＊主な著書論文
- 「民事介入暴力対策マニュアル」（ぎょうせい、2015年、共著）
- 「警察安全相談対処ハンドブック」（立花書房、2015年、共著）
- 「仮想通貨取引からの反社会的勢力排除」金融法務事情2100号（2018年）40頁、共著

▶執筆担当：第Ⅱ部第8章・第9章

富澤　伸江（とみざわ・のぶえ）

弁護士（五反田法律事務所）

▶執筆担当：第Ⅱ部第5章

新・行政不服審査の実務

令和元年 8 月 1 日　印刷　　　　　　　　定価本体 3,000 円（税別）
令和元年 8 月 20 日　発行

編　者　　青栁　馨
発行者　　野村　哲彦
発行所　　三協法規出版株式会社
　　　　　〒500-8082 岐阜県岐阜市矢島町1-61
　　　　　TEL：058-215-6370（代表）FAX：058-215-6377
　　　　　URL：http://www.sankyohoki.co.jp/
　　　　　E-mail：info@sankyohoki.co.jp
企画・製作　有限会社木精舎
　　　　　〒112-0002 東京都文京区小石川2-23-12-501
印刷・製本　萩原印刷株式会社

©2019 Printed in Japan
ISBN 978-4-88260-283-5 C2032
落丁・乱丁本はお取り替えいたします。

Ⓡ本書を無断で複写複製することは、著作権法上の例外を除き、禁じられています。
本書をコピーされる場合は、事前に日本複製権センター（03-3401-2382）の許諾を受け
てください。また、本書を請負業者等の第三者に依頼してスキャン等によってデジタ
ル化することは、たとえ個人や家庭内の利用であっても一切認められておりません。